树下野狐 著

蛮荒记

1 鲲鹏

中国华侨出版社

图书在版编目（CIP）数据

蛮荒记．1，鲲鹏 / 树下野狐著．— 北京：中国华侨出版社，2019.3
ISBN 978-7-5113-7429-5

Ⅰ．①蛮… Ⅱ．①树… Ⅲ．①长篇小说一中国一当代 Ⅳ．①I247.5

中国版本图书馆CIP数据核字（2018）第020444号

蛮荒记．1，鲲鹏

著　　者：树下野狐
出 版 人：刘凤珍
责任编辑：泰　然
封面设计：80零·小贾
经　　销：新华书店
开　　本：700mm×980mm　1/16　印张：18.5　字数：310千字
印　　刷：天津旭丰源印刷有限公司
版　　次：2019年3月第1版　2019年3月第1次印刷
书　　号：ISBN 978-7-5113-7429-5
定　　价：46.00元

中国华侨出版社 北京市朝阳区静安里 26 号通成达大厦 3 层　邮编：100028
法律顾问：陈鹰律师事务所
发 行 部：（010）82068999 传真：（010）82069000
网　　址：www.oveaschin.com
E-mail：oveaschin@sina.com

如发现图书质量问题，可联系调换。质量投诉电话：010-82069336

修订版自序

我创作的第一部“新神话主义奇幻小说”是《搜神记》，这部书的灵感来自2000年我所构想的一款网络卡牌游戏。从2001年3月开始创作到2012年修订这部作品，恰好相隔十一年。纳兰性德有句词“十一年前梦一场”，可以代表我重新修订这套作品时的心情。

2001年我刚开始创作《搜神记》时，少年心性，血气方刚，2012年修订时，难免会有许多不满意的地方，除了早期网络连载时，部分文字的随意、重复之外，还有些不必要或不合理的描写。这次修订，主要是修改文字，修正某些不符合人物性格及情感的细节，并删减了一些与人物、情节关系不大的、不必要的香艳描写。尤其《搜神记》的前三本，几乎是逐行逐字地修改，花费了不少精力。

修订作品是件吃力不讨好的事情，无论是对于作者，还是原来的读者，作品的原貌虽然有粗糙不完美的地方，却记录了读写双方的成长。我曾经想保持原样，仅仅修正一些错字和重复的词语，但或许是天性中有种文字洁癖，不疯魔不成活，总想尽量呈现出趋向于完美的作品。

最后，感谢这些年一直喜欢并支持我的读者，你们是我创作的最大动力。感谢曾经的幻剑书盟、起点中文网、龙的天空等原创文学网站，给了我作品最初的舞台。感谢老友熊嵩、杨严，十四年前，正是你们果敢地在创刊不久的《奇幻》上连载《搜神记》，以及后来的《蛮荒记》《不周记》……开创了国内期刊的长篇连载记录，让这一系列作品广为人知。还要感谢王传先、武晓勤，让我如愿以偿，将《搜神记》《蛮荒记》以尽量完美的面貌再版呈现。

树下野狐

2017 年 8 月 上海

自序

当我们站在文明时代的山腰回首眺望，企图透过浩浩莽莽的岁月瞻仰人类的童年时，我们发现，仅仅依靠那残存的文字记录，是很难窥得全貌的。战火、灾难以及太多的历史动荡湮没了文明和远古的记忆，只留下一些蛛丝马迹存在于另一种历史的延续方式中。

那就是千百年来，人类代代相传的神话与传说。

“包含在神话过程中的真理就是宇宙真理，无一例外。我们不能否认神话的历史真实性。因为它的产生所经历的过程，就是真实的历史。”谢林这句关于神话历史真实性的论断代表了很多哲学家与民俗学家对于神话的看法。

神话就像是上古的密码，它微妙地传递给我们关于遥远时代的信息，真实而又暧昧。唯其如此，世界各国的神话虽然不尽相同，却都有创世、洪水等惊人一致的几大母题。

但神话的意义，绝不在于破译或还原历史，而在于提炼与升华。

比起成王败寇、弱肉强食的残酷历史来说，神话更加温情生动，瑰丽多姿。那是因为世代相传中，人们将遥远的记忆、时代的特征、浪漫的想象、美好的期盼……不断地糅合在一起，共同缔造了一种更完美、更纯粹、更真实的历史。

那是一个真、善、美的童话世界，一个源于真实而又高于真实的美丽世界。对我来说，没有什么比这样的世界更让我神往、着迷的了。

当我少年时第一次翻开《山海经》，进入一个见所未见的瑰丽雄奇的蛮荒大陆，我突然发现，原来这本薄薄的地理书，竟是开启太古异世界的钥匙。

在这个充满奇花异草、珍禽怪兽的神奇大陆上，居然生活着这么多可歌可泣的英雄先贤，发生着这么多惊天动地的玄妙故事。

在这里，海阔凭鱼跃，天高任鸟飞。你可以不必顾及任何所谓的秩序，自由而惬意地生活。你可以纵横天南地北，追烈日，射九乌，斗神魔，搏狮虎；可以入水为鲲，展翅为鹏，翻江倒海，覆雨翻云，尽显蛮荒英雄本色。即使失败了、战死了，也可以撞断天柱，填平大海，化为不屈的灵禽猛兽，在天地间遨游啸歌。

那是一种怎样的自由和快乐！

我相信这样的世界是真实存在的。

我相信在九万里神州之外、浩瀚宇宙之外，还有一个平行的美丽世界，就像是刀光剑影、玄之又玄的江湖一样，它存在于我们的梦想与现实之间。我愿穷毕生之力，在这个梦幻国度里跋山涉水，记录下一路的瑰丽风景。如果我的三寸秃笔，能有幸成为你开启这个美丽新世界的钥匙，那将是我最大的快乐。

树下野狐

2005 年 上海

前言

那片莽苍壮丽的山海

树下野狐

1985年，一个美国人在旧货摊上花3美元买下了一张1676年的巴黎市区旧地图，四年后，这张旧地图的价格狂飙为1000万美元。

公元前2000年左右，夏帝禹率领国土资源部长伯益、测绘工程师竖亥和大章对中国进行了第一次规模浩大的考察工作，撰写出人类最早、信息最丰富的一部国土资源白皮书《五藏山经》，内容包括南、西、北、东、中五大区域的447座山，以及相关的水系258处、地望348处、矿物673处、植物525处、动物473处、人文活动场景95处。如果这一张真实地反映了四千年前中国面貌的“山海图”保留到今天，又该价值几何呢?

可惜这张古地图早已失传了，流传下来的只有文字。在中国浩瀚如烟海的典籍里，《山海经》是个绝无仅有的异数。这部由《五藏山经》《海经》《大荒经》构成的古代地理志，一直是中国最具争议而又影响最大的奇书。它所记载描绘的，是一个光怪陆离而又神秘瑰丽的世界。那些山川河海如此熟悉，似乎都能在现代的中国一一找到对应，但其中的奇花异草、珍禽异兽却又是闻所未闻、见所未见，仿佛来自另外一个星球。

这个令司马迁不敢记述，却又让鲁迅魂牵梦萦的世界，困扰了中国整整四千年，它究竟是真实存在而又消失了的洪荒文明呢，还是它仅仅是一个荒诞不经的史前幻想游记?

以中国人对历史一向恭敬严谨的传统来判断，我更愿意相信前者。或许，那场人类历史上湮灭了太古文明的洪水，不仅卷走了西方诺亚方舟以

外的一切，也卷走了《山海经》里瑰奇壮丽的世界。

现在就让我们跟随竖亥和大章的脚步，铺开这张失传的太古地图长卷，回瞰那片莽苍壮丽的山海吧。

《山经》将中国远古各山按照其所在方位分为东、南、西、北、中五大类，《海经》与《大荒经》则按照东、南、西、北四大方向，将当时中国海内外的地理、邦国分为四大类。

中国尚五行，认为天地万物都是由金、木、水、火、土构成的，彼此相生相克，形成了这个和谐而又平衡的美丽世界。地理版图也有其五行属性，东方属木，尚青；南方属火，尚红；西方属金，尚白；北方属水，尚黑；中央属土，尚黄。

而中国古代又素有五帝之说，即青帝、赤帝、白帝、黑帝、黄帝，在《山海经》中，频频能找到关于这五帝的传说。五帝之外还有五神，比如木神句芒、火神祝融、水神共工，等等。

那么，我们是不是可以依此做一个大胆的假设：这五帝乃是远古五个最大的部落首领，五神则是五大祭司，分别代表金、木、水、火、土五族统治了中国五方大地呢？这样一来，我们就不难理解《山海经》中为何要如此划分古中国的版图了。

可以说，“阴阳五行”是中华文化的最重要的组成部分之一，几乎渗透到了任何一个领域。比如中医将人的五脏六腑分成各种属性，心属火、肝属木、肾属水等，甚至经脉都有各自的五行属性。人生病时，不仅应该头痛医头、脚痛医脚，更该根据该器官的五行属性，根据五行生克的原则，全面协调，均衡治理，从而达到根治的目的。

根据这个理论，我再做一个大胆的推断，每个人由于其自身生理结构的不同，具备的五行属性也各有不同。比如，有些人可能肝呀、胆呀的木属性能特别强沛，因此他很有可能是远古时代木族的后裔，属于青帝的子民；有些人可能心啊、小肠啊特别健康，很有可能是远古时代火族的后裔，属于赤帝的臣民。

以此类推，可以得知在《山海经》的世界里，极有可能生活着金、木、水、火、土五大族，公元前3000年左右的炎黄大战，黄帝打败了火族，最终统一了华夏大地，五族也就随之融合衍变，成为中华民族。

《山海经》根据东、南、西、北、中五大方位，记载了五族的山神、怪兽和奇花异草，而其中许多对地理、生物、民俗的描述，甚至已经超越了现代中国的领土范畴。

当代学术界由此形成了极为通行的说法，认为它以中国为中心，东及西太平洋，南至南海诸岛，西抵西南亚洲，北到西伯利亚，记述了古亚洲的地理、博物、民族、宗教等，留下了丰富宝贵的资料。

甚至还有很多中外学者认为《山海经》中所记录的不仅仅是古中国，或者古亚洲的地理，而是全球的地理。近年来，关于中国人早在远古时期便已踏足各大洲的证据不断地被各国学者发掘、论证，并被《山海经》中的诸多记载一一验证。

先以《东山经》与《大荒东经》为例，美国学者默茨经过严密考察，论证《东山经》中所记录的四列山脉与美洲地形完全吻合，并认为在《山海经·大荒东经》

中读到的开篇一句“东海之外大壑”，指的就是美国科罗拉多大峡谷。

此外，加利福尼亚州印第安族的十日传说又与中国的“汤谷十日”“后羿射日”极为相似，加拿大、美国等地又陆续发现与甲骨文完全相同的古代石刻文字……种种证据都指明，早在公元前2000多年前中国人便已到过美洲探险，而《山海经》就是远古中国人真实的探险记录。

如果默茨的推断是真的，那么《东山经》中描述的极有可能是自阿拉斯加、加拿大、北美到南美洲的西岸地理。依据“少昊国在大壑之中”的记载来看，传说中的东夷族领袖少昊就是印第安人的祖宗了。东夷以鸟为图腾，少昊更以百鸟的名称作为官名，这就可以理解为什么印第安酋长的头上都要插着鸟翎了……

《西山经》中最引人注目的莫过于昆仑山系。昆仑文化是中国文化中至为重要的一部分。远古时代，它的统治者是白帝白招拒和西王母。在这片金族的疆土里，著名山神的数目之多，是其他四个山系不能比的。

钟山的鼓、槐江山的英招、昆仑丘的陆吾、嬴母山的长乘、玉山的西王母、长留山的员神魂氏和少昊、符惕山的江疑、騩山的耆童、天山的帝江、泑山的蓐收……几乎个个都是如雷贯耳的名字，其中最值得玩味的是西王母、少昊和帝江。

西王母居住在昆仑山顶，每隔若干年，就会在瑶池举办蟠桃会，宴请各路神仙，历经岁月磨砺，她成了中国神话里最为重要、最有权势的女性，孙悟空、牛郎织女等故事都与她相关。就连她豢养的宠禽三青鸟，也成了中国诗词里一再出现的意象与典故。

在我的想象中，她一定是当时金族乃至整个大荒最有权力与威望的女人，居住在最为巍峨高峻的世界之巅，举办的蟠桃会是其时各族贵侯、政要趋之若鹜的政治派对……所以也就不难理解为什么《山海经》里的昆仑山是如此壮丽富饶，万物皆备，甚至被称为“帝之下都”了。

少昊挚天氏，又作金天氏，传说是白帝，还有个身份是上述提到的东夷族的领袖。可是他为什么会忽东忽西，相去万里，从世界之巅的昆仑移民美洲，做了印第安人的先祖呢？其中缘由颇为耐人寻味，我猜想很可能与远古的一场政治斗争有关。

帝江是黄帝的兽身。远古的大神不少都是有兽身的，黄帝的兽身最为奇怪，圆滚滚，红彤彤，六足四翼，却没长脸蛋，擅长歌舞，又叫作“混沌”。黄帝是土族的领袖，所以叫作混沌也是可以理解的，不过为什么会居住在金族疆域的天山上呢？是不是天池或者喀纳斯湖的水怪？和现在的“馄饨”又有什么关系呢？这个问题太过深奥，还是留给旅游局和美食家去考证吧。

金族的版图，我们还可以在《海内西经》《海外东经》与《大荒西经》中得以验证。对雁门山、寿麻国、流沙国等地的描写与我国西北部的雁门山、火焰山、戈壁等地极为相似。月氏、东胡等著名的少数民族也纷纷在此出现了。那片想象中荒凉苍莽的西域当时竟是如此之繁荣，可见西部大开发由来已久，非一时之国策。

而晋朝以前，中国的南部一直是相对落后的“夷蛮之邦”，即使到了富庶繁荣的宋代，岭南等地还是贬谪官员的大本营。五千年前的大荒，南部“蛮族番邦”之多，也是其他各地不能比拟的。

结胸国、羽民国、讙头国、厌火国、贯胸国、交胫国、三首国、长臂国、不死国、卵民国、小人菌人……单从这些国名，就可以想象其国民惊世骇俗的长相。不知道究竟是古人有所夸大呢，还是古代中国真有这么多的国度。

但总体来说，《南山经》《海内南经》《海外南经》《大荒南经》中描写的南部地理、民风还是与中国南方颇为吻合的，甚至很多学者认为其辐射涵盖了东南亚、南亚等广大地区。

举几个例子：中国有“四灵神兽”，东方是青龙，属木；西方是白虎，属金；北方是玄武，属虎；南方则是朱雀，属火。朱雀又叫凤凰，百鸟之王，在中华文化中的地位仅次于龙。然而这种传说中的祥瑞神鸟在现实生活中是没有的，最接近的形象应该是孔雀，产自印度。

而凤凰的典故更直接与印度相关。涅槃是梵文Nirvana的音译，意思是“灭渡”，即“重生”。据印度史诗《罗摩衍那》载：保护神毗湿奴点燃熊熊烈焰，垂死的凤凰投入火中，燃为灰烬，再从灰烬重生，成为美丽辉煌永生的火凤凰。

《南山经》中的丹穴山、南禺山记载了这种神鸟，那么，这两座南方的山是不是在印度的境内呢?

再比如，《山海经》中还有多处提到了一种凶兽“窫窳”，对其长相描写却大相径庭，《北山经》“少咸之山”篇写道：“有兽焉，其状如牛，而赤身，人面，马足，名曰窫窳，其音如婴儿，是食人。”不知道是何方怪物。

但在《海内南经》中，窫窳却是龙头，居住于浅水中，凶猛吃人，与鳄鱼何

其相似！根据方位判断，这里的窫窳很有可能便是东南亚的鳄鱼。

关于此类描写还有不少，据此推断，五千年前的火族疆域很可能包括了东南亚、南亚相当大的一部分地区，当时的许多“番国蛮族”除了现今我国的少数民族之外，可能还有许多东南亚的民族。

其实，中国历代王朝对于东南亚的影响都是极大的，即便是国势相对衰微的宋代，前来朝贡的南方番国使者也是络绎不绝，明朝的郑和下西洋，更是一次最为直接的、对东南亚的军事检阅与经济贸易，乃至于清朝闭关锁国之后，移民东南亚的华人仍在当地有着极高的影响力，终于遭后来的英荷殖民者所忌。

东南亚各国对中国的臣服、往来，不仅对中国历代王朝的经济、政治格局产生了不小的影响，也给文化留下了诸多印记，比如脍炙人口的昆仑奴故事，等等。而当我们回瞰五千年的苍茫岁月，才发现这种渊源竟已如此久远。

《山海经》中关于北方地理、博物的记录，与中国北方、东北亚乃至整个西伯利亚都极为吻合。

其中出现得最为频繁，又最有影响力的地理关键词当属“北海”。现代的学者考证后认为，《山海经》中的西海应该是指青海湖，而北海就是东西伯利亚的贝加尔湖了。但我认为，根据《山海经》以及中国其他古籍的众多描写来看，青海湖绝不是西海，贝加尔湖就更不会是北海了。北海更像是现在的北冰洋。

再让我们做一个大胆的假设。地理学界一直认为，世界各大洲很久以前是并连在一起的，后来发生了剧烈的地壳运动，才渐渐分离剥裂，形成了现在的局面。既然如此，《山海经》中所记录的那个古老的大荒为什么不能是尚未分裂的七大洲大陆呢？

如果这个假设成立，那么《山海经》中许多的疑点就迎刃而解了！北海是北冰洋，西海是大西洋，南海是印度洋，东海是太平洋。就连默茨等学者苦苦论证的东四经山位于北美大陆，也成了理所当然的答案。

让我们根据这个推断回瞰人类的历史，就在大禹率领国土资源部长测量好整个大陆以后不久，全球地壳发生了剧烈变动，火山喷发，地震海啸，大陆分裂成了七大块。接着，一场旷古绝今的大洪水冲垮了一切。诺亚方舟被滔滔大水卷到了欧洲大陆，少昊及其臣民所在的大壑，乃至整个美洲移到了东边几万里之外的汪洋中，而亚洲大陆上，大禹率领百姓，开始对抗这场几乎毁灭了整个人类文明的洪水……

除了北海，关于远古的“北大荒”，最值得关注的几个关键词还有烛龙、列姑射山与夸父追日。

烛龙又叫烛九阴，是中国神话里非常厉害的神，甚至被称为开辟神。中国神话里最厉害的神通常都是人头蛇身的，伏羲女娲如是，烛龙当然也不例外。据说

他人头蛇身，绵延千里，睁开眼，天下便为白昼，闭上眼，天下就是黑夜。颇有王阳明之风。他的封地有两个，一个是西荒的钟山，另一个就是北荒的章尾山。不知道是不是因为他的头在钟山，而尾巴却绵延到了数千里外的章尾山？

中国神话中的神仙有很多，但最美的无疑是姑射仙子。自从庄子的《逍遥游》之后，她简直就成了中国的维纳斯，茹冰饮雪，清丽绝俗。大荒中的姑射山有好几处，但大多是光山荒岭，草木稀疏，实在配不上她的身份。唯有海河洲中的列姑射山，才像是她真正的住处。

夸父追日是中国最脍炙人口的神话之一，其悲壮程度堪比盗火的普罗米修斯。迄今人们都猜测不出他为什么要追着太阳一路狂奔，直至渴死也不放弃。他虽然没有刑天死得这么英勇惨烈，也不像精卫纵死而百折不挠，但那种“明知不可而为之”的执着却是一脉相承的。因为这个，他死了，却获得了永生。如果现在有人能考证出他当年从汤谷奔往禺渊的线路，我建议下一届奥运会的圣火沿着这条路线去传递。

关于那片苍莽壮丽的山海，还有太多的风景值得去细细玩味，走马观花的一日游是不足以窥其万一的。好在我们还有《山海经》，只要你愿意，随时都可以带上这本远古的《大荒旅游指南》，跟随列祖先贤的脚步，踏入那片如梦如幻、瑰丽神奇的大地。

如果你觉得仅仅一本《山海经》还不过瘾，那么，请你翻开这本书……

往世书

盘古开天辟地，是为太古元年。

太古大荒，熊、牛、虎、兔、龙、蛇、马、羊、猴、狼、鹰、象十二部族共处于美丽富饶的亚洲大陆。

太古1866年，盘古登仙，天下无主，十二部族歃血为盟，由每族帝尊轮流出任一年的大荒神帝，统管调解天下之事，史称“共和”。

共和76年，熊族帝尊据帝位而不让，引起诸族不满，纷纷退出“共和”，割据称王。从此天下分裂，战火不断，大荒恢复太古纪年。

太古2565年，蛇族帝尊伏羲与圣女娲励精图治，以“搜神大法”“捏土成兵”的神法玄术，集结一支战无不胜的泥人大军，打败各族。决战之中，天柱倾倒，银河倒泻，大荒洪水泛滥。

伏羲击杀最为凶蛮好战的龙族、狼族、鹰族、牛族的四大帝尊，将水神康回等各族凶神恶兽尽皆封印囚困在昆仑山下，桀骜不驯的龙族则被流放荒外，天下平定。

当年七月，伏羲称帝，改元太极。

太极元年，为了减少纷争，实现长远和平，伏羲大帝将十二部族按五行属性重新划分为金、木、水、火、土五族，杂错融合。而原先十二族的圣兽熊、牛、虎、兔、龙、蛇、马、羊、猴、狼、鹰、象则被封为十二生肖神兽，与五行搭配，作为甲子纪年。太极元年即甲子年，又称金熊年。

太极210年，伏羲驾崩，尸身化作灵山，十指化为十巫。

太极260年，混沌神兽、鲲鱼、大金鹏鸟肆虐九州，再次撞断天柱，银河倒泻，大荒洪水泛滥。女娲大神采石补天，又以剩余五色石炼制神兵，与三兽激战了七天七夜，才将它们一一封印镇伏。

翌年，女娲炼成不死药，羽化登仙。蛇族王朝开始了“八长老之治”，由蛇族八大长老接掌大荒，开始了历时一千六百多年的统治。

蛇历1651年，兴起的金、木、水、火、土人类五族不堪忍受蛇族暴政，纷纷开始反抗，此后百余年，大荒陷入一片混战之中。直至蛇历1772年，土、火两族盟军大破十八万蛇军，攻陷蛇都，将数千名蛇族贵胄斩杀殆尽，绵延了近两千年的蛇族王朝至此轰然坍塌。大荒再度战乱纷起，是为战历元年。

残余的蛇族八部流落各地，被五族追杀，几已死绝，剩下的不是躲藏到穷山恶水之地，便是被人族同化，繁衍分支，成了五族蛮邦。

战历1000年，大陆发生了前所未有的大灾难，洪水、火山、地震、海啸接连不断。天灾使五族决定平息战火，共同对抗自然。这一年的秋天，五族的六十四位巫神、圣女在昆仑山顶会盟，同时施放各族法术，齐心协力平定了所有的天灾。团结的胜利使得五族欢腾不已。

同年10月，五族五帝在昆仑山签订《大荒书》，相约和平共存。这一年的元旦是大荒纪年的开始。

大荒586年四月，神帝神农氏在南际山顶百草毒发，物化龙牙岩。五族并起，群雄逐鹿，拓拔野、蚩尤、姬远玄、烈炎各领风骚，一时豪杰辈出。大荒最恢宏瑰奇的历史，自此揭开了序幕。

搜神记 精彩回放

传说中的远古洪荒时代，神农帝云游四海，尝百草制仙药，解救天下苍生。大荒586年，蜃楼城主乔羽在东海击杀十大凶兽之一的蓝翼海龙，天下大乱的传闻由此四起。

水族黑水真神烛龙野心勃勃，一心取代神农统治大荒，于是指使朝阳谷水伯天吴，以乔羽杀戮水族图腾蓝翼海龙为由，大肆举兵，悍然围攻蜃楼城。几天之后，神帝神农氏在东海南际山顶百草毒发，羽化登仙。大荒无主，暗流涌动，各族群雄纷争在即，一场空前浩劫徐徐席卷大陆。

临终之际，神农结识了流浪少年拓拔野。为解大荒之乱，拓拔野临危受命，携神帝血书遗旨踏上大荒，孤身前往蜃楼城平息战乱，从此卷入大荒风暴，开始了一段惊心动魄的传奇历程。

途中，拓拔野屡逢奇遇，并于深崖寒潭之中，伏灵兽白龙鹿，得木族神剑。此时翠屏山中，水妖龙女雨师妾张网以待，轻松俘获拓拔野。多情龙女雨师妾，翩翩少年拓拔野，两人日久生情，不能自拔。

其时蜃楼城被称作大荒中的自由之邦，各族游侠皆前往声援。荒郊野栈，结识了水族奇侠科汗淮，在他的带领下，拓拔野与各族游侠神鬼行军，屡屡突破数万水妖围追堵截，终于将神木令与神农血书送抵蜃楼城，水妖被迫全线退兵，一场浩劫消弭于无形之中。

蜃楼城里，拓拔野度过了一生中最美妙的夏天，与乔羽之子蚩尤的友情逐步建立，日益坚固；同时，初步领略了科汗淮所传绝学“潮汐流”的奥妙，武功日进千里。

八月十五弯刀节，蜃楼城群雄纷纷出海，捕捉凶兽怪物，角逐当年的弯刀勇士。拓拔野、蚩尤午夜悄悄出海，遭遇裂云狂龙，又在无意中发现了水妖的凶险杀机。原来水妖趁蜃楼城群雄四出之机，里应外合，一夜间倾灭自由城。

拓拔野、蚩尤带着科汗淮之女纤纤冲出重围，矢志卷土重来，重建蜃楼城。

三人流亡东海，误入汤谷。在这个大荒流放地，他们接连遇到了十只如烈火般的太阳乌圣鸟、六百年前的青帝羽卓丞、两百年前的木族圣女空桑仙子。几百年的爱恨情仇，一朝爆发，凶险之地，祸福相依。拓拔野、蚩尤征服了四族罪囚，在茫茫东海建立了日后争霸大荒的根基。

海上春秋，岁月如梭。四年之后，纤纤即将正式登位汤谷圣女的前夕，拓拔野、蚩尤为了给纤纤送上礼物，闯入巨鲸鱼腹，却遇上了落难的鲛人国公主。

东海之上，双雄大战水妖十戈军。鲸吞万里，气势如虹，天下为之震动。

鲛美人的出现，在拓拔野三人微妙的情海之中掀起波澜。刚烈任性的纤纤，得知拓拔野将自己视如妹妹，赌气自戕殉情。

为了救回纤纤的性命，抵御水妖即将到来的大举报复，拓拔野与鲛美人战夜叉、闯龙宫、借取龙珠。水晶宫内，他大破海王编钟，舌战群雄，深得龙神青睐；风雷海上，他孤身降伏凶兽夔牛，与“万兽无缰”百里秋、水娘子展开殊死之战，令敌人闻风丧胆。

群雄服膺，万众臣服，拓拔野意外地成为龙神太子。

拓拔野与龙神一起返回古浪屿，遭遇水妖劲旅“万年龟蛇”。龙神以青龙封印大斗水妖海莽封印，这场惊险壮丽的东海之战，再次粉碎了水妖的狂妄阴谋。

当龙神在古浪屿见到金族圣女西王母的旧属辛九姑，一个令人震惊的秘密就此揭开，原来纤纤竟是西王母与科汗淮的女儿。

复活的纤纤执意寻找自己的生母，不告而别，独自前往大荒，却身不由己地卷入了一场精心策划的阴谋，被视作盗走火族圣火杯的嫌犯。为救纤纤，拓拔野孤身闯入凤尾城，同火族群雄不打不相识。与此同时，蚩尤却遇见了假扮为纤纤的九尾狐，两人在追击与逃亡的过程中斗智斗勇，彼此间逐渐产生了奇妙的情愫。

为了弄清真相，拓拔野、蚩尤等人分别拜会雷神及其爱妾，却双双陷入奸谋陷阱，与英雄末路的雷神并肩而战，惺惺相惜。

琉璃圣火杯破裂了，火族、木族战事在即，大荒酝酿已久的劫难终于全面爆发。拓拔野与火族侯爷烈炎决定携手结盟，前往土族朝歌山，采集七彩土黏合圣杯，以化解干戈。

拓拔野与蚩尤等人分道而行，途中意外地解救了黄帝少子姬远玄，又因此横生枝节，得罪了大荒妖女流沙仙子，被迫答应与她前往灵山采集三百六十种奇毒。

路经洞庭湖，拓拔野目睹水妖凌虐囚犯，拔刀相助，却无意间救出了被镇压于湖底的赤松子。

到达灵山，拓拔野才知道原来流沙仙子此行的目的，竟是让他以“神帝传人”的身份和灵山十巫打赌斗法，为业已仙逝的神农夺回“药神”的称号。一场古灵精怪、惊心动魄的对决之后，拓拔野让十巫输得心服口服，同时也发现流沙仙子与神农之间，竟有一段谜一般的过去。

灵山上，拓拔野意外地与蚩尤重逢。原来蚩尤与火族八郡主烈烟石一行先后遭遇风神、风后，又陷入赤帝女桑的滔滔火海。两人共患难，同历劫，产生了微妙的感情。为了解救重伤的烈烟石，蚩尤转道灵山。

与此同时，拓拔野等人邂逅了前来求医的姬远玄，才知道土族内乱，黄帝遇刺，由于水妖安插的内奸挑拨，姬远玄被诬陷为反贼。土族大军团团围困灵山，并大举进攻，拓拔野、蚩尤同仇敌忾，决定和姬远玄同舟共济，取得七彩土，平定土族内乱。

众人听从十巫的建议，先前往清冷峰，与土族“三好长老”耕父神展开激战，夺得清冷九钟，救醒了烈烟石。同时，一个影响日后大荒格局的盟约，在四人之间约定。

拓拔野、姬远玄声东击西，直指土族京城，不料却反陷重围。一场惊天动地的大战之后，心计深沉的姬远玄以出人意料的方式逆转败局，粉碎乱党。

拓拔野、烈烟石等人用七彩土黏合了圣杯，赶往火族京都赤炎城，不想火族长老烈碧光晟却抢先发动了另一场阴谋，他以祭奠赤炎山神为借口，将纤纤献为祭品，实际目的乃是想引爆赤炎火山，解开千年图腾凶兽的封印，将在琉璃金光塔内闭关修行的赤帝彻底消灭，以便篡位夺权。

拓拔野等人明知山有虎，偏向虎山行，连闯赤炎大牢、火山内腹……祭神大

典如火如荼，双方展开了浴血奋战。赤炎山的烈火熊熊喷薄，可怕的千年凶兽再次肆虐。为救蚩尤，烈烟石不惜跳入了滚滚岩浆……

百年恩怨，国仇家恨，一夕爆发。赤帝、赤松子、南阳仙子之间，扭曲的父子义、兄妹情，在焚城烈火中被烧成灰烬。被赤帝引入幻界的烈炎，唤醒了沉睡的赤火神识，以一记惊天动地的太乙火真斩击溃群魔，奠定了火族南北分裂的局势。

纤纤不满拓拔野的冷落，再次愤然孤身前往昆仑寻母，为了解救被怪鸟掳掠的女童，自己却遭遇梼杌等寒荒凶兽，再次陷入险境。拓拔野、蚩尤与寒荒勇士前往众兽山援救纤纤，却意外地救出了寒荒公主，并遇见了金族太子少昊。

拓拔野、少昊等人护送芙丽叶公主回寒荒城，晚宴时，传说中预兆水灾的比翼鸟突然出现。拓拔野追随比翼鸟，无意中闯入钟山密洞，邂逅阔别四年的木族圣女姑射仙子。原来水族大神之子烛鼓之垂涎其美色，以奸计暗算，使她情欲难禁。拓拔野英雄救美，却和她双双受困于雪山洞窟。孤男寡女，春情考验，拓拔野因情守礼，坐怀不乱，竭力救她脱离险境……

与此同时，寒荒两大神女之一的女丑下令驱逐蚩尤一行，引起轩然大波，突然出现的万千凶兽更掀起了巨大风暴。血蝙蝠掳走纤纤，蚩尤拼死相救，并率领寒荒勇士浴血激战，终于击退兽群。

蚩尤认出了假扮为寒荒神女戚的九尾狐，洞悉了水族颠覆寒荒国的阴谋，却反被晏紫苏所制，带往众兽山，遇见了穷凶极恶的西海老祖。眼看着西海老祖凌虐女童，蚩尤拼死相斗，却被打断经脉，九死一生，苗刀也落入水妖之手。

关键时刻，早已对蚩尤情丝暗结的晏紫苏使计相救，带着他逃往天涯海角。两人同生共死，感情一日千里。晏紫苏为了蚩尤，不惜叛族，惹来杀身之祸。冰甲角魔龙在西海掀起惊涛骇浪，蚩尤苦战狂龙，与晏紫苏的感情也面临着巨大考验。

逃出密山，姑射仙子却忘记了从前之事。雪崩地裂，地河滚滚，将拓拔野与她卷入女娲之肠，重新带回了寒荒城中。恰逢此时以楚宁为首的冰龙教叛党控制了寒荒国，逼迫长老会率众杀死少昊、纤纤，起兵反叛金族。拓拔野将计就计，和赶来救援的姬远玄携手戳穿叛党面目，兵不血刃，化干戈为玉帛。

但是西海老祖等水妖的真正目的，却是打开传说中的翻天印，引来西海的洪水，毁灭寒荒。拓拔野、姬远玄等人及时赶到，大战老祖。千钧一发之时，蚩尤竟驾驭冰甲角魔龙杀到，齐力打败西海老祖，挽救了寒荒。

一波未平，一波又起。一个神秘人从水妖手中抢走苗刀，大闹昆仑，出现在流沙河，引来三族群雄围剿。原来他竟是七百年前与羽青帝争夺帝位的木族奇人夸父。拓拔野、蚩尤为了夺回苗刀，与他再定追日赌约，谁先到日落之谷禺渊，谁就是胜者。

拓拔野、蚩尤依照晏紫苏的妙计，分道而行，将夸父戏弄于股掌之间。但是奇峰突起，拓拔野、姑射仙子途中竟邂逅了西王母、水族圣女，以及变成了怪兽窫窳的科汗淮！西王母不堪水圣女的威胁，竟杀死了科汗淮。混乱中，夸父抢得科汗淮的尸体，逃往禺渊。

而蚩尤与九尾狐在寿麻国竟遇见被九冥尸蛊控制的段聿凯，蚩尤得知父亲乔羽被神秘的鬼帝附体，成了行尸走肉。

通天河畔，鬼帝与白帝比乐斗法，鬼兵汹涌，蚩尤陷入一场梦魇似的苦战……为了救出父亲，蚩尤不离不弃，孤身一人闯入幽冥地府，意外地救出了一个神秘人物，自己却被鬼帝所操纵，身不由己地前往昆仑山下的观水城。

九泉之下，人鬼殊途；观水城中，阴云密布。晏紫苏救出蚩尤，却阻止不了那环环相扣的阴谋陷阱，眼睁睁地看着势如疯魔的蚩尤在众人面前将黄帝刺杀而死。

晏紫苏好不容易将蚩尤救出险地，却遇见了水妖冰夷。雪山峰顶，大敌环伺，恰逢大荒日食，蚩尤遭遇生平最为莫测的暗夜，成为众矢之的。

与此同时，拓拔野与姑射仙子来到方山，却在狂风海啸中邂逅了四大水神之一的双头老祖，以及久久未能相逢的雨师妾，却遗憾地失之交臂。姑射仙子却惊讶地从三生石中发现自己与拓拔野神秘莫测的情缘。

为了洗清蚩尤的冤屈，查明真相，拓拔野赶赴昆仑，与西王母、白帝、姬远玄等人缔结盟约。纤纤终于与母亲相逢，成为金族西陵公主，贵为金枝玉叶。

天下英雄齐聚昆仑，参加即将开始的蟠桃大会。拓拔野前往章莪山为纤纤摘取天上的星星，却邂逅了姑射仙子，又双双被金族奇女长留仙子困在章莪山顶。尴尬的局面、三生石的幻象使得姑射仙子滋生出微妙的情愫……而飞撞而来的流星巨石又将他们的关系推进了一大步。

蟠桃会开始了，枝节横生，奇峰迭起，拓拔野面对水妖、木妖咄咄逼人的进攻，奋起反击。唇枪舌剑，斗智斗勇，瑶池宫成为没有烽烟的战场。

作为西陵公主，纤纤成了大荒各大势力角斗平衡的枢纽，为了赢得金族的支持，各族群雄纷纷向她求婚。前所未有的驸马选秀，在昆仑山上如火如荼地展开。

为了保证纤纤的幸福、稳固四族联盟，拓拔野必须在驸马选秀中击溃水、火、木诸族的连番进攻……他能不能力挽狂澜，挫败敌方的一连串阴谋呢？

龙神突然出现，又为暗流汹涌的蟠桃会带来了巨大的变量……四族联盟将面临严厉的考验。为救义母，拓拔野闯入昆仑禁地，却在南渊深处意外地邂逅了一个意想不到的人物，后被卷入了奇妙的际遇之中，得知了自己前生竟是金族太古奇侠古元坎。

蟠桃大会波澜迭起，拓拔野终于与朝思暮想的雨师妾重逢了，但重重磨难却刚刚开始。金刀驸马、媸奴主人……面对诸多抉择，一向优柔寡断的拓拔野终于做出了最果断的抉择，毅然在天下人面前宣布娶雨师妾为妻。

瑶池大战，惊心动魄。在这场生死之决中，拓拔野能杀死大荒十神之一的双头老祖，救出备受磨难的雨师妾吗？狂风暴雪，阴差阳错，一连串的天意巧合，又将带给拓拔野怎样莫测的命运呢？

重返南渊之底，拓拔野与雨师妾揭开了前世之谜，却又陷入了至为凶险的境地。他们逃出生天，能手刃八百年的宿敌吗？石夷和长留仙子的情仇又将如何了断？

正当尘埃落定，金刀驸马众望所归之时，那神秘凶狂的幽天鬼帝带领万千鬼兵不请自到——原来他竟是被烛龙陷害的水族黑帝！

蟠桃会的最后一夜，久违的故人纷纷登场，蚩尤、赤松子、夸父、流沙仙子等人也纷纷赶到，好戏不断。

爱恨难消，恩怨何解，阴谋、血战……只有拓拔野才能力挽狂澜！他必须以一己之力扭转局势，击败天下第一的汁光纪……

瑶池再度掀起腥风血雨，一桩桩旧日恩仇、一个个惊天秘密，都将在昆仑山顶了断。然而，大荒最瑰丽的历史，此时才刚刚拉开序幕。

目录

CONTENTS

「楔子」

天地裂

碧空万里如洗，真陵山脉群峰参差，宛如万千利剑直破苍穹，将过往白云切得丝缕飞扬。在正午秋日的映照下，灿灿如金山，桀然天半，极是雄伟险峻。

半山红叶如火，层林尽染，被狂风呼卷，仿佛烟霞横带，缭绕弥漫，又像是漫漫火海，摇曳跳跃。山坡上衰草起伏不绝，一直连绵到万里平原上，遥遥望去，宛如接天汹涌的海浪。

山脚下那纷摇的长草中，隐隐可见数不尽的猎猎大旗，迎风招展，无数绣金“姬”字在阳光下闪耀着刺眼的光芒。

龙兽长嘶，姬远玄昂然屹立于阵前青铜战车上，衣袖鼓舞，举着千里镜，屏息朝北徐徐扫望。

十余里外，烟尘滚滚，杀声震天，号角声、兽吼声、冲杀声……交织并奏，隆隆作响，整个大地仿佛都在晃动，也不知有多少骑兵正风驰电掣地席卷而来。

凝神远眺，旌旗漫漫，刀戈如林，那狂潮似的大军在烟尘中若隐若现，虽是极速狂奔，阵形却仍有条不紊，变化从容。

奔逃在最前的，乃是数百名骑乘着青兕兽的土族铜甲战士，旗帜横斜，早已溃不成军。身后箭矢齐飞，乱石纵横，密雨狂雹似的攻来，不断有人惨叫着翻身滚落，或是被兽群踏成肉酱，或是被追上的敌军乱枪刺死……景况说不出地狼狈惨烈。

忽听一阵凄诡高亢的琴声，破空崩云，震耳回荡，惊惶奔窜的青兕兽群像是突然发狂，不住地悲吼跳跃，团团乱转，将背上的土族骑兵纷纷掀落。

三千青兕铁骑，转瞬间便被水妖杀得丢盔弃甲，一败涂地！

听得琴声，真陵山下原本肃整如铜墙铁壁的土族大军也陡然大乱，狮虎、龙兽纷纷受惊怒吼，数百匹龙马更是肝胆尽裂，发狂似的破阵冲出。

“冰甲龙筋筝！”姬远玄心中大凛，百里春秋这老妖果然也来了，神色不动，沉声喝道，“封耳，起鼓！擅动一步者，无论人兽，杀无赦！”

话音方落，战鼓如雷，呐喊声如潮，失控冲出的众土族战士手起刀落，座下龙马纷纷悲鸣倒地，抽搐不已。

其余众军士撕下布帛，将坐骑双耳塞紧，弯弓持戈，全神贯注，只待黄帝一声令下，便与水妖展开殊死大战。

姬远玄眯起眼，眸中精光闪烁，脸上虽不动声色，一颗心却似乎随着四周震天战鼓而急速跳动。

六月蟠桃会后，天下分裂，水族圣女乌丝兰玛率先发难，联合水族二十一城反抗烛龙，并与土族、金族、龙族，以及炎帝烈炎的北火族组成同盟，展开圣战。

数月之间，大荒烽烟四起，兵戎频仍。东海上，龙族与水、木盟军接连鏖战，惊涛暗涌；火族南北对峙，如火如荼……但最为激烈的战斗，发生在中土。

昆仑会后，烛龙虽元气大伤，但在水族内却仍根深蒂固，无可动摇，大半疆域仍唯其马首是瞻。在他的部署之下，燕长歌与八大天王两大劲旅兵分两路，势如破竹，悍然攻入土族腹地，所到之处，烧杀掳掠，生灵涂炭。

姬远玄亲率千乘战车、五万大军，誓师北上，今日终与北鲜军团相逢。岂料不等本部大军列阵迎敌，一向以剽悍著称的先锋青兕军便已一触即溃，死伤殆尽。

大风刮来，猎猎扑面，满是血腥之气，令人闻之欲呕。

姬远玄心潮汹涌，放下千里镜，淡淡道：“北鲜燕长歌，果然名不虚传。难怪短短十五日间，便纵横千里，连夺七城，如入无人之境……”

顿了顿，不经意地扫了周遭众将一眼，他哂然道：“难道我堂堂土族，数百万英豪儿郎，竟没有一人能挫其锋吗？”

“陛下！”泰逢再也按捺不住，骑着苍电白虎转身上前，抱拳大声道，“泰逢愿领三千虎骑兵，取燕北鲜人头复命！”

黄猛、包乘等众将亦不甘示弱，纷纷出阵愤然请缨。

姬远玄沉声道：“五十年前倚帝山一战，先帝引为生平大耻，可惜未及雪恨，又被水妖奸计所陷，含恨惨死。寡人今日御驾亲征，倘若再败于水妖之手，又有何颜面见先帝神明，有何颜面见土族父老乡亲？此役关系举国荣辱，全局胜负，不可莽撞，众卿少安毋躁。”

一言既出，众人登时肃静，脸上却露出越发悲怒愤恨的神色。

大荒539年，黑帝之妹波母仙子因与土族长老公孙长泰私通，产下一子，而被逐出水族，并由此引起了两族间历时八个月的大战。在烛龙指挥下，水族八大天王、燕长歌等四大劲旅倾巢而出，在倚帝山下大败黄帝亲率的九万大军。

是役，土族元气大伤，伤亡惨重，仅大将便损失了二十八人。若非神帝及时介入调停，水族大军早已直捣黄龙，攻入阳虚城。

末了，土族除了割地求和之外，还被迫将最受国人爱戴的公孙长泰革职问罪，逐入地渊囚居。举族将其引为奇耻大辱，不愿提及。

众将此刻听到，更是新仇旧恨一齐涌上心头，怒火熊熊燃烧。

姬远玄皱起眉头，瞟了一眼身旁战车上缄默不语的王亥，沉吟道：“王将军，本朝名将之中，唯有你和燕长歌交过手，知己知彼，以今日之境况，卿有何高见？”众人纷纷朝他望去。

土族高手虽不如其他四族多，但历来名将辈出，行军打仗只有水族堪可比拟。当世猛将更是如云，其中王亥、常先等人智计百出，骁勇善战。

王亥原是姬修澜亲信，忠心耿耿，当日曾奉其意旨，率领土族大军重重包围灵山，欲置姬远玄于死地。待到黄帝复生，姬远玄平叛成功，应龙等人纷纷率兵倒戈，唯有他一人宁愿自缚为死囚，也不肯归降。

姬修澜死后，他几次三番想以身相殉，都被姬远玄亲自救下。精诚所至，金石为开。眼见新任黄帝宽厚贤明，非但不计前嫌，反而对己倍加礼遇，加官晋爵，王亥终于被感动，誓死效忠。

此次北征，王亥考虑到自己的身份，一直低调谨慎，不敢轻言，此时听黄帝问及，八字白眉微微一挑，方才沙哑着声音，徐徐道：“陛下，燕长歌麾下八部兽骑，俱是北海极为凶烈的猛兽豢驯而成，最善野战。眼下奔突在前的，不过是騊駼、白駮、罗罗虎三部，其余五部或掩藏在后，或绕道翼护，尚未发力。再加上‘万兽无缰’百里春秋压阵，其战力更是难以估量……”

黄猛等人脸色微变，泰逢哈哈一笑，道：“王将军倒真会长敌人志气，灭自己威风！照你这么说，我们岂不是该闻风披靡，缴械投降了？”

王亥骷髅似的脸上毫无表情，灰白色的眼珠凝视着姬远玄，淡淡道：“陛下，以己所长击彼所短，乃兵家不二法则。我们在这平原上，与北鲜军团决战，却是以短击长，自取灭亡。臣以为，应当立即下令退军二十里，以避其锋……”

众将哗然，声如鼎沸。

王亥置若罔闻，淡淡道：“往南二十里，便是飞蛇峡，壁立千仞，山谷狭窄，等他们追入谷中，我们再掉头痛击。到那时，狭路相逢勇者胜，北鲜八部纵有再多兽骑，也无用武之地。”

听到最后一句，众将怒色稍消，觉得颇有些道理，哗声渐止，纷纷转眸朝姬远玄望去。

姬远玄沉吟片刻，摇头道：“王将军之计固然稳妥，但两军交战，士气为先。燕长歌半月间纵横千里，天下震动，倘若此刻寡人临阵退缩，只怕军心浮散，一溃千里，不等退到飞蛇峡，已被北鲜铁骑踏成齑粉了。”

王亥还要劝谏，姬远玄摆手示止，道：“王将军，此次亲征之前，寡人已请十大巫祝龟卜吉凶，全是上上大吉。武罗仙子更曾问天请神，算定若在真陵山下与水妖遭逢，必有大捷。天时、地利、人和，我们已占尽，不必多虑。”

众将闻言无不大喜，齐声道：“陛下圣明，天佑黄土！”王亥心中暗自叹了口气，不再说话。

号角长吹，鼓声激奏，水妖大军越逼越近，相距已不过七里，透过千里镜，最前骑兵的脸容已可瞧得一清二楚。

姬远玄抬头望了望当空的太阳，唇角勾起一丝不易被察觉的冷笑，喝道：“三军将士听令！”右手“锵”地拔出均天剑，直指蓝天。

大军呐喊声中，一道黄光从均天剑尖轰然冲起，当空炸爆，怒吼如雷，化作一只巨大的怪兽——独角龙头，鹿身马蹄狮尾，三只火目殷红如血，周身烈焰吞吐。

姬远玄翻身高跃，飘然骑坐在三眼麒麟兽上，俯瞰三军，双目怒火欲喷，高声道：“土族的英雄儿郎们，五十年前，倚帝山下的奇耻大辱，你们忘了吗？四个月前，圣仁黄帝受陷被刺的深仇大恨，你们忘了吗？这半个月来，父母兄弟被杀戮，姐妹妻女被凌辱，家园故舍被烧成了焦土……这一切，你们都忘了吗？”

他每问一声，土族大军便发出排山倒海似的怒吼：“没有忘！”一声高过一声，一浪高过一浪，到了最后，已是群情激愤，震耳欲聋。

姬远玄高声喝道：“家仇国恨，不共戴天！今日不报，更待何时？我姬远玄今日对先祖神明发誓，如若不在这真陵山下，杀尽北鲜水妖，誓不为人！”

说到最后一句时，周身金光暴涨，真气鼓舞，骑着三眼麒麟兽冲天飞起。手中神剑气芒怒射，如虹霞横空，遥遥指向那烟腾尘舞的水妖大军。

阳光照在他的身上，金盔铜甲，丰神玉朗，直如凛凛天神，让人不敢仰视。

三军士气大振，怒吼如沸，战鼓汹汹，在他的引领下，漫山遍野，潮水似的向水妖冲去。

万兽奔腾，乱箭齐飞，数百辆投石车争先恐后地抛弹起巨大的石块，如流星陨石似的撞落而下。

水妖大军冲在最前的騊駼营顿时人仰马翻，惨呼声迭起。

冲杀声中，又听得一阵诡异凶烈的琴声，如峭壁狂风，暗夜惊涛。

北鲜军团兽吼如狂，乱势顿止，很快又恢复了秩序，在琴声的指引下，两翼齐举，风驰电掣，冒着箭雨星石悍然挺进。

既而“哑哑”之声大作，北边地平线上蓦地冲起一团团黑压压的乌云，遮天蔽日，朝南急速席卷而来。

姬远玄凝神远眺，心中大凛，那漫无边际的滚滚黑云赫然是万千凶禽飞兽，数量之多，气势之猛，竟比那日在寒荒国所见的更甚！

当下抡起青铜大旗，迎风展舞，喝道：“飞兽军出战！存亡胜败，在此一举，宁可断头颅，也绝不能退一步！”

包乘喝诺声中，骑乘鼉蚳角猪兽倏然冲出，率领三千飞兽军横空猛扑，去势如电。

飞兽军乃是从土族所有军队中千里挑一，并由土族各将军轮流训练的精锐之师。他们座下的飞兽也是精挑细选的极为凶猛的灵兽，又经特殊培训，嗜血好杀，见着漫天凶兽，非但毫不畏缩，反倒激起狂暴的凶性。

远远望去，两军如怒潮对卷，越来越近，相距已不过三里之遥，惊天大战，一触即发。

当是时，忽听“轰隆”一声巨响，如晴天霹雳，地动山摇，整个大地陡然剧烈震动起来。

烟尘滚滚，土石乱舞，北鲜军团奔驰的平原上竟突然炸开一道狭长的裂缝，仿佛大地陡然张开的森森巨口，择人而噬！

冲在最前的近千名水族骑兵猝不及防，顿时连人带兽冲落其中，惨叫声连连。

后面的骑兵纷纷勒缰回旋，但冲势太急，一时间又哪能止得住？后方奔来的兽群不断地与前方的骑兵撞在一起，惊呼声、兽吼声、金戈交错声……不绝于耳，或冲落深壑，或竞相翻滚摔飞，乱作一团。

姬远玄身在高空，看得分明，那条地缝恰好横在水族大军的前沿，自东而西迸裂如闪电，距离己方大军尚有二里之遥，当下再不迟疑，举起白兕号角，高声叫道："三军止步，立即回撤！"

话音未落，"哗啦啦"一阵刺耳的脆响，那道地缝急速裂变，瞬间绵延出十余里，越扩越大，同时向南北两侧蔓延出万千道缝隙，彼此交叉，蜘蛛网似的急速龟裂。

土族众将遇变不乱，驭兽俯冲而下，挥舞战旗，领着各部军团，纷纷回旋掉头，从两翼朝着斜后方有条不紊地狂奔，全速撤退。

"轰！"

几乎在同一时间，纵横交错的龟裂地缝中蓦地冲射起万千道霓霞绚光，整个大地陡然朝下崩塌！

万兽惊吼，混乱不堪的水族大军惨叫狂呼，接二连三地朝下陷落。

混乱中，千余名翼龙兽骑兵仓皇冲天飞起，动作稍慢些的，不是被迸舞的巨石砸中，一命呜呼，就是被猛犸等凶兽的长鼻、巨尾死死钩缠，一起拖着坠入无底深渊。

转瞬间，整个大地土崩瓦解，就连巍峨连绵的真陵山脉也随之轰然坍塌！

尘土滚滚，如蘑菇云似的朝上层层翻腾，方圆十里内什么也瞧不见了，只看到万千道霞光破空喷射，又转化为熊熊火光，蹿起数百丈高，獠牙似的吞吐跳跃，将整个蓝天烧得通红一片。

被那冲天火焰包围吞噬，数万凶禽飞兽或惊惶盘旋，或左冲右突，怪叫悲鸣，如雨似的簌簌摔落，焦臭之气随风弥漫，刺鼻难闻。

轰隆声连绵不断，土族大军不敢后顾，没命地纵兽狂奔，身后大地不断坍塌陷落，红光喷吐，数百名龙马骑兵逃之不及，立时消失不见。

大军如狂潮退却，直冲出十多里远，听见那轰鸣声越来越小，这才渐渐放慢下来。

回头望去，原本巍峨壮丽的真陵山脉竟已被夷为平地，尘土漫天，黑烟滚滚，如遮天大雾，掩映着一道道姹紫嫣红的火光，久久不能散去。

土族众军士瞠目结舌，惊魂未定，说不出一句话来。虽仍云里雾中，不知究竟发生了何事，但有一点却是历历分明：素有“水族第二军团”之称的北鲜八部兽骑已经全军覆没，埋葬在了土族地下！

百丈高空中，狂风怒啸，姬远玄乘着麒麟驻云远眺，隐隐约约可以瞧见那巨大的地洞绵延二十余里，宽近千丈，裂壁悬崖，如刀劈斧凿，深不可测，壑中云气缭绕，霞光吞吐，美丽而又狰狞。

他徐徐地吐出一口气，放下千里镜，眼中闪过一丝古怪的神情，也不知是惊是喜，是悲是惧。

身边，包乘、黄猛等将驭兽盘旋，面面相觑，又是骇异又是惊喜，半晌才颤声道：“皮母地丘！陛下，皮母地丘重现大荒了！”

大荒590年十月，黄帝率大军与水妖激战于真陵之野。五族离心，天地崩裂，消失了十六年的皮母地丘终于重现于世。

这一天，距离神帝驾崩之日，恰好四年零六个月。

「第一章」婚礼前夕

清晨，东海上薄雾弥漫，姹紫嫣红的朝霞将天海遥遥隔断。碧空中晨星寥落，几只海鸟悠然划过，贴着蓝紫色的海面自在飞翔。

晨风呼啸，惊涛卷舞，激撞在礁岩上，冲起重重大浪，兜头拍来，水雾蒙蒙，夹带着透骨寒意。

一个清丽绝俗的白衣女子翩然而立，恍然不觉。秀发飞扬，衣裳起伏不息，妙目痴痴地凝视着前方，也不知在想些什么。

“呜——”东南方号角回荡，激越入云，远远地响起一片欢呼声。

白衣女子微微一震，转眸望去，雾霭离散处，一艘龙头巨舰正乘风破浪，朝岸边驶来，猎猎风帆上绣着一条极为狰狞的赤眼黑龙，张牙舞爪，栩栩如生。

“龙使舟来啦。木丫头，你当真不去吗？将来可别后悔呀。”从她身后传来一阵银铃似的甜脆笑声。

几丈外的礁石上，不知何时坐了一个黄衣少女，眨巴着眼睛，正饶有兴味地盯着她，苹果似的脸蛋上漾着甜美的笑容，双耳各悬挂着一条赤练蛇，合着万千发辫随风摆舞，显得纯真而又诡异。

白衣女子脸上微微一红，摇了摇头，正待说话，又听一个柔媚的声音淡淡道：“好孩子，洛姑娘说得不错，天下之事但求光风霁月，无愧于心、无憾于己便可以啦，又何必太在意世人所说所想？”

循声望去，香风鼓卷，一个紫衣女子从山崖上飘然掠至，白发似雪，眉眼如画，举手投足尽显风华绝代，美貌不可方物。

“姑姑。”白衣女子转身朝她盈盈行了一礼，低声道，“蕾依丽雅若非无愧于心，又怎会到此请姑姑代传消息？只是眼下两族交兵，以我的身份，自是不能……不能前往道贺。”

黄衣少女咯咯笑道：“地上长藤蔓，地下落花生。明明对我的亲亲小情郎牵肠挂肚，嘴上还偏偏不承认。既知两族交兵，为何还千里迢迢通敌报信？依我之见哪，你是怕见了他们，把喜酒喝成酸醋，所以才不敢去吧？”

白衣女子双颊晕红更甚，眉尖轻蹙，微有嗔怒之意，淡淡道：“仙子多心了。拓拔太子对我曾有救命之恩，蚩尤公子又是本族羽青帝转世，于公于私，我都理应化干戈为玉帛。”

秋波流转，凝视着茫茫大海，轻声道：“只盼明日东海风平浪静，太子婚典顺顺利利，喜乐安宁……”说到后一句时，心中忽然一阵莫名的酸疼刺痛，咽喉像是被什么堵住了，声音低如蚊吟，几不可闻。

这三人自然便是姑射仙子、空桑仙子与洛姬雅。

蟠桃会后，木神句芒与姑射仙子罅隙益深，虽视其为眼中钉、肉中刺，奈何她向来洁身自好，殊无把柄；嫉恨之余，句芒只好操纵木族长老会，修改族规，限制圣女权力，除了祷天、祈福、占卜、祭礼等神职之外，其他一概予以限制。

姑射仙子清心寡欲，对族内大权素无所求，所以也不以为意。众长老、城主趋炎附势，对她日渐冷落，她也乐得清净，独自幽居于姑射山上。

某日，听说拓拔野和雨师妾、蚩尤与晏紫苏双双即将大婚，她怅然若失，云游东荒聊以散心，想要顺道拜祭神帝，却在南际山上邂逅了空桑仙子与洛姬雅。

素未谋面的姑侄相逢，自是百感交集。姑射仙子在此盘桓了月余，直到前几日才返回日华城，参加本年的秋季长老大会。

谁想刚回到城中，她便在无意中得知，木族长老不知从哪里探听到了拓拔野等人婚礼所在的岛屿，与水妖一拍即合，决定趁着龙族大办婚典之机，倾力联手偷袭，除去大敌。

姑射仙子心乱如麻，思前想后，终于还是悄悄离城，连夜赶回南际山，将来龙去脉尽数告诉空桑仙子，请她赶往参加婚礼，将消息传达给拓拔野，让他们多加防备。

不想流沙仙子却像是看穿了她内心的秘密，促狭心起，大加戏谑逗弄，令她尴尬嗔羞之余，又有种说不出的酸楚怅惘。

说话间，远处欢呼声四起，号角长吹，那艘龙头巨舰收帆敛桨，缓缓靠岸。等在港湾的近千人纷纷围拢而上，接住船上抛下的纤绳，合力往里拉去。

"龙使舟"是龙族专门接送大荒各族贵宾参加婚典的使船，由汤谷扶桑木构建而成，坚不可摧，又以风龙兽皮为帆，百足龙的龙骨为桨，航行速度极快，遇到紧急情况，还可迅速下沉，在百余丈深的海底潜航，因此又被称为"鬼影潜龙"。

为保周全，避免水妖干扰，此次太子婚典设在东海某无名岛屿，秘而不宣，两个月前派发的婚礼请柬上也只注明了候船的时间、地点。

连日来，各族使者、大荒游侠纷纷从四面八方聚集到南际山下，一齐等待龙使舟的到来。故友新朋狂歌痛饮，通宵达旦，极是热闹，倒像是婚礼的前宴一般。

此时龙舟已到，众人更是欢腾如沸，不等船完全靠岸，便争相跃上船去，不过片刻，海滩上便没剩下几个人影了。

号角声传来，船头缓缓回掉，远远地听见有人大声催促召唤。

流沙仙子笑道："哎呀，船就要开啦，空桑姐姐，再不走就来不及啦。"

她故意瞟了姑射仙子一眼，抿嘴笑道："再过几个时辰，就可以瞧见我的亲亲小情郎了。唉，许久不见，也不知他是否出落得更俊了？只可惜有人碍着脸面，注定瞧不见啦。"

这几个月来，与空桑仙子朝夕相处，她已渐渐从与神农诀别的苦痛中抽离出来，更与空桑成了忘年至交，虽彼此相差近百岁，却一口一个"姐姐"，叫得颇为亲昵自然。

眼见姑射仙子玉靥晕红，大不自在，空桑仙子微微一笑，拉起她的手，凝视着她，柔声道："你放心，我定会将消息传给拓拔小子的。句芒心胸狭隘，城府极深，若让他知道是你走漏了风声，只怕要对你不利。自己多加小心。"又低声叮嘱了几句，这才转身飞起，与洛姬雅一齐朝龙使舟掠去。

号角呜呜声中，大船徐徐驶离，长桨齐挥，白帆次第升起。

红日从绚丽的朝霞后跳出来了，灿烂地照着甲板上欢腾的人群，大海上万里金光，粼粼闪耀，如此刺眼。

欢呼声随着白帆越去越远，渐不可闻，终于消失在霞光流舞的海天交接处。方才还热闹喧嚣的海滩转眼空空荡荡。海浪一重重地翻卷上来，白沫吞吐，将无数脚印、篝火堆……全都冲刷得干干净净。

姑射仙子心中空空落落的，也不知是失落、惆怅，还是感伤，她怔怔地在礁岩上站了许久，直到冰凉的海潮漫过了脚踝，这才转身慢慢地朝后走去。

晨风呼卷，海鸟欢鸣，她抬头望去，笔直高峭的南际山壁上，青松横斜，石缝交错，筑了不少鸟巢。成群的海鸟从中冲出，展翅盘旋，俯冲向大海，捕到鱼食后，又冲天飞起，悠然回旋，纷纷振翅飞落巢边，欢啼戏耍。

大风盈袖，飘飘欲飞，阳光下，自己的影子被拉得老长。她的心底莫名地一阵悸动，竟感到一种从未有过的孤单。

这一瞬间，她突然想起那夜在章莪山上，自己意乱情迷，写下的“月冷千山，寒江自碧，只影向谁去”；想起其时玉郎犹在，笛箫协奏，一切恍如梦幻；想起月光下他炽烈的眼神，想起他狂乱的吻；想起那一刹天旋地转，她崩塌了、迷失了，坠落在无穷无际的喜悦、甜蜜、惶乱与迷惘里……

刹那之间，她耳根热辣辣的如烈火焚烧，心乱如麻，莫名地一阵害怕。

自己究竟是怎么了？为什么这几个月来，常常会有这样奇怪的念头？原本宁静如古井的心，为何常常涟漪荡漾，晃动着他的倒影？为何耳边总会没来由地响起他的笑声，响起他说过的话语？

为何想到他时，总会无缘无故地微笑，就连听到别人说起他的名字，心中也莫名地充满了温馨和甜蜜？为何这些日子以来，总要有意无意地打探他的消息？听说他要大婚的时候，又为何空空茫茫，心痛如针扎，乃至于最普通的静坐修行也难以继续？

她越想越是惶惑、酸楚、恐惧……思绪如海潮似的阵阵翻涌，心又开始剧烈地抽痛，咽喉仿佛被一只无形的手扼住了，几乎连气也喘不过来。她蓦地闭上眼睛，意守丹田，默念洗心诀。

也不知过了多久，杂念渐消。阳光抚脸，风卷秀发，海鸥脆啼，海浪一声声地欢腾拍舞……她的心也随之渐转宁静。念力及处，甚至可以听见落叶从树梢卷落，蚂蚁在草丛间穿梭……

耳郭一动，忽然听见极细微的衣袂翻飞声，似乎有人御风飞来。侧耳倾听，远远地仿佛有一个沙哑的声音懊恼地喃喃道：“糟了，还是来迟一步，龙使舟已经开走啦！”

这声音好生熟悉！

姑射仙子心中大凛，还不及细辨，又听一个娇脆的声音哧哧轻笑道：“走了便走了，反正我们也知道它要开往哪里。东海是本仙子的地盘，混不上船，难道还混不进岛吗？只要咱们的圣女仙子已经将消息传给那些虾兵蟹将，就不怕他们不上当。”

姑射仙子心中又是一沉，这声音赫然正是本族七彩岛主虹虹仙子！

那夜她初回木华城，无意中便是听见虹虹仙子与几位长老密议，说是探听到龙神太子将在东海合虚山举行婚典，水木联军业已联合出征云云。

此刻听她言中之意，似乎早已知道自己此行的目的，别有算计，隐隐大觉不妙。

她当下睁开妙目，凝神聚气，使出“一叶蔽目诀”，隐匿身形，飘然冲上崖顶。

山崖上大风呼啸，灌木起伏，她循声俯瞰，只见北面山谷内，一男一女并肩飞掠，来势极快，双双在左侧龙湫峰顶站定。

那女子绿眸雪肤，顾盼神飞，颇为明艳妖冶，果然是“大荒十大妖女”之一的虹虹仙子。

她身边的男子青衣玉带，长髯飘飘，竟然是族中的卢羽平长老。

卢羽平眯着眼，朝东远眺，嘿嘿一笑，压低声音道：“那拓拔小子倒也刁滑，明明在汤谷完婚，却假意走漏消息，声东击西，说是在合虚山举办婚典，还故布疑云，派了龙使舟掩人耳目。幸亏木神英明，将计就计，让圣女做个顺水人情……”

虹虹仙子咯咯笑道：“拓拔小子得到圣女的消息，以为我们中了他的诡计，将大军全都调往合虚山，必定自鸣得意，安心地洞房花烛去啦。等我们天降神兵，擒住新郎官，再以通敌叛族之罪，拿下圣女，成全这对苦命鸳鸯！”

两人颇为谨慎，交谈声音极低，说到最后一句，大为得意，忍不住相顾大笑起来。

姑射仙子越听全身越是冰凉，仿佛陡然坠入无底深渊，背上凉津津的全是冷汗。此时回想起来，那夜能听见长老密议，太过巧合，疑点颇多，只怪自己过于单纯天真，情急无措，连夜赶来报信，不想却正中了句芒一箭双雕的毒计！

她双颊晕红，咬着唇，又是骇怒又是懊悔，心想：“苍天有眼，倘若适才早走一步，便撞不破他们的阴谋了。亡羊补牢，趁着龙使舟还未去远，须得速速追上，将这些话转告给姑姑才是。”

正想转身下掠，又听卢羽平纵声怪啸，满山回荡。

不过片刻，两只碧羽赤目的长颈怪鸟“呀咿——呀咿——”怪叫着，从南面山崖间比翼飞来，扑振着翅膀，稳稳地落在他的肩膀上，昂首睥睨，赤眼红光闪耀。

卢羽平抓住那对怪鸟的翅膀，将它们双双凑到眼前，仔细凝视了一会儿，哈哈笑道：“妙极妙极！风影鸟已经将圣女与空桑老虔婆说话的场景，全都映照下来了。这下铁证如山，她想赖也赖不掉啦！”

姑射仙子芳心一颤，惊怒更甚。

这对风影鸟一雄一雌，分别叫作捕风、捉影，双眼、双耳构造极为奇特，可将所有看到的景象、听到的声音，映录在其眼球晶体与耳膜之中。若是让他们将这二鸟带回长老会，自己便真真大祸临头了。

虹虹仙子笑道：“快收起你的宝贝鸟儿吧。再不走，日落之前就赶不到汤谷，参加不了拓拔小子和龙女的婚典啦。”说着便拉着他飞身冲起，朝东北海面掠去。

霎时间，姑射仙子心中转过万千念头，终于决定尾随其后，趁他们不备，隐身夺走风影鸟，而后再赶到汤谷，将消息传达给拓拔野等人。

方欲动身，忽然听见一个男子哈哈大笑道：“正愁无人带路，你们却送上门来，很好，很好！”

声音沙磁雄厚，原本极是好听，但骤然响起，倒像是凭空一记惊雷，震得群鸟惊飞，冲天炸散。

卢羽平二人猝不及防，如被重锤当头击中，闷哼一声，身子剧晃，险些从半空摔落，若非及时翻身冲起，便要一头跌撞在峭壁尖石上了。

回音滚滚，轰隆声不绝。以姑射仙子的修为，竟也如被巨浪迎头拍击，眼前昏花，气血翻涌，难受至极，心下大凛：此人是谁？真气竟如此强猛！

凝神望去，只见一个黑袍高冠的年轻男子施施然地从对面山崖飘然而来，脸容苍白如雪，俊美绝俗，神情倨傲，笑容中又带了风流自赏的轻薄味道，瞧那身衣着打扮，颇有华贵之气，却不知究竟是哪一族的贵侯。

见他踏空缓行，姿态优雅从容，胜似闲庭信步，姑射仙子心下更奇，御风之术倘若要极速如电，固然很难，但要在空中走得如此之慢，却更是难上加难。若非他真气惊世骇俗，这般慢腾腾地走不了十步，便要从半空中摔落了。

卢羽平又是惊骇又是羞怒，喝道：“何方狂徒，吃了龙心猛犸胆了吗？竟敢在我木族地界如此撒野！你可知我是谁吗？”

黑袍男子哂然道：“小小一个木族长老，竟敢在本族圣女的眼皮底下谋划着如何犯上作乱，吃了龙心猛犸胆了吗？圣女仙子，你说是也不是？”说到后一句，目光炯炯，似笑非笑，朝姑射仙子隐身的方向瞥来。

姑射仙子一凛，知道行迹已露，索性不再躲藏，默念法诀，碧光波动闪耀，现出身形。

“仙子！”卢羽平脸色大变，与虹虹仙子对望一眼，哈哈一笑，森然道，“我道是谁，原来是仙子你请来的外敌帮手！怎么，想要勾结敌邦，杀人灭口吗？”

姑射仙子一愣，还未说话，那黑袍男子眉毛一扬，纵声大笑道：“我与贵族圣女素昧平生，若有幸能与她勾结，倒也是人生一大快事。可惜木族之内，除了姑射仙子光风霁月，冰清玉洁，就全是像你这样奸险龌龊、鼠目寸光的小人了，也难怪木族内讧频仍，国败家亡！”

姑射仙子呼吸一窒，心中竟莫名地怦怦乱跳起来，不知为何，突然觉得他此刻的神情、语气似曾相识，好像在哪里见过一般，但细细追想，却又毫无头绪。

听此人语气嚣狂，颇有幸灾乐祸之意，虹虹仙子悬吊着的心反而平定下来，她碧波流转，嫣然笑道：“本族圣女通敌叛族，罪不容赦，既然她与阁下没有干系，那就好办得很啦……”

“谁说她与我没有干系了？”黑袍男子笑声忽止，脸色一沉，冷冷截口道，“我对木族圣女素来仰慕，在这南际山顶守候了一天一夜，等的便是仙子芳驾。你们想要用奸计陷害她，我又怎能轻饶？”

被他眼中寒光一扫，虹虹仙子花容微变，浑身冷汗尽出，右手紧紧握住腰间的虹蛇剑，不自觉地朝后退去。

就连那两只风影鸟也“呀咿”怪叫，振翅盘旋，似是对他极为畏惧。

卢羽平生性桀骜自负，虽知此人真气远胜于己，但见他如此跋扈，不由得怒从心起，喝道：“大胆狂徒，敬酒不吃吃罚酒，你当卢某当真怕了你吗！”

话音未落，大袖鼓舞，一杆青铜长矛破空疾刺，“轰”的一声，碧光怒爆，忽地幻化为一条青鳞巨蟒，狰狞飞舞，朝着黑袍男子当头咬下！

黑袍男子嘴角勾起一丝讥嘲而又鄙夷的冷笑，虚空踏步，瞧也不瞧他一眼，右掌轻轻一拍。

“嘭！”光焰喷吐，热浪狂卷，那青鳞巨蟒轰然炸裂，冲天飞起。

卢羽平“哇”的一声，鲜血狂喷，重重地飞撞在身后的石壁上，“哗啦啦”一阵裂响，偌大的山壁竟迸开了数十道裂缝。

他簌簌抽搐了片刻，朝下滑落，委顿在地。脸如金纸，双眼圆睁，又是惊怖又是恐惧，喉中呜呜作响，想说什么却说不出来。

姑射仙子、虹虹仙子心中大骇，卢羽平虽非族内顶尖的人物，但好歹也是仙级高手，祖传的“碧蛇矛”更封印了上古凶兽“青电蟒”的元神，被列为“大荒七大名枪”之一。想不到不过区区一合，便被这神秘男子打得枪断人伤，奄奄一息！

单以这一掌而论，此人的气刀威力丝毫不亚于“紫火神兵”，当已臻神级之境！此人到底是谁？当今之世，又何来如此年轻神秘的神级高手？

姑射仙子心中一动，突然想到一个传说中的人物，但又觉得忒不可思议，断无可能如此年轻。

虹虹仙子惊疑不定，颤声道：“卢长老？卢长老？”

正想上前将他扶起，卢羽平突然瞪大双眼，发出一声凄厉可怖的长号，挺直身子，“噗噗”连声，周身皮肤蓦然炸裂开来，血肉横飞，红光鼓舞，蹿起万千火苗，刹那之间便被烧成了一具焦骨，恶臭扑鼻。

虹虹仙子骇得魂飞魄散，向后跌退几步，指尖不住地颤抖，几乎连拔剑的气力也没有了。

她虽身为大荒十大妖女，见惯了各种场面，却从未见过这等轻描淡写而又霸道凶残的杀人招式。

风影鸟悲鸣盘旋，俯冲而下，在卢羽平骸骨旁跳来跳去，似是颇为不舍。

黑袍男子扬眉笑道：“主人既去，你们又安能苟活于世？”说罢隔空只一探手，倏然将二鸟抓到掌中，“咔嚓”一声，拧断其脖子，随手将鸟尸抛落。

见他下手如此狠辣，姑射仙子胸中一阵烦闷，大起厌憎之心，蹙眉道：“卢长老与你无冤无仇，这两只鸟儿更不过是禽类，阁下何必下此毒手？”

那黑袍男子慢悠悠地踏空而来，在山崖上站定，似笑非笑地盯着姑射仙子，悠然道：“此人心计险恶，对仙子意图不轨，死有余辜。两只鸟儿既是所谓的证据，也自当销毁。我知道仙子必不忍心，所以只好代劳了。”

被他那咄咄逼人的眼神放肆地盯扫着，姑射仙子如芒刺在背，无所遁形，心中大不舒服，淡淡道：“请问阁下是谁？你我既然素未谋面，非亲非故，又何必越俎代庖，何不各司其事？”

黑袍男子哈哈大笑道：“仙子此言差矣！你我虽然素不相识，却是同仇敌忾；不但同仇敌忾，还是同病相怜。既有如此缘分，我又怎能不帮你呢？”说到最后一句时，他目光一转，朝虹虹仙子瞟去。

虹虹仙子肝胆俱寒，已如惊弓之鸟，闪电似的翻身冲起，朝北飞逃。但见黑光一闪，气浪卷舞，她“啊”的一声尖叫，周身已被一条乌金丝带紧紧缠住，倏然回弹，重重摔落在黑袍男子跟前。

虹虹仙子泪水涔涔，不敢看他，极其可怜地望着姑射仙子，颤声道：“姑射姐姐，我……我错啦，我不该一而再、再而三地算计你，你……你大人有大量，饶了我吧！”

姑射仙子生性单纯淡泊，虽知她数次害已，她却始终无法对她产生多大恶感，此刻听她这般求饶，更是心下大软，低声斥道：“放了她！”说罢长袖飞卷，碧光气带蓬然卷舞，缠住她，朝后夺去。

黑袍男子右手虚空一抓，那乌金丝带登时绷紧，岿然不动，任由姑射仙子如何奋力拉夺，也不能扯动分毫，哂然道：“东海茫茫，人地生疏，放了她，谁带你我去参加龙神太子的婚典呢？小妖女，你若老老实实带路，我就留你一条性命。”

那乌金丝带越勒越紧，虹虹仙子俏脸涨红，张大了口，舌头渐渐伸了出来，说不出话，只是拼命地点头。

姑射仙子心中疑窦更甚，此人自称在此等了自己一日一夜，又大费周折，擒住虹虹仙子，难道只是为了参加拓拔野的婚礼吗？听他言下之意，竟是妄图要挟自己一同前往，脸上红晕泛起，又是羞恼又是恚怒，淡淡道：“谁说我要去参加婚典了？”

黑袍男子眯起眼，眸中精光闪耀，微笑着一字字道：“仙子若不去，我又拿什么作为贺礼？”话音未落，黑带飞舞，气浪汹涌，朝着她当头罩下！

黄昏时候，龙使舟终于抵达汤谷。

残阳如血，漫天都是暗红绛紫的火烧云，汹汹奔涌，与海鸟齐飞。波光淼淼的海面上，倒映着汤谷岛上的漫漫灯火，璀璨夺目。那巨大的扶桑树参天摩云，彩霞缭绕，远远望去，真如海上仙山，云里楼阁。

空桑仙子侧立船舷，痴痴地凝视着那越来越近的岛屿，心潮澎湃。原以为风月无情，自从他走后，天地之间，再无一物值得她留恋；然而相距四年，重回故地，那些往事、那些蹉跎的青春岁月……全都翻江倒海般涌了上来，让他悲喜交集，恍如隔世，一时竟有些不能自已。

“嘭！”礼炮轰鸣，烟花四舞，几艘遥遥游弋的战舰缓缓驶近。甲板上的众人纵声欢呼，不断地朝战舰上、岸上喧沸的人群挥手致意。

忽听“嗷嗷”怪叫，十只火红的碧眼怪鸟从岛上冲天飞起，巨翼横张，突然朝着龙使舟俯冲而下。

众人眼前一红，狂风热浪席天盖地，从头顶怒卷而过，惊呼声中，那十只巨大的怪鸟环绕着桅杆盘旋飞舞，次第落在船舷上。

众鸟昂首阔步走到空桑仙子身边，欢声呜呜，笨拙地张开翅膀拍拍她的背、啄啄她的脸，像是旧友重逢，颇为亲热。

众宾使中有些未曾见过传说中的十日鸟，大感好奇，纷纷围拢上前，想要看个究竟，不想太阳乌甚是倨傲，不屑与他们结识，猛地扭头阔步，振翅怪叫，直吓得靠近者争相后退，引起众人一阵大笑。

有两只太阳乌似是认得流沙仙子，碧眼转动，朝她点头呜呜了几声，算是打过了招呼。流沙仙子咯咯笑道：“好气派！等你们主人来了，瞧我怎么治他管教不严之罪……”

话音方落，却听一人朗声笑道：“贵客云集，有失远迎，恕罪恕罪！”碧波荡漾，两个少年踏浪如飞，并肩携手，高高地跃上了船头。

“龙神太子！”“乔少城主！”众人欢声雷动。

流沙仙子扭头望去，左边那少年昂然挺拔，衣裳鼓舞，夕阳余晖照耀下，脸如镀金，神采飞扬，笑容如阳光般灿烂，一如往昔。让人莫名地生出亲近信赖之心。

她嫣然一笑，心中又是怅惘又是温暖，默默地道：“拓拔野，好久不见。”

空桑仙子亦默默凝视，微笑不语。四年前，当她在这岛上第一次遇见这两个少年的时候，他们还是稚气未脱的孩子；而此刻，他们双双并肩站在船头，与群雄谈笑寒暄，泰然自若，俨然是极具人望的少年领袖了。

与几个月前离别时相比，蚩尤竟像是又长大了不少，比起拓拔野尚高了半头，英挺雄健，脸上的刀疤非但没有减损他的魅力，反倒平添了几分桀骜英霸之气，就像是他背上的那柄苗刀，锋芒毕露，茫茫人海中，第一眼便能让人瞧见。

面对争先恐后地上前恭贺的群雄，他满脸微笑，眼中唇角都是喜悦之意，应答得体，对付自如，比起印象中那狂野暴烈的少年，更是成熟了不少。料想此中缘由，一则与灵山十巫施以“伏羲牙”，镇伏他体内潜藏的凶兽灵珠、邪魂厉魄有关；二则多半要归功于拓拔野与晏紫苏的影响了。

拓拔野目光扫处，瞥见空桑仙子与洛姬雅，大喜过望，笑道："前辈、仙子，你们果然也来啦！这些日子一直记挂着你们呢。"

众目睽睽之下，流沙仙子忽然有些害羞，双靥晕红，"呸"了声道："臭小子，你没事记挂我干吗？"说罢板起脸，叉着腰，佯嗔道，"你这个负心郎竟敢抛下我，和大荒第一妖女成亲，仙子今日自是千里寻夫，到东海抢亲来了。"

拓拔野一愣，哈哈大笑道："米已下锅，木已成舟，仙子下次赶早。"

众人忍俊不禁，但忌惮这杀人如麻、蛊毒双全的女魔头，谁也不敢笑出声来。眼见拓拔野竟公然与她打情骂俏，无不暗自啧啧称奇，均想龙神太子果然魅力无穷，大荒十大妖女头两位都被他收拾得服服帖帖，真乃当世妖女克星。

众人谈笑间，船已靠岸。

爆竹轰鸣，礼炮连声，早已守候多时的汤谷群雄纷纷迎上前来。这些大荒流囚数十年来未曾离开岛屿一步，此刻见着这么多故人，五味杂陈，悲喜交集，有些久未谋面的至亲好友更是紧紧拥抱在一起，又哭又笑。

夕阳沉落，夜幕初降，晚霞变成了一道道镶着金边的黑云，岛上的灯火显得越发明亮起来。众人拥簇着往岛上走去，说说笑笑，极是热闹。

空桑仙子与拓拔野并肩而行，沿途扫望，大为惊异。与四年前她离开时相比，这里的变化实在是太大了。

那时的汤谷不过是个荒凉贫瘠的孤岛，无论是谁，在此住上三个月，便欲发疯。现在触目所及，奇花异果，枝繁叶茂，珍禽怪兽，到处可见。简陋的破木囚房被整齐雄伟的白石堡、干净清爽的小木屋所替代，沿着山坡层层叠叠，星罗棋布。

就连脚下的小路也铺满了卵石，在两侧灯笼的照耀下，迤逦蜿蜒，闪着温润绚丽的光泽。真可谓脱胎换骨，焕然一新。

到了汤水湖东侧的山谷中，群雄更是哗然惊叹，惊艳不已。

四周环立的群峰上，依势附形，凿了众多石洞，洞外以巨石、坚木筑成雄伟坚固的墙楼，彼此间有栈道相连，形成大小百余个山洞城楼，气势恢宏。每个城楼上都插着熊熊火炬，挂着五彩灯笼，夜色中望去，更是蔚为壮观。

拓拔野笑道："各位朋友，此处便是汤谷城了，是由大荒各族流放到这里的囚犯们齐心携手，群策群力，花费了四年的时间建造而成。恕我自夸一句，这儿个月来，我遍历大荒，好像还没看到什么城池比这儿更漂亮、更壮观了。所以你们此行回去，须得实话实说，在‘天下十三名城’里重新排排座次，汤谷城当仁不让排在第二。”

众人哈哈大笑，有人叫道：“那第一的是哪座城？”

拓拔野等的便是这句话，泰然道：“当然是蜃楼城。”

听到“蜃楼城”三个字，众人都安静下来，鸦雀无声，脸上颇有些尴尬。

拓拔野朗声道：“四年前，当我奉神帝遗诏，前往蜃楼城止息干戈时，曾在那里度过了此生中最为美好的一段日子。蜃楼城中所住的，全都是被五族驱逐、不受欢迎的人。但是在那里，我没有看见任何奸邪淫盗，所有的人都相亲相爱，自由自在……

“那一刻我突然明白，为什么神帝弥留之际，也要想方设法，让我这乡野少年去挽救一个备受五族排斥的荒外之城。我突然明白，为什么当朝阳谷水妖侵伐蜃楼城的消息传出后，会有那么多素昧平生的游侠四海追随，甘愿抛头颅洒热血，去捍卫一个自己从未居住过的海上之城……”

拓拔野语锋一转，脸色变得凝重起来，沉声道：“只可惜，蜃楼城终于还是被水妖用奸计攻破了。一夜之间，十几万居民家破人亡，被屠杀殆尽，大荒自由之城更被他们付之一炬！”

顿了顿，他环顾群雄，扬眉道：“不错，他们可以烧了城楼。但是他们烧得了天下人的心吗？烧得了天下人对自由的向往吗？这四年来，我和蚩尤日日夜夜，都不曾有一刻忘了蜃楼城，这四年来，我们与汤谷的流囚们齐心携手，一起将这不毛之岛改造成了人间沃土。”

“这里的每一块石砖、每一根栋梁，都凝聚了他们的智慧与心血，没有他们，就不会有今天的汤谷城。而他们的所有想法、智慧，又都源自于各族。所以，汤谷城也可以说是大荒各族的共同结晶——就如同蜃楼城一样。”

赤铜石、盘谷、成猴子等汤谷群雄一言不发，眼圈却都微微有些泛红，心中又是酸楚，又是骄傲。

拓拔野高声道：“而他们之所以这么做，正是因为他们每一个人，都想要改过自新，白手起家，在这茫茫东海、荒外孤岛，建立一个和蜃楼城一样美丽、平等、友爱的自由之城。

“神帝说过：‘人非圣贤，孰能无过？知错能改，善莫大焉。’这些囚犯曾经犯过大错，但已经在这孤岛上被流放了几十年，甚至上百年，备受折磨，纵然有什么罪过，也该够了……”

他自小伶牙俐齿，素擅言辞，经过这几年的磨炼，更将讲演之术操控得炉火纯青，极具感染力。知道何时该沉痛低婉、何时该高昂激越，才能将火候控制得恰到好处，直达听众内心。

此刻慷慨陈词，诚挚恳切，大奏其效。各族宾使无不动容，默默无语，心中都颇以为然。

空桑仙子微微一笑，终于明白拓拔野在汤谷举办婚典的良苦用心了。

蟠桃会上，金、土、火等各族帝侯虽然勉强同意赦免汤谷群雄，但那不过是卖他几分薄面，私心底下，只怕没几人当真相信这群凶暴桀骜的乌合之众真能改头换面，成为抵抗水、木等族的重要力量。

若真想冰释前嫌，达成牢固同盟，除了让彼此多些接触机会，晓之以理、动之以情外，还得展现真正的实力。毕竟在这乱世之中，唯有实力才能代表一切。

果然听拓拔野高声道：“所幸蟠桃会上，各族大赦天下，终于给了他们一个改过自新的机会。消息传来，汤谷欢腾，人人无不感恩戴德。而今天下分崩，大荒战火四起，正是英雄用武之时。汤谷上下众志成城，誓要与大家同生死、共进退，一起粉碎烛老妖等奸贼的狼子野心，恢复大荒和平，重筑自由之城！”

话音方落，汤谷群雄便轰然附应，纷纷叫道：“打败烛老妖，恢复大荒和平，重筑自由之城！”雷鸣似的声音在山谷内回荡，震耳欲聋。

声浪越来越大，从近到远，处处都有人回应，海上众战舰礼炮轰鸣，像是在遥遥回应。

各族宾使原本就对烛龙水妖恨得咬牙切齿，看到此时此景，深受感染，热血如沸，也忍不住高声呐喊起来。

一时间，这婚典前夜的“接风洗尘会”倒像是变成了大荒五族同盟的誓师大会。

空桑仙子与流沙仙子对望一眼，相对莞尔，心里都闪过同一个念头：当日神农弥留之际，在南际山顶邂逅拓拔野，谁说不是冥冥之中自有天意呢?

第二章 不速之客

天海茫茫，弯月如钩，穿梭于蒙蒙雾霭之中，若隐若现。

狂风怒吼，帆布猎猎卷舞，偌大的船身在风浪中剧烈摇摆，急速飞驶。惊涛轰鸣，不断地轰然撞击在船舷上，喷舞起万千白沫。

一个巨浪拍来，船身陡然倾斜，甲板上惊呼声四起，水手们死死地抓住桅绳、栏杆，左摇右晃，这才勉强稳住。

“啪”的一声，一个大汉手上所抓的舱板断裂，大叫一声，仰身摔倒，朝右舷翻滚冲落，眼看便要跌入怒海波涛之中，舷侧的两个水手眼疾手快，猛地探手将他胳膊拽住，硬生生地从半空中将他拉了回来。

船尾，六名舵手脸色涨红，齐声呐喊，在一个十尺来高的青衣大汉的指挥下，奋力拉紧巨大的舵盘，不让方向有丝毫偏歪。饶是如此，船头仍是不断地朝北倾斜。

“侯爷，风浪越来越大了，我看还是合舱下潜吧！再这么折腾，只怕这舵盘都要吃不消啦！”青衣大汉扯着嗓子，朝着不远处的金冠男子呼喊。

那金冠男子懒洋洋地坐在一张海虎皮的大椅上，任风狂浪大，纹丝不动。眯着眼睛，一边高举千里镜，朝西南方向远眺，一边哂然道：“不成。离汤谷还有近百里，现在下潜，明日正午也到不了。若是赶不上太子婚典，惹得陛下龙颜震怒，风浪可比这要大多了。哥将，传令下去，所有船舰鼓帆摇桨，全速前进，午夜之前务必到达汤谷！”

青衣大汉无奈，抬头吼道：“变旗，张帆，全速前进！”

主桅上的旗手奋力摇动转盘，“呼”的一声，一面三角大旗迎风冲起，猎猎招展，碧鳞粉涂绘的青龙在夜雾里闪闪发光，直欲破空飞去。几在同一瞬间，次桅上的所有白帆也尽数打开，“噼啪”作响，被狂风刮得鼓如圆球。

后方的船舰瞧见，也纷纷打开青龙旗，鼓起白帆，全速疾驶。远远望去，海天漆黑一片，什么也瞧不清晰，只看见数十条碧光闪闪的飞龙乘云驾雾，朝西南狂飙。海上夜鸟瞧见了，无不惊鸣盘旋，遥遥避让。

这一行舰队，自然便是威震九万里东海的龙神嫡系“青龙舰队”。那金冠男子与青衣大汉，便是主舰旗将六侯爷敖越云与主舵哥澜椎。

此时东海战事连连，为掩人耳目，减少不必要的麻烦，青龙舰队今日黄昏才从龙宫开出，一路偃旗息鼓，潜水缓行，到了日落之后，方才浮出水面，浩浩荡荡向汤谷进发，不想又偏偏遭逢大雾风浪。

六侯爷吩咐既毕，眼见风帆鼓舞，船行急速，这才起身朝主舱走去。推开门，灯光耀眼，丝竹大作，十余个鲛人美女正在翩翩歌舞。

龙神、科汗淮与众长老列案而坐，一边低斟浅酌，一边轻声交谈，瞧见他进来，纷纷点头招手，唤他入席。

六侯爷脱口笑道：“他奶奶的……”瞥见席间那清丽娇怯的少女，连忙将“紫菜鱼皮”生生吞回肚里，咳嗽一声，笑道，“陛下也忒心急。太子喜宴还没开始，你们就迫不及待地喝上啦。”

龙神笑吟吟地道：“我就这么一个宝贝儿子，好不容易娶了个本事通天的龙妃，那还不得普天同庆，喝他个七天七夜吗？”说罢碧眼流转，朝那清丽的少女努了努嘴，笑道，“什么时候等你龙六也娶了媳妇，姑姑也为你大操大办一番。”

众人哈哈大笑，那少女俏脸绯红，急忙低下头去，凝视着自己那银白色的鱼尾，秋波中闪过黯然凄伤的神色，心中默默地想道：不知此时此刻，他在做什么呢？有没有……有没有哪怕一丝想起我？

汤谷城主洞大堂内，载歌载舞，欢声笑语。

顶壁那方圆数十丈的树脂天窗已然打开，夜空辽阔，月光斜斜倾泻而入，与沿壁四立的万千珊瑚灯交相辉映，亮如白昼。

地上铺满了厚厚的海兽毛皮作为地毯，水晶石案上美酒佳肴琳琅满目，尽是山珍海味、龙肝凤脯。众人席地而坐，觥筹交错，谈笑风生。

流沙仙子抿嘴微笑道：“拓拔小子，两位新娘呢？怎的不见她们出来招待贵宾？我还想亲手将贺礼送给她们呢。”

拓拔野和蚩尤对望一眼，一齐笑了起来，道："两位新娘待嫁闺中，都说为了吉利，婚典之前，禁止我们前往滋扰。夫君尚且如此，何况旁人？"说罢眨了眨眼，笑道，"但若是贺礼厚重的话，我可以网开一面。什么礼？拿出来让我们见识见识。"

流沙仙子"呸"了一声，道："少打主意，没你们的份儿。"忽然咯咯笑了起来，柔声道："不过你的另一位心上人，倒让我们给你捎了一份厚礼，只可惜眼下看来，这份礼还是白送啦。"

"另一位心上人？"拓拔野微微一怔，旋即明白她说的是谁了，脸上一红，正容道，"仙子莫说笑，若是让旁人听见便不好了。"

流沙仙子见他欲盖弥彰的狼狈之状，更觉有趣，咯咯大笑，耳垂的赤链蛇随着发辫一齐乱颤，引得众人纷纷望来，拓拔野尴尬益甚，只好假装喝酒，借以掩饰。

当下空桑仙子传音入密，将姑射仙子如何在日华城长老殿内无意中听见木族长老密议的事情一一向拓拔野、蚩尤道明。流沙仙子顿了顿，微笑道："水、木两族探听的情报，说你们的婚典在合虚山举行，我看此间既然相差了千里，当无危险，所以适才就不急着告诉你们啦。"

拓拔野、蚩尤二人脸色微微一变，像是松了口气，惊喜之中又有些忧虑。蚩尤眉毛一扬，哂然道："想不到真让龙妃猜中啦！"

流沙仙子奇道："龙女猜中什么了？"

拓拔野微微一笑，也不直接回答，道："这几个月来，水妖在中土大举发兵，与金族、土族接连激战，咄咄逼人；火族、木族也南北夹击，频频攻打烈二哥的炎帝军，占尽优势。唯有这东海之上，水、木两族虽然派出了四大水师，却要么围而不战，要么一触即溃，你说是为什么？"

流沙仙子嗔道："我最讨厌猜谜。你别卖关子，快快说吧。"

拓拔野道："兵法之道，虚实无常，避重就轻。金、土、火三族疆土相连，互济互助，实力远远强大于我们孤立海外的龙族，水妖盟军为何不先合力剿灭我们，反而先去咬这等难啃的硬骨头？"

流沙仙子皱眉道："你是说烛老妖和句山羊隐忍不发，是想趁你们婚礼不备，再偷袭猛攻？是呀，你心上人千里迢迢，给你传的不就是这个消息吗？只可惜那些楠木疙瘩忒笨蛋，情报不准，虚惊一场。"

拓拔野摇头道："蟠桃会上，句芒老贼早已和姑射仙子势成水火，以他的城府心机、谨慎性格，又怎会让姑射仙子听到这等机密？雨师姐姐早已料定他们会假传情报，让我们放松警惕，只是没想到传来消息的，却是仙子……"

心中一沉，失声道："是了！他们必定是想来个引蛇出洞，一箭双雕，事后再给仙子冠一个通敌叛族的罪名。句芒老贼，果然好生奸猾！"想到姑射仙子冰雪单纯，被这些老奸巨猾之徒诬陷而不自知，又是惊怒，又是忧虑，恨不能立时飞往东荒，向她叮嘱说明。

空桑仙子心中一凛，颇以为然，亦大为担心姑射仙子的周全。

流沙仙子虽然机狡百变，诡计多端，但对于行军打仗的兵法却殊无兴趣，此刻听拓拔野这番剖析，入情入理，不由得暗暗佩服，抿嘴笑道："我的小情郎果然有几分本事。照这么说来，水木联军不发这消息倒也罢了，既已发出，必定是声东击西，故布迷雾，其实已经发兵朝这儿打来啦？"

忽然"哎呀"一声，环顾四周宾使，吐了吐舌头，笑道："那这次的婚典，岂不是要变成葬礼了吗？"

蚩尤眼中杀机大作，蓦地将杯中美酒一饮而尽，似是成竹在胸，嘿然冷笑道："仙子放心。我们厉兵秣马，筹备了三个多月，等的便是今夜。明日此时，我要让这里的每一个宾使，都拿着水妖的头颅，舀我们的喜酒，痛饮狂歌！"

拓拔野牵挂姑射仙子的安危，方才的欢喜之意荡然无存，心乱如麻，转头望了一眼墙角的沙漏，又想："龙宫到此，相距不过三百里，娘和科大侠他们怎的还没到？"那丝不祥的感觉越来越强烈。

"嘭！"船身又是一阵剧烈的摇晃，灯火摇曳，那些鲛人美女站立不稳，歌舞顿止，见龙神挥手示意，纷纷退下。

从舷窗向外望去，不知何时，那弯钩月已经被漫天云雾重重遮挡，乌云在海面上滚滚翻腾，忽然亮起一道闪电，将大海照得蓝紫一片，接着"轰隆"震响，雷声滚滚，一场风暴迫在眉睫。

真珠俏脸被闪电映得雪白，被雷声一震，微微有些害怕，忍不住往人鱼姥姥身上靠去。

六侯爷心中一阵疼惜，可惜佳人虽在咫尺之侧，芳心却远在百里之外。叹了口气，道："人都说'龙神怒，东海啸。龙神哭，江河决。'想不到陛下今日这般欢喜，东海上还是要狂风暴雨。依臣侄看，陛下昨晚多半是趁着我们不备，悄悄地喜极而泣，才招致今日暴雨。”

众人又是一阵大笑，真珠也莞尔。如花笑靥虽只一瞬，却已看得他心驰神往，呼吸如窒。

龙神此时心情极佳，白了他一眼，笑吟吟的也不理会。这满船之中，除了身边的白发男子，也只有这玩世不恭的浮滑小子敢这么和自己说话了。

忽然想起从前在东海之上，有一日也是这般电闪雷鸣、惊涛骇浪，她在龙宫中找不着科汗淮，只道他业已悄然离去，心急如焚，遍海寻找，一无所获。难过绝望之下，她忍不住失声痛哭，却在那一刻遇见骑着剑鳍龙鲸、吹笛归来的他。

那暗夜风暴中的大悲大喜，此刻想来，已如前世。但始终不变的，却是自己对他难以割舍的浓浓依恋。只是不知要到何时，她与他之间，才能真正风平浪静，万里晴天呢？

想到这些，她心潮激荡，忍不住情意绵绵，转眼朝他望去。

科汗淮脸朝窗外，眉头轻皱，似乎在侧耳倾听着什么，见她温柔地凝视着自己，回过神，低声道：“你听见了吗？”

龙神愕然道：“听见什么？”凝神聆听，脸色微微一变。那风啸浪吼的轰鸣声中，隐隐传来一阵阵细如游丝的号角声，凄厉诡异，如泣如诉。

“苍龙角？”她心中大奇，隐隐觉得有些不妙。龙妃雨师妾此刻当在汤谷城中准备明日的婚典，怎么会出现在这百里之外的狂风巨浪中？

科汗淮一言不发，又凝神听了片刻，脸色大变，蓦地长身冲起，打开舱门。

“轰！”惊雷滚滚，天海一亮。

西边海天交接处，黑云汹涌，急速席卷而来，大风扑面，夹带着冰凉的雨珠，劈头盖脸地打来，寒意彻骨。

众人愕然，纷纷放下酒杯，正待追问，忽听“哗”的一声炸响，水浪滔天，船身陡然抛起，甲板上的水手猝不及防，登时摔倒滚落，惊呼声如沸。

舱内亦是一阵大乱，桌案乱舞，“乒乒乓乓”撞在一处，六侯爷叫道：“小心！”下意识地猛一伸手，将真珠拉入怀中，撞见人鱼姥姥的怒目，吓了一跳，又急忙松开手来。

真珠早已羞得耳根俱红，转头不敢看他，秋波扫处，芳心一震，失声道：“那是什么？”

众人转头望去，只见闪电余光之中，惊涛迸舞，一个巨大的黑影破海冲出，在半空中陡然张开血盆巨口，嘶声怪吼，獠牙森森，通体红光耀射。还没等众人看清，长尾抛舞，重重地冲落水中，海面如炸，将船身再度高高抛起。

"北溟火尾虎！"众人大凛，这怪物是北海凶兽，虽不如"大荒十大凶兽"那般威名显著，但生性嗜血狂暴，发起狂来，凶猛难当。只是此兽一向喜寒畏热，又怎会现身于东海？

科汗淮再无怀疑，沉声道："快传令舰队，戒备待命，随时准备下潜！"不等众人应答，他已大步奔上甲板。

龙神等人尾随冲出，六侯爷略一迟疑，叮嘱舱内卫士好生保护真珠，这才奔出舱外。

"轰隆隆！"天海间雷鸣声不绝，和着海啸狂涛、众水手的惊呼呐喊声，震耳欲聋。

巨浪滔天，大雨倾盆，刹那之间，众人周身都已湿透，被冰寒的狂风一刮，更是冷得直如僵痹，但此时此刻，已没有任何人在乎这些了。

黑漆漆的海面陡然被闪电照亮，狂涛四起，无数黑影破浪横空，交错飞舞，嘶吼怪嚎之声此起彼伏。

空中"呜呜"之声大作，抬头望去，近千盏幽蓝色的火光在黑云中浮动，再一细看，赫然竟是一群幽冥尸鹫，随着那凄厉号角的节奏声，盘旋绕舞，随时便欲扑下。

主桅上的旗手惊呼道："水妖！水妖的北海舰队！"

话音未落，"轰"的一声炸响，远处海面突然冲起一道炽白的流光，天地陡亮。接着东南西北每个方向都光芒骤起，纵横破空，和漫天闪电交相呼应，照得众人睁不开眼。

龙神碧眼微眯，凝神扫探，又惊又怒。茫茫大海之上，旗帆猎猎，艨艟重重。他们已经不知不觉地被水妖包围了。

百里之外，汤谷城中，灯火通明，宴会正值高潮。

各族宾使举着酒杯，轮番到拓拔野、蚩尤席前，向两人敬酒祝贺，谈及近来龙族在东海接连打退水族、木族四大水师，更是赞不绝口，连声喝彩。

火族使节赤玉浮笑道："听说太子龙舰纵横东海，水妖闻风披靡，我们陛下欢喜至极，常常对我们称赞太子和乔少城主的本事呢。此次太子大婚，陛下本想亲自来贺，只是南方战事太紧，脱不得身，因此让在下带了饕餮离火鼎和风火环作为贺礼……”

说着取出一个寸许长的赤铜小鼎和一个紫红玉环，献给拓拔野、蚩尤二人，微笑道：“这两件神器原本分属于陛下与亚圣女，虽算不上稀世珍宝，但按照我族习俗，却是将至亲之物赠送给至亲之友，万请太子和乔少城主笑纳。”

拓拔野接过铜鼎，笑道：“二哥实在是太客气啦。如此宝物，受之有愧，多谢了。”

蚩尤握着那温润艳丽的玉环，脑海中蓦地又闪过那双如寒冰乍融、春水温柔的眼睛，心中怦然一跳，不知那冷若冰霜、炽烈如火的女子如今怎样了呢？突然内心涌起一丝莫名的怅惘。见赤玉浮热切地看着自己，回过神，微微一笑道：“多谢亚圣女美意。”便将玉环戴到腕中。

金族、寒荒八族、荒外番国等宾使不甘落后，也纷纷献出贺礼，转达各自君主、王侯的祝福。一时间，绚光霓彩，璀璨夺目，看得汤谷群雄称羡不已。

土族宾使熊有黍捧出一个金盒，微笑道：“拓拔太子、乔少城主，我们陛下思来想去，觉得龙宫之中珍宝冠绝天下，什么都有，实在想不出拿什么贺礼才能表达独一无二的祝愿，于是就让在下带了这个，聊表敬意。”

拓拔野打开一看，竟是一盒泥土，蚩尤愕然道：“这个……不像是七彩土，难道是土族的息壤吗？”

熊有黍摇头笑道：“若是息壤，遇风膨胀，现在早已胀大百倍了。昨日，我们陛下御驾亲征，在真陵之野大败北鲜水妖，八部之中，除了燕长歌和百里春秋侥幸逃脱，其他都已葬身在我土族地底啦。”

众人闻言哄然，又惊又喜，拓拔野哈哈大笑道：“妙极妙极！这份贺礼可真是太厚重啦！”

燕长歌的北鲜军号称水妖第二军团，此番全军覆没，水妖在中土的军力可谓受到从未有过的重创。

熊有黍满脸笑容，颇为得意，这场大捷直到此刻才公布，要的便是这等效果，他笑道：“水妖造孽太多，人神共愤，出征之前，黄龙真神和武罗圣女便已龟卜算到必有天助，果不其然，还不等我黄土大军发威，掩埋了十六年的‘皮母地丘’突然重现于世，大地迸裂，将水妖吞了个干净……”

“当”的一声脆响，玉杯掉地摔裂，流沙仙子霍然起身，花容惨白，指尖轻颤，像是惊骇愤怒，又像是悲戚狂喜，神色古怪之极。

大堂内陡然安静下来，众人纷纷转头，诧异地望着她，不知发生了什么事。

熊有黍亦有些不知所措，见她半晌怔忪无语，咳嗽一声，续道：“这盒泥土，便是陛下亲自从皮母地丘的崖壁缝隙中取出，作为送给拓拔太子和乔少城主贺礼的胜利之土……”

流沙仙子突然大步上前，劈手将那盒泥土从他手中夺了下来，低头闻了片刻，雪白的俏脸渐渐泛起红晕，满是怒色，咯咯笑道：“皮母地丘！皮母地丘！他果然出来了！”

众人听得云里雾中，莫名其妙。

流沙仙子向来笑语嫣然，怒不形色，即便在杀人之时也是满面春风，见她如此失态，拓拔野心中大凛，隐隐觉得有些不妥，温言道：“仙子，你说的‘那人’究竟是谁？”

流沙仙子蓦地抬起头，双耳的赤链蛇蜷缩一团，黑白分明的大眼睛怒火中烧，凝视了他片刻，才似笑非笑，柔声说道：“拓拔小子，去问一问你的新娘，自然就知道‘他’是谁了。”

龙妃阁内，帷幔低垂，焚香袅袅。

雨师妾螓首倾侧，轻轻地梳理着艳红如火的长发。铜镜中，被霞衣红裳所衬，那张颠倒众生的脸容此刻竟仿佛如此陌生。额头上的刺字、那些青红斑驳的疤痕，已经淡得几乎看不见了，在烛光下看来，光洁似雪，美艳如昔。

她怔怔凝视着，悲喜交织，恍然若梦。

这几个月来，实是她有生之中最为快乐而又最为忐忑的日子。

每日清晨醒来，望着身边那熟睡如无瑕婴儿的男子，总会被一种近乎窒息眩晕的喜悦紧紧包拢，仿佛浮在云端、飘在梦中，让她幸福得想哭。

而每当夜深人静之时，被他紧紧抱在怀里，听着他在自己耳边悠长均匀的呼吸声，又常常会一阵阵莫名地害怕，不敢入睡。生怕睡着之后，一夜醒来，发觉这一切不过是一场悠长的幻梦……

直到此刻，看着铜镜中的自己穿着的红裳霞衣，看着放在桌案上他亲手采撷编制的星石同心锁与珊瑚凤冠，听着窗外远远传来的欢声笑语……那种不真实、不安定的莫名忧惧才如晨雾般慢慢消散。

今夜之后，执子之手，与子偕老，天地之间，再没有任何人、任何事，能让她迷失害怕了。想到这里，她忍不住嫣然一笑，娇靥如烧，心中说不出地温柔喜悦。

夜风鼓卷，北窗“嘭”地被刮开了，帘幔飞舞，秋凉侵入。

雨师妾忽然觉得一阵彻骨的寒意，推案起身，翩然朝窗边走去。

忽然听到窗外有人低低地叹了口气，淡淡道：“伏羲十巫妙手回春，竟能将你脸上的疤痕消得八九不离十，难怪灵山之名，犹在皮母地丘之上。”

雨师妾娇躯一颤，失声道：“是你！”

“关雨师姐姐什么事？”拓拔野微微一怔，大堂内不少宾使的脸色却突然变了，仿佛明白了什么，面面相觑，瞠目结舌，又是恐惧，又是骇异。

水族丹熏城的宾使更是张大了嘴，脸色煞白，半晌才喃喃道：“皮母地丘重现于世，是因为他？他消失了这么久，难道……难道，居然还没死？”

蚩尤听得不耐，皱眉道：“仙子说的这人是谁？大家为何这般惧怕？他和龙妃又有什么关……”突然想起从前曾听水族游侠说过的往事，心中一震，难道“这人”竟是当年让雨师妾为之神魂颠倒的人吗？

流沙仙子咯咯一笑，环顾众人，道：“五十年前，黑帝有一个妹妹，叫作波母汁玄青，自恃美貌，又有些法力，骄傲自大，谁也瞧不上眼。不料阴差阳错，却偏偏爱上了土族最具人望的长老公孙长泰，还和他生下了一个私生子，取名叫作公孙婴侯……”

拓拔野的心微微一动，觉得这个名字似曾相识。蚩尤却已大吃一惊，骇然道：“阳极真神公孙婴侯？”

听到这个名字，众人无不大震，唯有拓拔野和空桑仙子仍茫然不明所以。

流沙仙子妙目中闪过怨毒悲怒之意，咯咯笑道：“不错，这位公孙婴侯就是后来‘大荒十神’之一的‘阳极真神’，可他刚出生的时候，却是一个天怒人怨的扫帚星。”

水、土两族宾使的脸上都有些尴尬，拓拔野心道：“原来大荒十神中的最后一位竟是水、土两族的子孙。此人既然如此了得，为何一直没听人提起？”

流沙仙子道：“那时水、土两族闹得正僵，出了这事，水族长老会更觉脸上无光。烛龙为了清剿黑帝的势力，趁机挑动长老会将波母赶出水族。波母一怒之下改名皮母，以示与水族划清界限，再无关系，而后带着公孙婴侯住到了公孙长泰的家中……

“烛龙以此为借口，发兵攻打土族。双方在倚帝山下大战了一场，结果水族大胜，势如破竹，若不是神农帝及时出面调停，只怕连阳虚城也被水族攻下了。土族战败求和，迫于水族压力，被迫将公孙长泰和汁玄青母子逐出土族，赶到环境至为恶劣的地壑深沟中居住。那地壑深沟也因此被叫作‘波母之山’，又称‘皮母地丘’……”

拓拔野心道：“原来这名称竟是由此而来。”

流沙仙子冷冷道：“那深壑内长满了恶花毒草、凶禽猛兽，寻常人进去，不消片刻，便连骸骨也剩不下了，就算是仙级高手，也难在壑中熬过七日。神农帝心肠太好，生怕公孙一家难以生存，就将自己炼制的辟毒灵丹，甚至识别草药的心得一一传授给他们。但他又何曾料到，自己竟是养虎为患，那狼子野心的狗贼数十年后居然恩将仇报！”

空桑仙子在汤谷岛上囚居百年，独来独往，不问世事，对于大荒后起之秀一无所知，更不知这“阳极真神”为何方神圣，亦殊无兴趣，但听说与神农有关，心中登时一跳，凝神倾听。

流沙仙子道：“得了神农帝相助，公孙长泰一家得以在深壑中住了下来。起初的半年中，神农帝隔三岔五便去看看他们，日子久了，见他们已对周遭的毒草猛兽了如指掌，足以应付，这才放心离开，云游天下。

“烛老妖原想将他们逐到这地壑中害死，不料受神帝庇佑，汁玄青母子因祸得福，那深壑之底竟是天下八极之一的‘阳门’！皮母采集毒草时，无意中发现地缝内火焰喷薄，阳气汹涌，极适合修炼至阳真气。她天资极高，又是天生的‘水火神英’，久而久之，就自创了‘极阳地火大法’，修为猛增，一日千里……”

听到“天下八极”，拓拔野心念微动，想起神农的那本《大荒经》中便曾提到，说天下有八极，分为苍门、阳门、暑门、白门等，彼此相通，各尽玄妙，只是不曾明确说明八极之所在。想不到八极阳门竟然就在皮母地丘之中。

流沙仙子冷冷道：“公孙长泰虽贵为土族长老，颇有些智慧，但武学、法术的资质却极为普通，皮母担心他练了‘地火大法’走火入魔，于是便只将这神功传授给幼子。公孙婴侯此人虽然卑劣寡义，但却也是天生的‘水火同德之体’，年纪轻轻，便已练就一身奇功……

“到了三十岁时，他不甘心再幽居于深壑之底，一心要为父母报仇雪恨，于是悄悄出了地丘，七天之内，只身独闯土族、水族十二城，连败数十高手，甚至连水族的双头老祖也险些被他击败，天下震动，声名鹊起。土族知道他的身份，想要拉拢，于是便睁一只眼闭一只眼，私下还封他爵位，大拍马屁，公然将他列为大荒十神之一……”

这段往事关系到水、土两族的许多旧疤，被流沙仙子这般毫不客气地抖搂出来，极尽讥诮挖苦之能事，大堂内的众土族、水族的宾使无不大感尴尬，脸色忽红忽白，颇不好看。

但对这妖女深为忌惮，又素知她与拓拔野交情匪浅，谁也不敢喝止驳斥，只好在心里破口大骂，暗想：这妖女对公孙婴侯一家这般了如指掌，知根知底，不知又有什么深仇大恨？

流沙仙子冷笑道：“公孙婴侯自负嚣狂，心胸狭隘，哪里肯吃土族长老会的招安之策？他一心要以牙还牙，加倍折辱水、土两族，于是自号‘阳极真神’，独立五族之外，假意与土、水两族修好，将涉世未深的土族圣女武罗仙子迷得神魂颠倒，然后又使尽手段，勾引了当时有大荒第一美女之称的水族亚圣女雨师妾……”

拓拔野心中轰然一震，仿佛被雷霆所劈，忽然记起当日在灵山之上，曾听蚩尤提过此事，想不到让眼泪袋子与武罗仙子闹得不可开交的，竟是此人！一时间，喉咙若堵，心里酸溜溜、刺辣辣的极是难过。

土族、水族的宾使听她说到本族圣女，再也按捺不住，纷纷怒斥喝止。汤谷群雄爱屋及乌，也忍不住大声起哄。

流沙仙子置若罔闻，妙目瞬也不瞬地凝视着拓拔野，柔声道：“拓拔小子，说这些，你可别难过。但那都是她没遇见你之前发生的事了，若换了现在，我想她断断不会再被那狗贼迷惑。况且公孙婴侯年轻之时长得颇为俊秀，风头极健，倒有几分像你，又自命风流，知道如何讨女人的欢心，被他蒙骗、始乱终弃的，又何止龙女与武罗？”

话音未落，大堂外传来一阵银铃般的笑声，咯咯笑道：“谁说阳极真神忘记龙女啦？听说雨师国主今日大婚，他不远万里，亲自赶来，让我给拓拔太子和龙女送上一份大礼！”

窗子洞开，帷幔飞舞，夜空中乌云弥漫，月光暗淡地照在那人的身上。紫黑长袍猎猎鼓卷，黑木面具后，一双眸子精光闪耀，摄人魂魄，赫然正是水伯天吴。

雨师妾惊怒交集，凝神戒备，冷冷道：“你来做什么？”

天吴飘然跃入房内，负手环顾，淡淡道：“你我兄妹一场，明日是你大喜之日，我这做兄长的，又岂能不来道贺？”

“兄妹？”雨师妾心中气苦，咯咯大笑道，“那日在北海水神宫，你当着烛龙与双头老怪的面，割袍立誓，说你我已恩断情绝，再无兄妹之谊，你这么快便忘了吗？”

天吴低头默然，双眼中闪过痛苦之色，沉吟片刻，道：“我知道我对不住你，你恨我也是应该的。但你信也罢，不信也罢，普天之下，除了十四郎，我最关心的人始终是你。”

雨师妾眼圈一红，冷笑不语。

天吴徐徐道：“人生在世，太多事情身不由己。在其位，必谋其政。有所得，也必有所失。当日在水神宫中，倘若我不那么做，不仅你性命难保，朝阳谷上上下下，也势必伦为囚奴。我是你大哥，更是朝阳谷一国之主，又怎能因一己之私，让全族人受此劫难？我宁可对不住你，也不能对不住他们。”

雨师妾自小父母双亡，由天吴养大，天吴对她又一直是百依百顺，备加呵护，她实是早已将这兄长当作了父亲一般。正因如此，那日见他割袍断义，不肯相救，心中痛如刀绞，远比千虫鼎为甚。此刻听他言语低沉恳切，心底悲怒稍消，但仍是将信将疑，冷笑不已。

天吴心中一软，叹了口气，道：“罢了，我今日来此，不是想求你原谅，只是想告诉你，若想活着和拓拔小子成亲，今夜就赶紧带着他离开这里，逃得越远越好。”

果然！雨师妾心中一凛，原想脱口而出，针锋相对地告诉他拓拔野早有所备，就等着他们前来受死；但立刻又想，与其打草惊蛇，倒不如扮猪吃象。

当下故意装出惊骇怒恨之色，冷冷道：“原来你们早就准备好啦。好啊，既是如此，我们就各为其主，杀个鱼死网破。”

天吴目光炯炯地盯着她，一言不发，爱怜、沉痛、伤心、恼恨、悲楚……在心底交杂跌宕，双手背负，紧握成拳，青筋暴起。半晌，嘘了口气，一字字地沉声道："你以为凭借龙族之力，真能逃过此劫吗？今夜子时之前，你若改变主意，就带着拓拔小子，从东南'贝阒屿'后离开。但若过了子时，我也没有回天之力了。"

听到"拓拔小子"四个字，雨师妾心中顿时充盈着幸福甜蜜之意，轻轻地摇了摇头，嫣然一笑，柔声道："我既已决定嫁给他，自然便是夫唱妇随。他说什么，便是什么，他在哪里，我便跟他到哪里。哪怕今夜真的要死，只要能和他死在一起，也远比我独自一个人活上一千年、一万年，更加快活。"

天吴听她言语虽轻柔，却斩钉截铁，再无转圜余地，心中失望之极，徐徐道："你既已决定，我也无话可说。言尽于此，保重。"转身欲走，却听她叫道："大哥！"重又顿住。

雨师妾心潮汹涌，低声道："这些年来，你一直是我至亲至敬之人，只是今夜之后，敌我殊途，我想如小时那般敬你爱你，也无可能了。无论是今夜，还是他日，疆场相逢，你都不必对我留情，以免……以免……"顿了片刻，声音已有些哽咽，轻声道，"但愿从此再无相见之期，珍重！"

天吴微微一震，泪水夺眶而出。

刹那之间，他仿佛又瞧见她孩童时那甜蜜纯真的笑靥；看见她拽着自己的手，顿足撒娇的样子；看见她第一次祈雨成功时，送给自己留念的雨珠；看见她被那人抛弃后，在自己怀里失声痛哭……

从前的诸多片段如狂风般卷过眼前，激荡于心头，让他险些无法呼吸。滚烫的泪水滑过脸颊，烈火似的灼烧着，想要回头再看她一眼，视线却已变得模糊了。

他张开口，一句话也说不出来，背对着她挥了挥手，从窗口急电似的跃出，再也没有回头。

「第三章」阳极真神

漫天黑云低垂，沉甸甸的，在海面上翻腾，一道又一道闪电将天海照得蓝紫透亮，雷声滚滚。

狂风暴雨，惊涛骇浪，战舰剧烈摇曳，沉浮跌宕，仿佛随时都要被浪头劈裂开来，震得粉碎。

那苍凉诡异的号角声越来越响、越来越近，海面上狂涛奔涌声、咆哮声……交相呼应，不断有见所未见的凶兽破海冲出，兴风作浪。天空中聚集的凶禽也越来越多，黑压压的，盘旋怪叫，作势欲扑。

龙族群雄倒吸了一口凉气，心头寒意大作。但让他们真正感到恐惧的，不是这些妖禽凶兽，而是远处如城郭般迤逦绵延、岿然不动的水妖舰队。

遥遥望去，敌舰少说也有六七百艘，十倍于己。单以旗帜识辨，北海、龙鱼、龟蛇三大舰队赫然都在其列！

龙鱼、龟蛇倒也罢了，北海舰队号称天下第一水师，八十九艘艨艟巨舰均由洞野山若木所制，坚逾铜铁，每艘战舰的龙骨更以巨兽脊骨制成，各封印了一只北海凶兽的元神，因此又被称作“百兽水师”，所向披靡。即便是龙族舰队，也向来不敢直撄其锋，唯有避绕而走。

龙神惊怒之色一闪即逝，眯起碧波妙目，咯咯大笑道：“想不到水妖为了给我儿子道贺，六大水师倾巢而出，连苏柏羊齿、丁螃蟹这些手下败将也一齐带来啦。很好，很好，省得我一个一个收拾……”说罢秀眉一挑，喝道，“儿郎们，列阵迎敌！”

她的笑声如悦耳金钟，在这雷鸣风暴中遥遥传了出去，字字清晰，遍海回荡；说到最后一句时，更如春雷乍爆，震得空中凶禽惊飞，羽毛纷纷掉落。

水族群雄士气大振，号角齐吹，纵声呐喊，五十六艘战舰有条不紊地首尾相连，青旗飞舞，战鼓密集，仿佛一条巨大的青龙摇摆疾行，咆哮着穿游海面。

风暴益猛，电闪雷鸣，水妖舰队仍是岿然不动，寂寂无声，唯有那苍凉妖异的号角声凄厉破云，如鬼哭狼嚎，让人听来毛骨悚然。

“轰！”前方海面突然炸爆，巨浪直冲起十余丈高，红光耀眼，怒吼声如雷，那北溟火尾虎蓦地冲天飞起，朝着青龙旗舰猛扑而来！

几在同一瞬间，巨浪滔滔，接天汹涌，无数凶兽高高跃起，夭矫横空，和漫天妖禽一起怒号着俯冲而下。

六侯爷喝道：“放箭！”箭矢齐飞，密如暴雨。

数百只凶禽猛兽避之不及，登时被贯体射入，痛嚎尖叫，鲜血四溅，重重地摔落甲板、掉入海中。但更多的妖兽或是避开了箭石，或是带箭悍然猛冲，瞬间撞入人群！

遥遥望去，仿佛漫天乌云突降，其势如狂，迅雷不及掩耳。

众人眼前一黑，只听咆哮声如狂，“乒乓”之声大作，还不等回过神来，或是被尖喙啄得脑骨迸裂，鲜血长流；或是被獠牙咬中咽喉、胸腹，撕成两半；还有的是被利爪抓起，陡然冲上长空，再被高高抛落……

霎时间，黑影交错，人兽纷杂，舰队甲板上全都乱作一团。群雄惊呼怒吼，浑身鲜血，挥刀乱舞，已顾不上章法，各自为战。

那北溟火尾虎风驰电掣，朝着龙神怒吼冲至，“呼”的一声，巨口中火焰喷舞，炎风扑面。

科汗淮沉声道：“你去掌舵稳住军心，指挥舰队，这些就交给我了！”青影一闪，抢身挡在龙神身前，掌刀挥处，气浪爆舞，登时将北溟火尾虎撞得凄吼怪叫，翻身冲落到数丈外的甲板上。

龙神见他关护自己，心中大为欢喜，残余的些许惊怒惶乱也烟消云散，咯咯笑道：“小心别割坏了它的皮，秋寒露重，我龙椅上还少张虎皮垫呢。”说罢翩然向船尾掠去。

旗舰船尾激战最剧，成群的幽冥尸鹫和众海兽将舵手团团围住，发狂猛攻，顷刻之间，除了哥澜椎尚在浴血奋战，其他舵手都已惨死。

舵盘无人把握，被猛兽撞中，登时“呼呼”空转，船身剧晃，在海面上徐徐转向，眼见便要与后面的战舰斜斜撞上。

龙神金发飘扬，红衣鼓舞，只几掌便将围冲而来的妖鸟怪兽打得血肉横飞，悲鸣逃散；探手抓住舵盘，迅速打回方向，船身“嘭”地一震，略微倾斜，堪堪与后方冲来的战舰擦舷而过，有惊无险。

龙神秋波扫处，只见众战舰上均乱作一团，舵手或死或伤，难以及时掌舵控制，风狂浪大，帆布鼓舞，船身跌宕摇曳，纷纷失向撞在一处，阵形大乱。

当下摇动大旗，喝道：“转舵正坤位，盘龙入海！”旗舰迅速转向西南，众战舰亦随之纷纷转向，首尾相接，很快便围成一个圆圈，“嘭嘭”连声，紧紧相抵，岿然不动。

船阵既稳，军心大定，龙族群雄在各自旗将的指挥下，彼此策应，高歌激战。

诡异的号角声更转激越，高亢破云，北溟火尾虎躬起身，朝着科汗淮张开巨口，龇牙咆哮，对峙片刻，突然转身飞扑，朝龙神闪电似的冲去。

几在同时，主舰四周的凶兽、妖禽也像是听到了什么指挥一般，纷纷抛下龙族群雄，朝龙神俯冲围攻而去。

科汗淮在北海生活多年，对这些凶兽的弱点、脾性了如指掌，火尾虎方一躬身，他便已凌空飞起，踏风追步，在那虎兽背上一踩，翻身冲起，右手顺势一弹，两道气箭破空倒射。

“咔嚓”一声脆响，北溟火尾虎第七节椎骨已然断裂，几在同一瞬间，双眼又被气箭贯穿，嘶声悲吼，重重撞落在甲板上，长尾横扫，炎风轰然狂卷，擦到次桅上，帆布登时“呼”地着起火来。

科汗淮脚下没有丝毫停顿，御风踏步，闪电似的冲到龙神身边，大袖鼓舞，“嘭”的一声，一道碧光绕臂滚滚飞旋，冲天吞吐，惊得众兽轰然飞散。

断浪刀终于出鞘。

听到那女子的笑声，大堂内登时一阵骚动，转头望去，一个翠裳美人袅袅娜娜地走了进来，碧波顾盼，未语先笑，极是明艳妖冶，正是七彩岛虹虹仙子。

当日在蟠桃会上，这妖女含沙射影，百般诬陷拓拔野与姑射仙子，群雄对她都极为厌憎，此刻见她不请自来，登时哄声四起。夏猛、沙真山等汤谷豪雄更是拍案而起，便要将她驱逐出去。

拓拔野哈哈一笑，将众人的喧闹声压了下去，道：“这不是普天之下最擅长研究‘守宫砂’的虹虹仙子吗？你是木族中人，何时摇身变成了公孙婴侯的礼使？”

众人哄然大笑，虹虹仙子也不生气，咯咯笑道：“我与阳极真神自无瓜葛，但与阳极真神送给太子的礼物却有莫大的干系。”说罢翠袖轻挥，一个玛瑙玉盒横空飘来。

拓拔野正要伸手去接，流沙仙子传音道：“且慢！公孙婴侯极擅蛊毒，心计险恶，你虽已近百毒不侵，仍不可大意。”不知何时，他已戴上了一双轻薄如纱的手套，抢身接住那玛瑙玉盒，小心翼翼地打开来。

盒内整整齐齐地放了几块黑色玉膏，异香扑鼻，令人闻之神清气爽。除此之外，别无他物。

“玄玉荣英？”流沙仙子又惊又疑，大出意料。

传说当年寒荒大神化魄为石，镇住密山大水，他的毛发化成了丹树，血液化成了玄玉荣英，人若是服了这丹树花果、玄玉膏液，便可以修补气血，受益无穷。想不到公孙婴侯托人送来的，竟是这天下珍罕的宝药。

拓拔野微微一愣，忖道：“难道皮母地丘也有这神药吗？那日在密山之上，仙子姐姐说大荒只有寒荒才有，还特地取了一些带走……”

他心中突然一沉，觉得这玛瑙玉盒竟似与姑射仙子当日盛装玄玉荣英的玉盒一模一样！再想到虹虹仙子刚才说的那一句话，冷汗登时涔涔遍体，惊怒交集，抬头喝道：“妖女！公孙婴侯将姑射仙子怎么样了？”

虹虹仙子咯咯笑道：“你终于认出来了吗？阳极真神怜香惜玉，对圣女倾心爱慕，自是不会将她怎样。只是太子你明日便将完婚，还这般顾恋圣女，也不怕龙妃吃醋寒心吗？”

拓拔野那句喝问甚是突兀，众人一时还没回过神来，她这话一出，顿时如巨石入水，击起千层浪，整个大堂直如炸开一般。空桑仙子更是花容骤变。

蚩尤大怒，拍案喝道：“妖女！姑射仙子是木族圣女，你身为族人，不设法相救，竟然还帮着妖人挟持圣女，该当何罪？”

虹虹仙子冷笑一声，道：“姑射仙子悖逆族规，与龙神太子关系暧昧，令我族上下蒙羞；又一再与敌邦勾结，通敌叛族，亵渎圣职，早已天地不容，族人共弃。若不是阳极真神倾慕于她，施以援手，此时此刻，她早已被长老会下诏寸磔而死啦！”

群雄哗然，怒不可遏，纷纷围上前去。

柳浪对她早已垂涎三尺，机不可失，高声喝道："好一个寡廉鲜耻的妖女！我柳浪第一个容你不得！"说罢闪电似的抢身冲出，探手朝她胸颈处抓去。心中早已盘算妥当，只要她如此这般闪避抵挡，自己便如此这般顺势抄身将她紧紧抱住，假借擒拿之名，大享肌肤之亲。

岂料虹虹仙子酥胸一挺，笑吟吟的，毫不闪避。

柳浪一怔，手指碰到那滑腻如脂的乳丘，神魂飘荡，正想有所行动，指尖突然一麻，如被蚂蚁所咬，既而刺痛攻心，周身麻痹，大叫一声，登时直挺挺地摔落在地，整个脸都变成了乌黑色，抽搐不已。

众人大骇，草本汤等人急忙奔上前来，想要抢救，却被流沙仙子喝止，高声道："别碰！公孙婴侯在她身上涂了'尸菌蚁花蜜'，触肤入血，剧毒攻心。我可没这么多解药浪费在你们身上。"

说话间，指尖一弹，银光暴舞，子母回旋针尽数没入柳浪体内。

众人失声惊呼，成猴子怒道："他奶奶的，妖女你做什么！还嫌他死得不够透吗？"话音未落，脸边一凉，银针"嗖嗖"飞回，冲入流沙仙子袖内。

柳浪"啊"的一声，瞪着双眼，张大嘴，急促呼吸，不一会儿，脸色便转回红润。

汤谷群雄又惊又喜，这才知道流沙仙子竟是以毒制毒，心下大定，纷纷拔刀抽剑，朝虹虹仙子冲去，叫嚷道："烂木奶奶的，不能碰你，还不能宰了你吗？"

"石头姥姥不开花，宰了她岂不便宜了她？把她送给流沙仙子做药罐，看看她除了'尸菌蚁花蜜'之外，还能涂多少膏，喝多少蜜！"

虹虹仙子咯咯笑道："好啊，杀了我，你们的太子就找不到活色生香的贺礼了。没了这贺礼，不知道他明日的婚典还快活不快活？"

"住手！"拓拔野大喝一声，群雄顿时安静下来，鸦雀无声。

他目中怒火闪耀，冷冷地盯着虹虹仙子，一字字道："姑射仙子现在何处？你若能带我前去，今日便饶你一条性命。"

虹虹仙子悬挂了半天的心此时方才放下，嫣然一笑，道："你若不怕龙妃吃醋，就随我来吧。"说罢朝外翩然飞掠。

众人随着拓拔野尾追而去。

洞堂外，乌云翻涌，阴风呼号，不知何时竟已变天了。

窗幔乱舞，烛影摇红。

看着天吴的身影消失在茫茫夜色中，雨师妾像是突然被抽去所有的力气，泪水汹涌，缓缓地坐回床椅，悲喜交集。她知道从这一刻起，自己终于告别了过往的一切，再也不能回头了。

铜镜中的容颜，如水波似的摇荡着，朦朦胧胧，铅华洗尽，仿佛再不是那颠倒众生、风情万种的妖娆龙女，而又变成了二十年前情窦初开、清纯如水的自己。

如果……如果自己二十年前遇上的不是那个人，而是拓拔，那该多好啊。但愿妾颜如花红，日日只君赏。但忽然又想起二十年前拓拔尚未出生呢。她忍不住微微一笑，泪水却又流了下来。

正自痴痴出神，忽听窗外又传来一个沙磁浑厚的声音，嘿然笑道："衣不如新，人不如故。奈何故人着新妆，嫁作他人妇？"

雨师妾周身一震，如被雷电所劈，俏脸霎时惨白如雪，脑中空空茫茫，呼吸、心跳似已停止。过了片刻，才徐徐转过头来。

烛光下，一个黑袍高冠的年轻男子似笑非笑地站着，苍白如玉的脸颜俊美如昔，目光灼灼，嘴角的笑纹中依旧带着倨傲、张狂、冷漠、讥诮与风流自赏的轻薄味道，就连左手中握着的那"雨师菊"也艳红欲滴，一如二十年前毋逢山下的初次相见。

"轰！"断浪气旋斩大开大合，碧光爆舞，翠绿的气芒映照得满船群雄须眉皆碧。

气刀卷扫之处，凶禽悲啼，妖兽惊吼，断羽纷纷，血肉横飞。刹那之间，也不知有多少兽尸横空摔入波涛，浪花四涌，腥臭逼人；旗舰船尾更是尸积如丘，血流成河。

时隔四年，龙神再度与科汗淮并肩而战，心中说不出地畅快喜悦，咯咯大笑道："烛老妖知道我儿明日大婚，千里迢迢送了这么多珍禽走兽来犒赏我东海的龙兽鱼虾，这份情谊可真是难得。"

群雄士气大振，彼此背靠背，两两相倚，与飞扑而来的怪兽浴血激战，渐渐控制了船上的局势。

六侯爷黄金长枪夭矫飞舞，顷刻间便搠穿了三只北海刀牙豹，正意气风发，忽听舱内传来“啊”的一声惊叫，心中一凛，回头望去，只见那北溟火尾虎发疯似的团团乱转，巨尾横扫，已将两名卫士打得脑浆迸流。真珠骇得花容失色，与人鱼姥姥一齐步步后退，已至墙角，局势甚危。

六侯爷又惊又怒，喝道：“真珠姑娘莫怕，待着别动！”说罢抢身冲入，黄金长枪闪电似的刺入火尾虎侧肋。

那妖兽吃痛狂吼，张开大口，扭头“呼”地喷出一团烈火。

六侯爷眼前一红，炽热如烧，衣袖登时起火，下意识地倒拔长枪，翻身朝后退去，不料枪尖卡在虎兽肋骨之间，仓促间不得拔出，炎风怒扫，当胸被那虎尾击中，喉中一甜，鲜血狂喷，如断线风筝似的朝外飞跌，“啪啦啦”将舱板撞得粉碎。

“侯爷！”真珠又惊又急，失声大叫。

那火尾虎双眼俱盲，第七节脊骨又被科汗淮震断，剧痛狂怒，势如疯魔，听到真珠的叫声，顿时昂首狂吼，转头朝她猛扑而去。

六侯爷气血翻涌，肋骨断了几根，蜷在地上疼得连气也喘不过来，迷迷糊糊听到她担心自己，精神一振，也不知哪里来的力量，咬牙大吼：“你奶奶的紫菜鱼皮！”又翻身冲起，黄金长枪光芒乍爆，冲起一个龙头幻影，轰然激撞在火尾虎的背脊上。

气浪炸爆，六侯爷虎口迸裂，整个手臂都已酥麻，那火尾虎悲声狂吼，被长枪死死钉入甲板，挣脱不得，唯有那巨尾仍在发狂地左右横扫，过了片刻，终于再不动弹了。

六侯爷猛地奋力拔出长枪，鲜血喷射了一脸，翻身躺在地上，大口大口地喘着粗气，胸肋欲裂，疼得大汗淋漓，几已虚脱。

真珠惊魂未定，见他龇牙咧嘴，浑身鲜血，急忙上前将他扶起，颤声叫道：“侯爷！侯爷！你……你没事吧？”惶急无措间，泪珠顿时涌了出来。

冰凉的泪珠一颗颗地落在六侯爷的脸上，宛如春霖蜜水般沁入他的心底，让他一时间神魂飘荡，疼痛俱消，竟似一生中从未这般舒畅快活过。当下索性闭眼锁眉，哼哼唧唧，装出气息奄奄、痛苦万分之状。

真珠果然信以为真，抱住他的头，哭道：“侯爷，你不要死！千万不要死……”

“放心，他死不了！”人鱼姥姥大步上前，一把将她拉开，拐杖一抖，抵在他的脸上，喝道，“臭小子，你救了真珠，我很是感激。但若再这般装死占便宜，小心我把你踢到海里喂鱼！”

六侯爷睁开眼笑道：“我是六角青龙、海中至尊，又有什么鱼有胆子吃我？也不怕吃了撑死吗？”

真珠见他无碍，“啊”的一声，又是惊喜又是羞恼，双靥酡红，嗔道：“侯爷，你再这般胡闹，我可再不理你啦。”

六侯爷忍痛爬了起来，揉着胸，笑道：“是，是，陛下的圣旨可以不管，真珠公主的话却是一定要听的。以后再不敢了……”

话音方落，只听外面号角长吹，战鼓如雷，有人叫道：“大家小心！水妖的舰队杀过来啦！”

六侯爷一凛，凝神远眺，黑漆漆的海面上，暴雨密织，风浪如狂，隐约可见漫漫灯火连成一片，正缓缓逼近，显是水族舰队按捺不住，终于开始发动进攻。

真珠芳心怦怦乱跳，又是焦急又是忧虑，闭起眼，暗自祈祷：“也不知拓拔太子现在怎么样了？上神，请你保佑他和雨师姐姐平平安安……”

念头未已，“轰”的一声，火光喷吐，船身剧晃，大浪喷涌而入，三人踉跄后跌，险些摔倒。还未回过神来，几只巨大的触角横扫而入，陡然将真珠拦腰卷起，朝外抛去！

公孙婴侯将那艳红的雨师菊放在鼻前轻嗅，目光闪耀，似笑非笑道：“你还记不记得二十年前，秋雨过后，毋逢山下开满了这艳红的菊花？有人对我说，此菊凌霜傲岸，越冷越香，纵然万花开尽，它仍忠贞不改。想不到今日菊花犹在，人面已非，人心还不如花期长久。”

雨师妾双颊渐渐恢复了血色，心中悲苦、羞怒、迷惘、痛楚、害怕、悔恨、酸楚……如波涛汹涌，过了半晌，才吸了一口气，冷冷道：“山名毋逢，本就不该相逢。不是人心不如花长久，而是那朵菊花所托非人……”

“好一个所托非人！”公孙婴侯将菊花一折，捏得粉碎，哈哈笑道，“当年口口声声说纵然历经万劫也永不变心的那个人，这二十年来，我日日夜夜地惦念着的那个人，居然在我重出大荒的第二日，便要嫁给别人了。原来这菊花之誓，不过是一个所托非人的笑话！”

“住口！”雨师妾俏脸潮红，胸脯急剧起伏，颤声娇斥道，“二十年前，是谁好色无厌、始乱终弃，而后又消失得无影无踪？当年我搜天入地、伤心欲绝的时候，你在哪里？我自暴自弃、生不如死的时候，你又在哪里？你……你……”

她眼圈一红，这些年累积的委屈、悲苦、恼恨……全在这一瞬间爆发，泪水终于忍不住夺眶而出，哽咽难言。

公孙婴侯神容微动，顿住笑声，眼中光芒闪烁，徐徐上前，伸手想要抚摩她，雨师妾蓦地后退几步，远远躲开。

他似是大为失望，叹了口气，咬牙冷冷道：“你想知道这些年我在哪里吗？好，那我就告诉你。这十几二十年来，我一直被神农这个老匹夫困在地底！”

“神帝？”雨师妾微微一震，大感惊讶。

公孙婴侯双目中恨火欲喷，苍白的俊脸都已扭曲，咬牙切齿道：“不错，就是那个假仁假义、欺世盗名的老贼！我和我娘都被他关在地丘之底，朝朝暮暮，暗无天日，只能忍受地火煎熬，吃着剧毒的花草，与凶兽蛊虫为伴！”

雨师妾掐指一算，皮母地丘十六年前突然闭拢消失，与他销声匿迹的时间果然相差不远，将信将疑，淡淡道：“神帝仁义公正，天下皆知。即便你说的是真的，若不是你犯了什么重罪，他又怎会如此对你？”

公孙婴侯一愣，似是想不到她会这么说，双目中怒火一闪即逝，哈哈笑道：“都说女人一旦变了心，便如铁石一般，果不其然。枉我这二十年来对你日思夜想，时时牵挂，你却帮着那老贼来奚落我！”

爆发之后，雨师妾此刻反倒完全平静下来，淡定地凝视着他，突然涌起一种奇怪的感觉。

那张脸俊美绝伦，一如从前。那咄咄逼人、锋芒毕露的眼眸，那嚣狂倨傲、自负风流的神情……曾经让她那般神魂颠倒、魂牵梦萦，而此刻看来，却是如此遥远、如此陌生，又是如此……平淡。

突然之间，她有些恍惚迷惑，这当真就是从前让她爱恨交加、如疯如魔的人吗？当时自己为什么会喜欢上他？究竟喜欢他什么呢？又为什么会为了他茶饭不思，生死两忘？甚至为了报复他，自甘堕落，摇身变成妖冶无双的天下第一妖女？

脸上忽然一阵热辣辣的烧烫，心中五味交杂，百感交集。那郁结于心整整二十年的阴影，却在这一瞬间像朝雾一样地悄然离散了。

见她娇靥酡红，痴痴地凝视着自己，若有所思，公孙婴侯只道胜券在握，嘴角忍不住泛起一丝倨傲自得的冷笑，一边缓步上前，一边沙哑着声音道：“好妹子，从前我拈花惹草，确是不该，但那不过是……不过是为了故意气你，其实我心底里真正喜欢的，一直只有你。”顿了顿，柔声道，“这些年见不着你，日日夜夜地想念，想得我都快疯啦。昨日好不容易从地底出来，听说你要和那姓拓拔的野小子成亲了，心痛如绞，气得差点发狂，连夜赶到这里，只为了劝你回心转意。好妹子，随我走吧，一起回到大荒……”

雨师妾自顾想着心事，怔怔出神，听他提到拓拔野，登时一震，脸上莫名地焕发出光彩来，心中柔情汹涌，微微一笑，截口道：“不用多说啦，我是决计不会随你离开的。”

公孙婴侯叹道：“好妹子，我知道你恨我，但是……”

雨师妾摇了摇头，眼圈莫名地一红，低声道：“我早已经不恨你啦。我只恨他，只恨我自己。恨他为什么不能早生二十年，恨他为什么不能早二十年让我遇见。恨我自己从前为什么会那么傻，稀里糊涂就将自己交给一个根本不值得喜欢的人，还为此自暴自弃，如此轻贱自己……”

泪水忽然一滴滴地掉了下来，又是凄然又是甜蜜，她柔声道：“虽然我知道他根本不会在意这些，但我却总是有说不出的难过后悔。每天夜里抱着他的时候，想到这些，心里常常像刀割一样，恨不能立刻死了。多么想将自己清白的身子给他，多么想在自己单纯如水的时候和他相遇。只可惜天地裂，尚可补，时光却永远不能倒流……”

公孙婴侯越听脸色越是难看，突然森然大喝道：“住口！”右手一张，真气霍然怒舞冲出。

雨师妾呼吸一窒，还来不及有任何反应，咽喉已被气旋隔空扼住，横空倒飞，“嘭”地撞在墙壁上。她俏脸涨红，雪白的颈子隐隐现出一道紫痕，越陷越深，周身经脉震痹，动弹不得。

公孙婴侯双眸灼灼，杀气凌厉，一点点地收拢手指，见她秋波中惊骇恐惧之色稍纵即逝，嘴角竟泛起一丝淡淡的微笑，神色从容无畏，他的心中更是妒恨如狂，怒火熊熊，恨不能立时将其掐得粉碎，转念又想：“你为了这小子竟连死都不怕了吗？嘿嘿，若是现在让你死了，那也太便宜你们了！”

他蓦地松开手，哈哈大笑起来，道：“尘土慕青云，可笑不自量！拓拔小子现在贵为龙族太子，年少英俊，风头无两，哪个少女不对他青睐有加？再看看你自己，最为下贱的水族媸奴，脸上疤痕犹在，还是一介残花败柳……你真觉得自己配得上他？配得上龙妃之位吗？”

雨师妾跌座椅中，扶着颈子，大口大口地吸着气，也不知是呼吸太急，还是被他尖针似的笑声所刺，心中隐隐作痛，想要说些什么，一时却什么也说不出来。

公孙婴侯负手徘徊，嘿然冷笑道：“我出来不过一日，却已听说你这位未来夫君红颜知己遍天下，和木族圣女更是金童玉女，心心相印……嘿嘿，你以为他当真喜欢你吗？他不过是瞧你可怜，一时冲动，才在蟠桃会上当众宣布将你收为妃嫔，现在只怕连肠子都悔青了！”

雨师妾知他故意激自己生气，当下深吸一口气，强忍心中的酸楚与刺痛，嫣然一笑，柔声道：“你说得不错，我的确配不上他，所以只要能做他的妻子，哪怕只有一天、只有一个时辰，甚至只有一刻，我就心满意足啦。倘若他有朝一日当真厌弃我了，只要能做他的奴婢，天天伺候他，端茶倒水，那也快活得紧。”

公孙婴侯笑容登时凝结，冷冷地盯了她片刻，森然道：“我看你是不到黄河心不死。很好，那我们便让天下人看看，到底拓拔小子是喜欢你这丑贱淫荡的媸奴呢，还是喜欢那冰清玉洁的木族圣女。”

狂风鼓舞，乌云密布，时而亮起一道闪电，雷声隐隐。

汤湖淼淼，水汽蒸腾，如薄雾弥漫，方圆十里都朦朦胧胧看不真切。唯有湖心的扶桑树如擎天巨柱，若隐若现。

虹虹仙子翩然飞掠，在湖边站定，指着那看不见的扶桑树顶，大声道：“拓拔太子，阳极真神说，扶桑木原是我木族圣树，所以便将姑射仙子寄托树顶。你若有本事，就去拿这份贺礼吧。”

众人哄然，仰头眺望，扶桑树笔直地破入黑压压的滚滚云层，也不知究竟有几百丈高，宽大的桑叶在狂风中沙沙作响，分不清哪些是乌云、哪些是枝叶。

拓拔野和蚩尤对望一眼，心中都是一凛。这扶桑树上，他们每隔十丈便布了一个哨兵，观察岛内外的动静，稍有异常，当即刻来报。这些哨兵察觉不到公孙婴侯倒也罢了，此刻瞧见这么多人前来，又怎会殊无反应，连信灯也不见一盏？

赤铜石举起号角，呜呜吹奏了几声，毫无反应，拓拔野更觉不妙，当下吩咐盘谷众将各就各位，严阵戒备，自己则与蚩尤、流沙仙子、空桑仙子各乘一只太阳乌，朝扶桑树顶冲去。余下的六只太阳乌亦嗷嗷怪叫，展翅尾随。

狂风扑面，乌云飞散，四人骑鸟急速绕树盘旋，凝神扫探。

巨叶乱舞，光影闪耀，忽然瞥见枝丫之间蜷缩了一人，一动也不动。拓拔野心中一凛，翻身跃入，定睛一看，心中陡然大松，但立时又被悲怒充盈。

那人红衣赤帽，满脸虬髯，正是汤谷火族的赤如浩，因其火眼出众，可以目视百里之遥，所以今日被安排到扶桑树上做侦哨。岂料只两个时辰不见，此刻竟已无声无息地惨死于此。

只见他双眼圆睁，满脸惊怖，胸腹间破了一个巨大的焦洞，五脏俱无，只剩下乌黑的脊骨。

流沙仙子"哼"了一声，道："地火阳极刀！果然是那狗贼！"她恨怒难禁，一贯银铃般悦耳的声音竟也变调颤抖起来。

蚩尤与赤如浩颇为熟稔，目睹惨状，怒火填膺，忍不住重重一掌击在树干上，震得枝丫乱摇，喝道："不杀此獠，誓不为人！"说罢驱鸟朝上冲去。

四人驾鸟急速飞冲，转眼便飞到了百丈高空，一路扫探，竟已发现了六具汤谷哨兵的尸体，死状全都和赤如浩一般，惨烈无比。

拓拔野越看越悲怒难平，心中也更担忧起姑射仙子来，当下驱策太阳乌，全速上冲。风声霍霍，刮打在脸上犹如刀割一般，眼睛都有些睁不开了。

就在这时，忽听"轰"的一声震响，似雷非雷，黑暗中突然冲起一道艳丽的火光，横空怒啸，急电似的朝他们撞来，竟是一个直径达丈余的火球。

蚩尤一凛，只道是那厮前来偷袭，下意识地反手拔出苗刀，青光爆舞，轰然击中那道光球，火光奔蹿，冲天炸散，扶桑巨叶顿时"噼啪"着火。

太阳乌欢鸣飞翔，将火焰一一吞入。

还不等拓拔野等人回过神来，又是一声震天炸响，轰鸣声接二连三，震耳欲聋，无数火光从海上交错飞起，如漫天赤蛇，迤逦乱舞，朝着汤谷岛密集爆射！

"水妖！"拓拔野凝神俯眺，心中大凛，这才发现四周那黑漆漆的海面缓缓浮起数百艘潜水战舰，那万千火弹竟是从这些战舰上发射出来。

"嗖嗖"之声大作，火球纵横破空，流丽乱舞，呼啸着撞入岛上的石堡、木屋、草木、汤湖……激起冲天火焰，摧枯拉朽，天摇地动。

火光处处喷涌吞吐，照得夜空一片通红。岛上惊呼声四起，人潮纷涌，朝石堡城内退去。岛外礁石后暗藏的战舰也纷纷起火，不断有人浑身着火，仓皇跳入海中。

在这无数火弹的突然猛攻之下，汤谷军原先的部署全被打乱，局面混乱不堪。

拓拔野四人面面相觑，都是说不出地惊异骇怒。唯有太阳乌见猎心喜，欢鸣益甚。

其时大荒，两军交战多以箭石互攻，小神级以上的高手、神祝虽能聚气为兵，燃气为火，使出威力极其强猛的“紫火神兵”等气刀，但那毕竟是极少数，对于整个战况更无决定力。

大荒568年，火族征伐南荒蛮族时，烈碧光晟首创火炮，威震天下。但因炮弹材料珍稀，造价太高，火力也不过百步来远，所以一直未能普及。但即便是当时最猛烈的“紫火神炮”，比起眼下这动辄破空百丈之高的火炮来，威力也悬殊如天地！

流沙仙子从树枝上撮起一些火灰，放在鼻前闻了片刻，皱眉道：“这气味倒像是火山灰……”

“是了！赤炎火山！”拓拔野灵光霍闪，登时了然，脱口道，“烈碧光晟这老贼深谋远虑，当日引爆赤炎火山，除了想害死赤帝，独揽大权之外，必定还想借火山岩灰，制造这威力惊人的火炮雷弹！”

众人闻言幡然醒悟，心中寒意大作。

蚩尤怒道：“他奶奶的紫菜鱼皮！水妖定是从烈老贼那里讨来这些火炮，想杀我们一个措手不及。乌贼，你去救仙子，我下去稳住军心，和水妖决一死战！”

不等拓拔野回答，蚩尤呼啸一声，带着众太阳乌风驰电掣地朝下猛冲而去。

拓拔野驾鸟盘旋，心潮起伏，与流沙仙子、空桑仙子对望一眼，终于还是继续向上冲去。

太阳乌嗷嗷声中，展翅急电高飞。俄顷，穿过滚滚黑云，眼前陡然一亮，上方夜空如洗，明月如钩；下方云海茫茫，奔腾翻滚，极是壮观。那些轰鸣声、呼喊声……全都听不见了。

风声凛冽，扶桑树顶尚有数十丈高，枝叶纷摇，在月光下闪烁着银亮的光芒。

拓拔野驾鸟直冲到顶，只见一个白衣女子端坐在树丫之间，周身被黑藤缠绕，月光照在她的脸上，焕发出清亮柔和的光芒，美得令人不敢逼视。

拓拔野又惊又喜，叫道：“仙子！”正想跃上树去，“呼”的一声，狂风呼卷，腥臭逼人，那条黑藤突然幻化为狰狞巨蟒，朝他当头咬下！

「第四章」

新仇旧恨

闪电一道接一道地亮起，大海一片蓝紫，漫天乌云也成了妖艳的紫黑色。雷声滚滚，和隆隆战鼓交织并奏，暴雨倾盆。巨浪狂涛中，水妖舰队正缓缓逼近。

那诡异的号角声渐转急促凶厉，汹汹逼迫，妖禽猛兽竟似越来越多，逐渐抛下其他青龙战舰，纷纷盘旋聚集到旗舰上空，呼号俯冲，朝龙神、科汗淮发动一轮又一轮的猛攻。

龙神微凛，这些凶兽为号角所驱使，前赴后继，杀之不尽，自己虽然能自保周全，在这般疯狂猛攻之下，也无暇指挥舰队迎战，一旦与水妖舰队短兵相接，群龙无首，势必大败。

即便她能抽身指挥，被群兽这般狂攻恶斗，只怕不等与水妖舰队相逢，己方实力便已大受削减，寡众更为悬殊。

龙神一时无计，听着那苍龙角声，心中恼恨益甚，咯咯笑道："百里老妖吹得鬼哭狼嚎的，难听死啦。可惜我的乖儿媳妇眼下不在船上，否则就能羞臊羞臊他了。科大哥，不如咱们去将那号角抢过来，送给我的儿媳妇，凑成一对……"

言者无心，听者有意。科汗淮灵光一闪，想起当日在东荒平原上率领五族游侠、奔突于水族大军与惊狂万兽之间的情形。要想化被动为主动，唯有以牙还牙，借力打力，让这些凶禽猛兽为己所用。

他霎时间已有了主意，微微一笑，道："苍龙角原本便是一对，若能被龙妃得全，自是威力倍增。不过听这号角，这次来的，只怕不是百里春秋……"

话音未落，"轰"的一声巨响，船舰仿佛撞到了暗礁一般，倾摇震荡，冲起耀眼火光。

目光扫处，狂涛喷涌，一个通红巨物破浪冲起，呜呜怪吼，几只巨大的触角轰然横扫，竟将坚硬逾铁的主舱木壁硬生生打断，朝里一钩，卷起一个清丽娇弱的人鱼，向外悠然抛舞。

“真珠姑娘！”科汗淮一凛，断浪气旋斩碧光狂扫，直冲出十余丈，朝那怪兽触角怒斩而下。

几在同一瞬间，六侯爷业已大喝掠出，赤光迸爆，不顾一切地挺枪电冲。

“嘭”的一声闷响，光芒鼓舞，那怪兽触角被断浪刀硬生生斩断一截，吃痛怪吼，触角陡然一缩，将真珠朝半空抛去，另外几只触爪则荡开六侯爷的黄金长枪，朝他雷霆万钧地拦腰横扫。

六侯爷原已受伤，避转不及，奋力聚气格挡，背上仍结结实实地吃了一记，“嘭！”护体真气陡然瘪裂，登时鲜血狂喷，翻身高高抛起。

众人惊呼声中，他顺势抄足腾身，堪堪抱住落下的真珠，“啪”地重重摔落在甲板上，眼前昏黑，百骸欲散，疼得几欲晕厥，却兀自龇牙咧嘴地道：“真珠姑娘，你……你没事吧？”

真珠被他抱在怀中，安然无恙，又是后怕又是惊急，想到片刻之间，他竟奋不顾身地救了自己两次，喉咙像是被什么堵住了，紧紧地抓着他的手，泪水不断地滴落在他身上，什么话也说不出来。

满天的凶禽呀呀怪叫，似是被那突如其来的怪兽与科汗淮这惊天一刀所慑，盘旋不敢下。

龙族群雄急忙围奔而去，将两人扶起，输送真气，团团守护。转头望去，又惊又怒，纷纷喝骂道：“他奶奶的紫菜鱼皮，我道是谁，原来是这水鬼！”

只见惊涛骇浪中，一只巨大无比的怪兽昂然踏波而立，高约七丈，通体鲜红，身形如巨大的章鱼，九只硕大的触角如巨蟒般伸缩游走，蓝幽幽的巨眼灼灼如鬼火，万千触须迎风张舞，口中发出低沉呜呜声，火焰喷吐。

那九爪章鱼兽上坐着一个蓝衣人，眉清目秀，脸色惨白得接近透明，青筋可见，身形瘦长，右臂长袖空空荡荡，扎在腰间。坐在章鱼兽上摇曳不定，被那风浪一卷，仿佛随时都会刮飞吹倒。一双斜吊细眼，精光暴射，淡淡道：“四年弹指一挥间，龙牙侯别来无恙？”

赫然正是四年之前，在东荒驿站被科汗淮削去一臂的北海白水宫主海少爷。

拓拔野头顶一凉，那黑蟒红舌飞舞，森森巨口已霍然咬下，霎时间转身飞旋，从鸟背上冲天拔起，堪堪避过，反手倒拔天元逆刃，银光爆舞，如天河奔泻。

“哧”的一声，黑蟒登时断为两截，曲弹飞散。

拓拔野刚松一口气，却听流沙仙子叫道：“傻小子，这是‘玄蚓蟒’，切切不可将它斩断……”话音未落，脑后寒风凛冽，那两截抛落的蟒尸竟陡然复活，变成两条黑蟒，交夹冲来！

拓拔野大凛，突然想起《大荒经》中记载有这种“玄蚓蟒”，生长在地壑极渊之中，凶毒无匹，犹如蚯蚓一般，一断为二，越断越多，极难杀死。唯一的致命处，在其两眼之间的那条红线。

当下翻身坐落于鸟背，天元逆刃银芒如电，“哧哧”两声，不偏不倚，直贯入脑，两条黑蟒陡一收缩，立时毙命，软绵绵地从高空坠落。

这一切如电光石火，不过瞬间之事，流沙仙子呼声未毕，拓拔野已刺杀双蟒，驭鸟冲上树顶，叫道：“仙子，你没事吧？”

四目相交，姑射仙子妙目中闪过欢喜、羞赧、焦虑诸多神色，娇靥一阵晕红，不敢久视，急忙转过眼去，蹙眉凝视着空桑仙子，樱唇翕动，似乎想说些什么，却什么也说不出来，显是已被封住了奇经八脉。

久别重逢，想不到竟会如此相见。拓拔野心中像是打翻了五味瓶一般，正待上前将她经脉解开，流沙仙子又叫道：“慢着！你的心上人被地火蚕丝缠住，体内木属真气一旦运行，蚕丝立刻化成烈火，纵然不死，也要毁容啦。”

拓拔野大凛，凝神查探，果见她周身上下闪耀着淡淡的桃红光泽，如丝缕纵横，蛛丝密布，暗呼好险，定了定神，道：“除了这地火蚕丝，还有其他玄机吗？”

流沙仙子从百香囊中取出一个铜锈斑斑的小圆镜，往姑射仙子身上仔细照探，碧气流离，光波闪耀，映得三人脸上阴晴不定，越看越是心惊。

从那“照蛊镜”中所看，姑射仙子体内竟被附了不下百种五色斑斓的蛊虫。拓拔野虽然遍阅《大荒经》《百草注》，却也只能识得十之一二，但就他知道的每一种而言，无一不是大荒罕见的至毒之物！

拓拔野又惊又怒，对那尚未谋面的阳极真神更添了几分恨恼之意，沉声道：“仙子，你的斑斓玉兕角能将这些蛊虫都驱出来吗？”

流沙仙子那苹果脸蛋上闪过一丝古怪的神色，也不知是悲是怒，咯咯一笑，道：“拓拔小子，你放心，若是十六年前，仙子只怕没这本事，但今时今日，就算是鬼王肚里的蛔虫，我也能让它爬出来！”

拓拔野心中大定，当下从怀中取出一颗紫红的珠子，轻轻放入姑射仙子口中，低声道："仙子，这是蟠桃会时厌火国进献的辟火珠，含在口中，即便是三昧真火也烧你不着。"

指尖碰到她那柔软湿润的唇瓣，两人都是微微一震，如遭电击，忽然又想起章莪山的那夜来。姑射仙子双颊酡红如醉，长睫低垂，不敢看他，心中却像是被什么刺中了，疼得难以呼吸。

忽听一个浑厚磁性的声音哈哈笑道："妙极妙极！看来拓拔太子对我所送的贺礼甚为满意，不枉我千里相送的一番苦心！"

众人大凛，纷纷转头望去。只见滚滚云海之上，一个黑袍高冠的俊美男子骑着一条黑鳞赤目的独角龙，张牙舞爪，夭矫飞来。

月光照在他的脸上，苍白得接近透明，嘴角微笑，神色倨傲冷漠，一双星眸却炯炯闪光，如烈火燃烧，灼灼逼人。

流沙仙子娇躯一震，悲怒狂喜，咯咯大笑道："果然是你！十六年来我朝思暮想，天天盼着能有今日，老天开眼，终于让我等着啦。"

那黑袍男子瞧见她，微微一怔，似是颇为惊讶，双目中精光爆射，亦哈哈大笑道："我道是哪个弃妇怨女，原来是你这长不大的侏儒妖精！敢情你也知道再过几日，便是我兄弟的忌日，所以自己送上门来吗？"

听到"侏儒妖精"四字，流沙仙子俏脸陡然惨白，又立刻涌起潮红之色，犹自笑得花枝乱颤，欢畅之极，眼中却是泪光莹莹，有说不出的怨毒愤恨。

拓拔野心下再无怀疑，怒火上冲，朗声道："阁下想必就是公孙婴侯了？姑射仙子单纯淡泊，与世无争，更与你无冤无仇，为何下得了如此毒手！"

公孙婴侯眉毛一挑，似笑非笑地盯着他，哂然道："木族圣女与我固然毫无瓜葛，但谁让她是你意中之人呢？你我虽只初次相见，却是新仇旧恨，不共戴天！"

说到最后一句时，双眸杀机大作，黑袍鼓舞，凌空一掌拍出，真气轰然，直如滔天巨浪，汹涌迫面，压得拓拔野呼吸窒堵，气血不畅，不由自主地朝后踉跄飞跌！

狂风扑面，一道道流丽的火光从眼前纵横穿过，轰鸣声震耳欲聋。

蚩尤骑乘太阳乌，急电俯冲，六只巨鸟欢鸣怪叫，护随左右，偶有流光火弹怒啸射来，还不等蚩尤拔刀格挡，已被它们争相啄碎，吞下肚去。

凝神俯瞰，岛上火焰四起，红光冲舞，原本郁郁葱葱的树林已变成了一片火海。不断有木屋被火炮击中，木屑纷飞，黑烟滚滚；山崖边的石堡亦被炸得迸裂坍塌，一片狼藉。

到处都是惊惶奔散的人流，有的被密集的炮火轰中，摔飞翻滚，浑身着火；有的被炸飞的石头、坍塌的横梁砸中，鲜血淋漓，踉跄倒地；但更多的是彼此推搡，互相践踏。惊呼呐喊声、哭号惨叫声此起彼伏，惨烈如地狱。

刹那之间，蚩尤又想起四年之前的那个月圆之夜，想起了那冲天火光，满城屠戮……心中悲怒难禁，忍不住纵声长啸，驭鸟直冲而下。

听到他那雷霆似的怒吼，下方四散奔窜的人群顿时一震，纷纷抬起头来，叫道：“是乔城主！乔城主来了！”

太阳乌冲落地面，驮着蚩尤大步飞奔，另外六只则盘旋上空，纵横飞舞，将暴雨般怒射而来的火弹扫荡震开，吞下肚去。

众人欢声雷动，慌乱少止。

蚩尤昂立鸟背，沿途高声喝道：“水妖的船舰尚在三里之外，远没靠岸，大家莫要慌乱！传我号令，各司其职，各归其位，按照之前的部署，内外夹击，和水妖决一死战！擅离职守者、临阵脱逃者，斩无赦！”

他气运丹田，声音雄浑高亮，压过所有轰鸣声，远远地传了出去，满岛回荡。

汤谷群雄原都是骁勇剽悍之辈，适才被这见所未见的天雷火炮狂轰滥炸，群龙无首，难免阵脚大乱，有所动摇。此刻听到蚩尤的声音，顿时如吃了定心丸，重新激发起悍勇之气，纷纷呐喊呼应，在各自将佐的率领下，冒着炮火重新往回奔去。

黑云滚滚，低低地压在头顶，在漫岛火光的映照下，变幻着紫金橙红的光彩，诡异而又妖丽。

蚩尤骑鸟飞翔，朝着东南方的贝阕屿急速冲去。轰鸣声越来越响，火光乱舞，从他头上、耳边呼啸冲过。

穿过岛边那高峭险峻的石崖，眼前一亮，大海茫茫，数百艘战舰正扬帆破浪，全线逼近，炮火如烟花，姹紫嫣红地闪耀着。

太阳乌欢鸣交错，护送着蚩尤笔直下冲，往那犬牙林立的暗礁群飞去。

这片暗礁群绵延近十里，将汤谷东南海岸层层包围，到处布满了黝黑尖利的礁石，错落如迷宫。涨潮之时什么也瞧不见，外来船舰一旦驶入，必定撞得片甲不存，因此又称“群狼礁”。

此刻礁石群星罗棋布，停泊了近百艘小型柚木潜船，每艘船上都坐了五名大汉，全副武装，神色凝重，一边紧张地眺望急速逼近的水族舰队，一边焦急地苦苦等待着。瞧见从天而降的蚩尤，顿时爆发出一片欢呼声。

蚩尤骑鸟冲落礁石，高声道：“全军圆舱下潜，等水妖舰队距离贝阙屿不到二里时，再发动进攻。”

群雄哄然应诺，纷纷圆舱下潜，有条不紊地在礁石群中摇桨穿行，朝着敌舰驶去。海上波涛汹涌，隐隐可见百根气管高出水面，越去越远。

这些小型潜水战船是蚩尤根据蜃楼城的规制所建，虽然单一而论，远不能和艨艟巨舰的战斗力相比，但胜在灵活小巧，隐匿无形。藏在海底，可以用诸多办法破坏敌舰；亦可聚可散，神不知鬼不觉地登上敌船，出奇制胜。即便被敌舰识破，也能迅疾逃回这片群狼礁，遇到涨潮，还能诱敌深入，让它们自行撞得七零八落。

尤其眼下水妖战舰的火炮威力强猛，原有的汤谷舰队难以正面抗衡，就只能寄望于这些幽灵般的小型潜水船了。

蚩尤心潮澎湃，骑鸟冲天飞起，正想赶往岛西港口看看究竟，闪电一亮，突然瞧见贝阙屿的石崖顶上站了一个人，昂然负手而立，紫黑长袍猎猎鼓舞。黑木面具后，一双眸子湛湛生光。

“轰隆！”雷声滚滚，仿佛激奏于心。

蚩尤脑中轰然，热血如惊涛骇浪般急卷翻腾，手上青筋暴起。霎时间，悲怒、仇恨、狂喜、杀机……如烈火般在心底熊熊焚烧，大喝一声，苗刀碧光冲天绽爆，驾鸟向着那人电冲而去。

波涛汹涌，暴雨如密箭攒射。

那九爪章鱼兽碧眼幽然，怪异低吼，触角飞卷伸缩，随时欲扑。龙族与白水宫仇隙颇深，眼见是他，无不惊怒喝骂。

海少爷孤傲乖僻，即便在水族之中亦不合群。因此，未被列入“水族十仙”，但其修为之高，实不下于十仙中任何一人。四年前被科汗淮的断浪气旋斩杀得大败之后，便消失得无影无踪，音信全无。以他偏狭阴冷、睚眦必报的个性，这些年必是藏在某处苦行修炼，今夜突然出现在这东海之上，用意自是不言而喻。

科汗淮却似殊无惊讶之意，微微一笑，道：“海兄真气浩然内敛，‘水鬼灵仆’不复随身，看来这四年之中已经悟道正修，练就‘白水真诀’，可喜可贺。”

海少爷冷冰冰地道：“白水宫数百年所传的春水剑，尚不敌龙牙侯随心所创的断浪刀，即便练成了‘白水真诀’，又有何喜可贺？‘心不正则气不纯，唯有屏除心中邪念，才能练就浩然正气。’多谢龙牙侯明言指点，海某才能斩断心魔，脱胎换骨。”

龙神对这似人非人、似鬼非鬼的水妖极是厌憎，大战在即，更无心与他啰唆，眯起碧眼，咯咯笑道：“哦？这么说来，你今日来此，倒是知恩图报了？”说罢凝神聚气，只待他稍有异动，便立时发难。

海少爷苍白的脸上涌起奇异的桃红之色，一字字道：“龙牙侯再造之恩、断臂之仇，没齿难忘。海某今日到此，便是有恩报恩、有仇报仇。”

他顿了顿，冷冷地盯着科汗淮，道：“今日之战，我水师倾巢而出，又得火族三百尊紫火神炮相助，威力之猛，远非龙族所能抵挡。一旦两军相距五里以内，雷火齐鸣，纵然是铜铁也必成齑粉。阁下若想保全性命，速速后撤，退回龙宫。”

龙族众将纷纷抓起千里镜凝神远眺，闪电飞舞，天海陡亮，果然依稀瞧见水妖当先的三十余艘巨舰舷侧安有几门铜炮。略一数去，有两百尊之多。

群雄大凛，将信将疑，哥澜椎“呸”了一声，大声道：“陛下，这水鬼会有那么好心，来给咱们报信吗？火族紫火神炮威力再猛，也只有百步之遥，别听他胡吹唬人！”

龙族群雄哄然应是，纷纷叫道：“他龟孙子的，等咱们和水妖相距一里时，先下手为强，看看究竟是他们的火炮打得远，还是咱们的‘火龙弩’威力强猛！”

海少爷听若罔闻，目光始终不曾离开科汗淮，兀自冷冷道：“言尽于此，听或不听悉从尊便。大恩已谢，大仇未报，阁下项上人头，只能由我海某来取，望自珍重！”

话音方落，九爪章鱼兽呜呜怒吼，触角飞扬，重重砸落于海面，掀起惊天巨浪，转瞬消失在汹涌波涛之中。

龙神斜睨科汗淮一眼，笑道：“科大哥，人家是专门来给你这位恩人报信的，听不听，怎么办，全由你做主。”

科汗淮微微一笑，道：“海少爷此人虽然偏狭好斗，但生性自负傲慢，不齿于阴谋算计。我相信他说的当是实情。这几个月来，水族大军在东海隐忍不发，想必就是等待这三百尊火炮。若非有必胜把握，今夜他们也不致倾巢而出，毕全功于一役。”

龙族群雄对他颇为信服，听他这般说，登时安静了下来。

当是时，号角声激越，鼓声汹汹，水族舰队从四面八方越迫越近，眼看已不过七八里之距。小小插曲之后，那漫天凶禽、万千海兽又随着苍龙角的节奏，再度发起疯狂猛攻。

群雄大凛，归鹿山沉声道：“科大侠对水妖行军战略了如指掌，不知眼下当进当退？有何良策？”

科汗淮稍一沉吟，将适才所谋定的计划一一道来：“当务之急，是反客为主，打乱他们的全盘部署。既然水族欲使群兽围攻龙神，想令我们群龙无首，不战自溃，我们便出其不意，抢在他们开炮之前，将兽群引往敌舰，然后再趁乱将水族吹角驭兽之人拿下，以其人之道，还治其人之身，搅他个天翻地覆……”

归鹿山面色微变，道：“科大侠言下之意，是想让陛下孤身涉险，将众兽引回敌阵？此事万万不可！”

众将纷纷附应，都觉太过危险。

龙神咯咯笑道：“不入虎穴，焉得虎子？众卿放心，我只身前往，反倒无所顾虑。莫说这些水妖，就算烛老妖亲临，又能奈我何？”

“科某怎会让龙神陛下孤身涉险？自会寸步不离左右。”科汗淮微微一笑，淡然道，“只要列位各司其职，沉舟潜行，避开炮火，到了敌舰下方，龙神便可解开青龙封印，杀他们个措手不及。”

此言一出，龙神登时心花怒放，容光焕发，转身嫣然笑道：“各位儿郎，你们全都听见啦？收帆，闭舱，列阵下潜，向前进发！”

圣旨既出，众将虽然兀自惴惴不安，但也不好再说什么了。

当下号角长吹，传令官次第呼应，各舰群雄一边奋力与凶兽激斗，一边各就其位，拉紧绳索，将众帆布徐徐收起。

接着，船身微微一震，甲板上打开数十个圆洞，排列有序的巨木从洞中缓缓升出，两侧船舷也徐徐伸出侧板，准备合舱闭拢，下潜水中。

电闪雷鸣，风狂浪猛，龙神心中却有说不出的甜蜜喜悦，纵声长啸，翩然冲天飞舞，和科汗淮一齐朝水妖舰队掠去。

苍龙角声陡然折转，凄狞高越，万千凶禽海兽果然咆哮着追随二人而去，仿佛滚滚乌云，压着滔滔海浪，越去越远。

百里之遥，万丈高空之上，云海翻腾，狂风怒号，扶桑巨叶沙沙怒舞，被公孙婴侯这般轻飘飘地隔空一掌，拓拔野竟踉跄飞出十余步，方才勉强凌空稳住身形，心中大凛，方知此人真气之强猛，竟犹在双头老祖之上！难怪姑射仙子竟会受其所制了。

却不知公孙婴侯心中的惊异更胜于他。

这一掌“覆雨翻云”结合水、土、火三属真气，看似飘然无力，实则力势万钧，纵是寻常仙级高手，挨上一记，即便不经脉俱断，也要脏腑迸裂，重伤喷血。岂料这小子竟只跌退了十余步，连气也不带多喘！

他心中虽惊怒骇异，脸上却丝毫不动声色，驭龙盘旋，嘿然笑道：“听说拓拔太子五德之身，神帝亲传，蟠桃会上震死双头老祖，独战五大鬼王，就连复出的黑帝也被阁下杀得大败……我还以为有如何神通，原来不过尔尔。嘿嘿，真不知我的雨师妹子到底看上了你哪一点？”

听他说那“雨师妹子”四字，拓拔野心中登时酸溜溜地一阵刺疼，怒火高蹿，纵声大笑道：“原来你是为了雨师姐姐来的。我原以为公孙婴侯位列大荒十神，算得上一个人物，想不到不过是个卑劣无耻、阴毒猥琐的小人。嘿嘿，也难怪雨师姐姐丝毫不将你放在心上了。”

公孙婴侯嚣狂偏狭，自命风流，当年勾引雨师妾，一则是为了借此羞辱水族，二则不过是为了满足虚荣心，一旦得手，立即弃之若屣，谈不上半点爱意。但方才见她对拓拔野忠贞不渝，死犹不惧，立即又激起了虚荣好胜之心，想方设法也要将她从仇敌手中重新夺回来，才解心头之恨。

被拓拔野这般一激，公孙婴侯更是妒怒如狂，哈哈大笑道：“拓拔太子此言差矣。雨师妾不过是我玩儿剩的残花败柳，有人要捡若至宝，原也由得他去，可惜那人偏偏不能是你！”

公孙婴侯右手抓起一个乾坤袋，轻轻一抖，一个霞衣红裳的美艳女子顿时从中滚落，软绵绵地横在那黑龙脊背上，动弹不得。红发如火，肌肤胜雪，秋水双眸痴痴地凝视着拓拔野，嘴角微笑，说不出地温柔娇媚。

拓拔野脑中“嗡”地一响，全身的血液似已凝结，又惊又怒，半晌才听见自己的声音喝道：“你若敢伤她一根寒毛，我便叫你粉身碎骨，死无葬身之地！”

洛姬雅与空桑仙子亦陡然大凛，姑射仙子尚未脱困，龙女又为其所制，投鼠忌器，要想对付这狂人可就难上加难了。

眼见他们脸色齐变，公孙婴侯心下大快，故意将雨师妾拉入怀里，手指轻轻地抚摩着她的脖颈，哈哈笑道："你放心，我向来怜香惜玉，最是念旧，又怎舍得伤她分毫？"

太阳乌嗷嗷怒鸣，振翅欲冲，拓拔野强忍怒火，驾鸟盘旋，冷冷道："你到底想要怎样？"

公孙婴侯嘿嘿一笑，道："十六年来，我被神农老贼困在地底，度日如年，生不如死，好不容易重见天日，谁想那老贼竟早已化成了一尊石头。正当我以为此生难报大仇、悲痛欲绝之时，却听说老贼临死之前，竟收了一个弟子。巧的是，他的这位弟子居然在蟠桃会上打败了我的舅舅汁光纪，害得他老人家功败垂成，魂飞魄散。更巧的是，他的弟子竟然要娶我十六年前的女人为妻，还和杀了我兄弟的小妖女成了莫逆至交……"

公孙婴侯脸色一沉，灼灼地凝视着拓拔野，森然道："拓拔小子，若换了你是我，你说我到底想要怎样？"

空桑仙子嫣然一笑，淡淡道："冤有头，债有主。公孙婴侯，你与神农的恩仇，又何必牵扯到拓拔太子这些后辈的头上？若想报仇，便来找我好啦。"

公孙婴侯微微一怔，对这白发美人殊无印象，皱眉道："你是谁？"

拓拔野一凛，道："前辈……"正待阻止，空桑仙子业已摇头道："你既对神农恨之入骨，竟不知道他当年曾经为了木族圣女，险些连神帝也做不成了吗？放了这两个孩子，你和神农的仇怨，就由你我来了断吧。"

"空桑仙子？"公孙婴侯眼中闪过惊异狂喜之色，仰头哈哈大笑道，"苍天有眼，竟将这些人全都送到我面前来啦！新仇旧恨，今夜终可一并了断！"

他突然顿住笑声，冰冷的目光从众人脸上徐徐扫过，杀气凌厉，微笑道："拓拔小子，你究竟何德何能，竟有这么多人舍命陪你？不过瞧在空桑仙子甘愿一命换一命的分上，我就大发慈悲，给你一个选择……"

公孙婴侯又顿了顿，一字字地道："姑射仙子与雨师妾，你究竟想救哪一个？"说罢手指一收，紧紧地扣在雨师妾的脖子上。几在同一瞬间，姑射仙子低吟一声，身上的地火蚕丝齐齐收紧。

「第五章」取舍决断

海上黑云滚滚，惊涛如巨墙层层翻叠，呼啸着崩塌炸散，雪末喷舞。

科汗淮二人踏浪疾行，高跃低伏，刹那之间便冲出数百丈远。狂风夹带着暴雨，猎猎扑面，撞击在护体气罩上，“噗噗”连声，幻光闪烁，水花四射乱舞，视野都有些模糊了。

空中“呀呀”怪叫声密集不绝，万千凶禽如乌云追随，汹汹俯冲。四周波涛纷涌，无数海兽咆哮冲出，随着苍龙角的节奏，从四面八方狙击二人。

科汗淮脚下丝毫不停，右臂碧光轰然怒卷，纵横扫舞，迎面巨浪当头拍来，被气旋所击，登时冲天炸散，凶兽猛禽触其光芒，更是无不断羽纷纷，血肉飞溅，不断悲鸣摔落。

龙神并肩飞掠，无须动手，在这狂风骇浪的暗夜，伴其左右，竟涌起一种从未有过的异样感觉，仿佛柔藤攀树，小鸟依人，心中安宁，甜蜜而又喜悦。

这一瞬间，她忘记了周遭所有的一切，不再是君临天下的东海至尊，而成了一个普普通通的柔弱女子。闪电亮起的时候，他的侧脸一如十八年前，俊秀得让她心疼。她温柔地凝视着，嘴角漾开一丝悲欣交织的笑容。

十八年的漫长光阴，山河易色，风月无情，仿佛都只是为了这一刹那……

“轰！”突然响起一声比惊雷还要猛烈的轰鸣，她微微一震，只见一道彤光从远处水妖舰队中冲天飞起，如彗星流火，天海尽红。

几在同一瞬间，轰雷并奏，火光乱舞，无数道赤丽的光芒纵横交错，穿透滚滚黑云，呼啸着朝他们怒射而来！

“紫火神炮！”科汗淮大凛，当年他只身独闯火族四大世家，大战刑天等十六高手时，便曾见识过火族神炮的威力。但比之今夜所见，竟有如云泥！

龙神又惊又怒，咯咯笑道："那水鬼果真没有骗人。想不到烈碧光晟那老贼为了讨好烛老妖，连压箱货都送给他啦。"

话音未落，风雷激吼，赤炎扑面，那千百道火光划过绚丽红线，已如流星雨似的漫天爆射而下，凶禽猛兽纷纷惊吼避散，稍有不及，立被轰然撞中，骨肉俱焚。

科汗淮纵声长啸，青裳鼓舞，体内真气如潮汐奔涌，直冲右臂，"呼！"碧光气旋陡然倍增，光芒刺目。周围波涛顿时冲天狂卷，环绕着断浪气刀团团围涌，陡然形成了巨大的水墙，直冲起十余丈高。

"嘭嘭"连声巨响，那汹涌水墙被火炮接连击中，气浪狂震，水花喷涌。

科汗淮身躯一震，断浪气旋微微收缩，支持了片刻，脸色渐渐转白，嘴角沁出一道血丝，忍不住朝后退了几步。

"轰！"水墙瞬时崩塌，光焰刺目。

龙神大凛，抓起他的左手，叫道："科大哥，走吧！"拉着他翻身跃起，姿态曼妙地冲入汹涌狂涛中。

"嗖嗖"之声大作，无数火弹拖曳着赤焰，轰然撞入海面，大浪冲天，白汽弥漫，仿佛瞬间沸腾了一般。

冲入海中，四周绿蒙蒙一片，紫红色的火弹从两人身旁纵横穿过，气泡蹿涌，去势如电，吓得鱼群惊惶逃散。几只巨虎鲨兀自发狂地撕咬着浮沉的兽尸，被火弹击中，登时血肉翻飞，顷刻间被其他鲨鱼争相撕扯吞噬，只剩下森森白骨。

龙神金发飘摇，红衣跌宕，拉着科汗淮翩然直冲海底。到了水下十余丈深处，那些火炮威力大减，耳边什么声音都听不见了，唯有那鬼哭狼嚎似的苍龙角声，依旧声声可闻，在这寂静幽深的海里听来，更觉凄迷可怖。

龙神忽然想起某年某日，带着他去东海深处寻找泪螺时，也是这般光景。心中一跳，转头望去，科汗淮也正凝视着她，白发如银，双眸如星，嘴角尽是淡淡的温暖笑意，似乎心有灵犀。

她双颊如烧，竟忽然觉得一阵少女似的羞赧，急忙转过头去，芳心突如鹿撞，酸楚、甜蜜，夹杂着眩晕似的幸福，以及一种如梦般浮沉不定的虚幻。

所有的一切都无关紧要了。多么希望这一夜、这数里风暴如狂的海程，永远没有穷尽……

"哧哧"连声，地火蚕丝陡然收紧，紫光闪耀，姑射仙子娇靥嫣红，眉尖紧蹙，显是痛楚已极，偏偏丝毫动弹不得。

而十丈开外，雨师妾的脖子被公孙婴侯的手指死死掐住，俏脸涨红，舌尖一点点地吐了出来，泪水迷蒙的妙目痴痴地凝视着拓拔野，悲喜交织，却无丝毫恐惧之意。

"住手！"拓拔野惊怒交迸，饶是他智计百出，在这等关头也不免方寸大乱，厉声道，"公孙婴侯！你枉为大荒十神，只会对后辈使这等卑劣无耻的伎俩，羞也不羞？难怪雨师姐姐瞧你不上！若有本事，就光明磊落地和我大战三百回合，否则就快快滚回你的地缝里藏起来吧！"

公孙婴侯哈哈笑道："大丈夫行事不拘小节，对待仇人还讲什么光明磊落？小子，瞧在空桑仙子甘愿以命抵命的分上，我才给你一次选择的机会。到底要救哪一个，千万想清楚了！"

他嘴唇急速翕动，指诀变幻，蓦地凌空一弹，"呼！"地火蚕丝光芒乍吐，扶桑巨树登时冲起青紫色的烈火狂焰，熊熊高蹿，将姑射仙子困在其间。

众人惊呼声中，公孙婴侯嘿然笑道："五行木生火，扶桑树是木族神树，这小妮子又是木族圣女，再加上我的极阳地火……嘿嘿，小子，不知道你的辟火珠能撑多久？"

姑射仙子"嘤咛"一声，被他凌空气箭解开了哑穴，颤声道："姑姑、拓拔太子，小心他的地火阳极刀……"说罢周身突然剧痛如裂，如万蚁咬噬，话音未落，登时化作了痛楚的呻吟。当是体内蛊虫开始发作。

流沙仙子觉知不妙，立时抓起斑斓玉兕角，呜呜地吹将起来，凄迷诡异。

姑射仙子神志微微一醒，剧痛稍减，低头望去，只见火光映照下，桃红的肌肤如波浪起伏，仿佛有万千虫蚁在皮下蠕动爬行，心中一紧，又是恶心又是恐惧，闭上眼，不敢再看。

公孙婴侯得意至极，哈哈大笑道："洛丫头，她体内的三百六十五种蛊虫，都是这十六年来我在地壑调配出的新蛊，八荒六合，独一无二。你若能将它们全都驱将出来，我便磕头拜你为师！"

他手上陡然一松，雨师妾"啊"的一声，剧烈咳嗽起来，一时却说不出话，后心被他另一只手掌抵住，只要稍一发力，立时心脉尽断，玉殒香消。

公孙婴侯伸出舌尖，故意在雨师妾的耳垂上轻轻舔舐，双目灼灼地盯着拓拔野，精芒闪烁，笑嘻嘻地道："雨师妹子，我数到三，你的小情郎若是不亲手杀了空桑仙子换取你们中的一个，我就只好忍痛挥泪，辣手摧花了。"

拓拔野惊怒焦虑，看看闭目端坐于烈火之中清丽脱俗的姑射仙子，再看看温柔地凝视着自己美艳如花的雨师妾，心中直如针刺刀绞，痛不可抑。思绪急转，却想不出一个万全之策。

姑射仙子闭着眼睛，强忍剧痛，动弹不得，仿佛梦魇一般。原想大声告诉拓拔野，让他不要犹豫，快快救下龙女，和姑姑、流沙仙子一起收服这魔头，但又觉得如此一来，倒显得自己与拓拔野有着如何的关系，脸上登时一阵热辣辣的烧烫。

突然之间，心底又闪过一个奇异的念头，倘若眼下自己这般死了，未尝不是一种解脱，至少再也不要受那古怪心魔的折磨了，再不会那么空空落落、茫茫然然，仿佛终日飘浮在梦里云端……又或者，在他的心里会不会因此永远记得自己呢？

一念及此，姑射仙子心中登时像被万千蛊虫齐齐咬噬，麻痒酸疼，痛不可忍，低吟一声，周身陡然躬起，烈火遍烧，双颊酡红如醉。

流沙仙子只觉得脑中嗡然一响，玉兕角登时变调，娇躯轻颤，花容煞白，险些从太阳乌上朝下翻落。

公孙婴侯苍白的脸容在火光的映照下阴晴不定，哈哈大笑道："花木逢春，蜂舞蝶来。小妖精，忘了告诉你，小妮子体内的三百六十五种蛊虫都是情蛊春虫，一旦情思萌动，则血流加速，蛊虫倍增，势不可当！拓拔小子，木族圣女若有三长两短，那可全是因你而起。如何取舍，快快决断吧。"

闪电亮起，暴雨如银箭纵横。巨浪滔滔，撞击在乌黑陡峭的贝阒屿的石崖上，冲起白狮素龙般的冲天雪末，映衬着漫天赤焰火光，更觉壮丽奇诡。

蚩尤骑乘太阳乌，贴着惊涛骇浪闪电般冲掠，苗刀碧光怒舞，照得前方海浪惨绿一片。看着石崖上的人影越来越近，他心中怒火熊熊，热血几已沸腾，就连那冰冷的暴雨海浪，拍卷在身，仿佛也燃烧成了熊熊烈焰。

一千五百个日夜的宿恨，十几万条人命的深仇，就要在今夜做一个了断！

当是时，后方香风鼓卷，忽听一个清脆娇媚的声音在耳畔传音道："鱿鱼，你要去哪里？"

如清泉淙淙，醍醐灌顶。蚩尤一震，怒火少消，回眸望处，只见一个紫衣美人御风追来，杏眼清澈，顾盼神飞，笑吟吟的，极是明艳动人，正是晏紫苏。

几只太阳乌瞧见是她，欢声鸣啼，纷纷回旋绕舞，接乘着她，急速飞来。

蚩尤皱眉传音道："你不是说明日大典之前绝不露脸吗？眼下炮火猛烈，你出来做什么？"

话音未落，晏紫苏已翻身跃到他身后，拦腰抱住，抿嘴笑道："呆子，就猜到你会在这里。我担心你一个人傻乎乎的冒失行事，所以就赶来陪你啦。那些潜水船都派出去了吗……"

见他神色不对，心下诧异，顺着他的目光望去，瞧见远处贝阆屿上屹立着的木面人，花容登时大变，知道他想做什么了，失声道："你疯了吗！以你现在的真气，至多不过小神级，单枪匹马地和天吴对战，那不是白白送死吗？"

蚩尤傲气上冲，怒笑道："打还没打，你又怎知我不是他的对手？我与天吴老贼仇深似海，不共戴天，今日既然狭路相逢，就算拼了性命，也要为蜃楼城十几万冤魂报仇雪恨！"

晏紫苏大凛，只怕被天吴听见，急忙伸手将他的嘴捂住。所幸四周轰鸣之声震天彻地，天吴又站在崖上怔怔出神，未曾察觉。

晏紫苏当下微松了一口气，恨恨道："臭鱿鱼，你是成心让我做寡妇，是不是？天吴此人坚忍阴沉，韬光养晦，真正有多少能耐，水族上下也未必清楚。就算你要报仇，也当叫上拓拔，你们二人联手，才有六七成胜算……"

蚩尤摇头沉声道："拓拔眼下正忙着解救姑射仙子，等他赶来，这老妖也不知到哪里去了！只要能杀了天吴，朝阳水妖群龙无首，就算有再猛烈的炮火，也不足为患！"说着驾驭神鸟，继续朝前冲去。

"我不许你去！"晏紫苏猛地将他紧紧抱住，眼圈一红，颤声道，"就是怕你做傻事，所以才赶来的。你若是有个三长两短，我……我……"心中害怕焦急，泪水竟不由自主地涌了出来。

她娇嗔软语，吐气如兰，说不出地低婉哀切，蚩尤心中一软，便欲答应，但想到当日蜃楼城的惨状，怒火登时又腾地蹿了上来，猛地鼓舞真气，朝外一振，将她甩脱开来，扬眉道："大丈夫有所不为、有所必为，遇事畏缩不前，算得什么英雄好汉！"

晏紫苏知他性情桀骜刚烈，再这般劝他多半无济于事，眼见着距离天吴越来越近，又是着急又是气恼，心中恨恨道："天吴老妖好端端不在旗舰里指挥，却跑到这贝阙屿来做什么？瞧他站在那里动也不动，不知在等谁？"

晏紫苏灵光一闪，突然有了个主意，脱口道："好，你要报仇逞英雄，我也不拦着你。但是你身为汤谷城主，岂能因小失大，将个人恩怨置于全局战事之上？紧要关头，白白耽误了眼前这上好的战机，连累满岛的将士为你而死，也不知你将来会不会心安？"

蚩尤一怔，道："什么上好的战机？"

晏紫苏嫣然一笑，从背后抱紧他，贴着他的耳朵，吹气似的柔声说道："正如你所说，龙不可一刻无首，军不能半日无将。倘若你现在突然变成了天吴老妖，回到了水妖舰队……你说说，你会怎么办？"

"轰！轰！"甲板、舱板被炮火接连击中，登时应声迸裂，木屑纷飞。船身剧震，大浪倾摇，众人惊呼大叫，乱作一团。

六侯爷抬头望去，心中大骇，直到此刻才完全相信海少爷所言。

彤云翻滚，万千道赤艳火光怒啸破空，雷霆似的击撞在青龙舰队四周，狂涛掀卷，烈火冲天。顷刻之间，已有六艘战舰被这天雷怒火击断桅杆、龙骨，陷入熊熊火海，徐徐下沉。

他遍历大荒四海十余年，见多识广，却从未见过威力如此霸道狂猛的火炮，相隔数里，却势可开山裂地！

龙族众将虽然身经百战，亦被震慑得瞠目结舌，呆若木鸡，一时竟不知何以应对。倒是归鹿山第一个醒过神来，纵声大喝道："大家莫要慌乱，各就各位，继续圆舱，下潜……"

话音未落，"轰"的一声巨响，一道炮火在他身后炸散开来，炎浪蓬然鼓舞，归鹿山登时如被重锤猛击，"哇"地鲜血狂喷，踉跄前跌，后背火焰冲舞，转瞬间已形如火人。

众将士大惊，纷纷冲上前去扑火，还未及将他扶起，"轰隆"连声，又有几道炮火冲撞在旗舰上，桅杆"哔啦啦"地裂开一条长缝，未及收起的帆布登时蹿起青红色的火焰。

旗手避之不及，周身着火，惨叫着跃入汹涌狂涛之中。

炮如惊雷，轰鸣不绝，与风浪声、暴雨声、惊叫狂呼声、撞击声……交织在一起，震耳欲聋，什么都听不清了。

六侯爷抓起龙兕号，纵声高呼："圆舱，下潜！"反复叫喊了十余次，都被那轰隆声彻底盖过，心中惊急骇怒，不及多想，拉过真珠，交与哥澜椎，大声道，"哥将，快将真珠姑娘送回底舱，她若少根寒毛，我便唯你是问！"不等哥澜椎回话，已纵身飞起，踏着桅杆朝顶上掠去。

眼见着姹紫嫣红的炮火从他四周呼啸冲过，真珠一颗心仿佛揪到了一起，想要大声呼喊，叫他小心，喉咙却像是被什么堵住了，连气也透不过来，泪水不争气地迷蒙了眼睛。

闪电骤起，天海俱紫。

六侯爷冲上桅顶，高高地举起大旗，昂然站在狂风暴雨、缤纷炮火之中，猎猎挥舞，左三下、右三下，反复了十余次。

各舰旗手瞧见，纷纷挥旗回应。

霎时间，号角并吹，鼓声密奏。群雄从慌乱之中缓过神来，渐渐恢复镇定。在旗舰的指挥下，青龙各舰一边迅速变回长蛇阵形，一边加速收帆、圆舱，次第下潜。

六侯爷心中稍定，正想握旗跃下，忽听"轰隆"连声，眼前一红，炎风如浪，下意识挥旗格挡，背上却已轰然挨了一击！眼前又是一黑，喉中腥甜狂涌，整个身子仿佛突然烧起来了，猛地一头朝下栽去……

黑云如海，翻腾不息。扶桑树如擎天巨柱，破云直探明月，树顶烈火熊熊，在月华清辉的照耀下，焕发出碧紫橙红的绚丽焰光。

六人悬空对峙，短短片刻，拓拔野却像是熬了千百年。

他越是惊怒痛苦，公孙婴侯越是畅快得意，嘴角狞笑，大声数道："二！"手掌又往雨师妾的后心贴紧了一分。

热辣辣的真气烧得雨师妾五脏如沸，难受之极，但她却恍然不觉，秋波温柔地凝视着拓拔野，心中闪过了万千个念头，悲喜交合。奋力凝集真气，传音叹道："傻瓜，公孙婴侯偏狭寡义，为了报仇更是不择手段，毫无信义可言，你怎能这般任他摆布，无所作为？"

此刻她周身经络之中，唯有阴维脉尚未被封，这般强聚真气，传音入密，极是吃力，顿了顿，才又勉力继续说道："公孙婴侯素来喜欢折辱仇人，就像是猫耍耗子，不到最后誓不罢休。此番到来，就是为了在五族贵使面前羞辱你，让你颜面扫地。眼下大敌合围，你身为龙神太子，不想着法儿领袖群雄，血战退敌，却儿女情长，瞻前顾后，传到天下人耳中，情何以堪？不是正中了他的下怀吗？”

这道理拓拔野何尝不知？但关心则乱，受制的两个女子，一个是他铭心刻骨、生死与共的爱人，一个是他倾心敬慕、藕断丝连的初恋，若要他舍弃二女，断然与来犯的水妖激战，实是万万不能。

正自心乱如麻，又听她传音道：“小野，公孙婴侯狂妄好胜，只要我不答应嫁给他，他必定不会伤我分毫。然而姑射仙子是空桑仙子的侄女，也算是他的仇敌，他断然不会留情。一旦她有什么意外，句芒定然趁机以此为借口，联合水、火两族，大举进犯。所以无论你选什么，公孙婴侯出手对付的，必定是她。”

拓拔野一凛，颇以为然，忍不住瞟了姑射仙子一眼，但仍难以决断。

雨师妾凝视着他嫣然一笑，光彩照人，柔声传音道：“好弟弟，你若当真将我当作妻子，便听姐姐的话，救下姑射仙子，打败我大哥，然后再设法前来救我。我们既已决定成亲，来日方长，又何必急于一时？”

不等他回话，雨师妾忽然咯咯大笑道：“拓拔野呀拓拔野，想不到你不过是一个三心二意、优柔寡断的懦夫！我的心上人，是顶天立地、雷厉风行的盖世英雄，像你这样婆婆妈妈，不要也罢！”

拓拔野脸上一烫，虽知她故意以此来激自己，心中却仍是一阵刺痛。热血如沸，蓦地咬牙传音空桑仙子等人，朗声道：“雨师姐姐，拓拔野敬你爱你胜于自己，但姑射仙子却是木族圣女，拓拔野又岂能为了一己之私，损害天下之利？对不住了！”

话音未落，便和空桑仙子驾鸟电冲，一齐抢身朝扶桑树顶飞去，天元逆刃银光如雪练，凌空纵横，将地火蚕丝尽数斩断。

几乎在同一瞬间，流沙仙子急吹玉兕角，“哧哧”激响，姑射仙子身子一颤，数百只蚂蚁大小的七彩蛊虫破肤冲出，被烈火烧成焦末；空桑仙子碧光气带凌空飞卷，将她紧紧缠住，横空翩然拔起。

三人一气呵成，快捷如闪电，霎时间已将姑射仙子从鬼门关前救回。

雨师妾妙目中闪过喜悦、悲戚交织的古怪神色，仰起头，冷冷地道：“公孙婴侯，你说得不错，在他心底，我终究比不上冰清玉洁的木族圣女。你带我回皮母地丘吧，我再也不想见他啦。”

公孙婴侯苍白的脸上焕发出奇异的红光，哈哈狂笑道："拓拔小子，瞧在我雨师爱妃的面子上，今日便饶你一条性命！"

他脸色忽地一沉，目中杀机毕现，喝道："但是手足之仇、幽闭之恨，今日却不能不报！"说罢转身疾冲，右臂真气轰然鼓舞，幻化成一道长达十余丈的紫红光刀，风雷激吼，朝着流沙仙子与空桑仙子拦腰怒斩！

炎风狂卷，汗毛尽奓。

拓拔野大凛，抄手抱住落下的姑射仙子，转身回旋，天元逆刃银光怒泻，和空桑仙子的碧光气带一齐迎锋格挡。

"轰！"光浪迸爆，气焰横飞，坚硬逾铁的扶桑树枝竟被震得漫天碎断！

拓拔野手臂酥麻，虎口迸裂，几乎连神刀也拿捏不住，心中大骇，下意识地紧紧抱住姑射仙子，旋身冲天飞起，借助腹内定海珠之力，将那凶霸狂烈的气浪生生卸去。

空桑仙子碧光气带、护体气罩轰然炸散，重重回撞在自己胸口，登时闷哼一声，鲜血狂喷，连人带鸟猛撞在扶桑树上，胸腹处的衣裳陡然着火。

流沙仙子虽已冲天飞掠，堪堪闪避开来，但被那火飙气浪扫中，仍是眼前一黑，气血乱涌，直冲出十余丈才勉力稳住身形。

刹那之间，当世三大顶尖高手竟被他一刀生生击退！

公孙婴侯志得意满，纵声狂笑道："三日之后，我要在皮母地丘迎娶雨师妾，宴请天下英雄。拓拔小子，你若有胆子，就来喝杯喜酒吧。"

"雨师姐姐！"拓拔野惊怒欲追，却已迟了一步。

黑龙咆哮，夭矫飞舞，公孙婴侯挟抱着雨师妾朝下如闪电似的冲落，瞬间便消失在茫茫云海之中。

波涛汹涌，炮火声轰鸣，天海红彤彤一片。

蚩尤踏浪冲掠，挟持着晏紫苏，飞身冲上朝阳谷旗舰，昂然立定。乌金长衫猎猎飞卷，狰狞的黑木面具后，双眸怒火闪耀。

他体格雄健，原本就与天吴有些相似，再经晏紫苏妙手乔饰，更是惟妙惟肖，只怕连十四郎见了，也看不出分毫破绽。

甲板上水族众兵大喜，纷纷行礼高呼："神上回来啦！"瞧见他臂下所挟的乔化成蚩尤的晏紫苏，以及那柄弯弯曲曲的青铜苗刀，更是欢声雷动，叫道，

"神上攻无不克，战无不胜，这小子嚣狂不可一世，还不是让神上手到擒来？"

蚩尤强忍住挥刀横扫这群水妖的冲动，冷冷道："传我命令，各舰将领速速到主舱候命。"

他舌下含了变声虫，就连说话声音也和天吴浑然一致，水妖众将丝毫不疑，哄然应诺，纷纷传令去了。

蚩尤挟着晏紫苏大剌剌地走进主舱，心中怦怦直跳，兴奋、愤怒、喜悦，又带着微微的紧张。这一招"偷梁换柱，直捣黄龙"极是凶险，一旦天吴突然折返，或是水妖众将瞧出端倪，自己倒还罢了，若连累了晏紫苏不得逃脱，那可真是百死莫赎了！

晏紫苏知他所思，嫣然一笑，悲喜交集，心想：呆子，你若是不能离开这里，我又岂能独活于世？柔声传音道："记住，事关大局，万万不可冲动。只须等上半刻钟，'魂语虫'附心入脑，咱们就大功告成了。"

说着，取出一个玉瓶，小心翼翼地倒了一掌浅绿色的粉末，往舱内四角轻轻弹舞，空气中登时弥漫着淡淡的清香，瞬息即散。

蚩尤微微一凛，虽已服了"辟蛊丹"，但还是下意识地屏息敛气。

这一瓶绿粉看似寻常碎末，却是大荒至为霸道的毒蛊虫卵，随风附体，一旦进入心脑，立即孵化成虫，在蛊母的遥控下，操控寄体神识，与九冥尸蛊异曲同工。

没过片刻，朝阳谷众将匆匆赶来，为首之人瘦如槁木，碧眼深凹，背上斜斜背了一具桐木琴，正是科汗淮的三叔科沙度。

蚩尤瞧见他，怒火汹涌，恨不得一刀将其砍为两段，握紧拳头，青筋直暴，忍气朝他们点了点头，淡淡道："眼下战况如何？"

众将瞥见软绵绵躺在地上的"蚩尤"，无不大喜，纷纷笑道："神上既已拿住这小子，半个汤谷城便算拿下啦！"

唯有科沙度碧眼光芒一闪，面无表情，淡淡道："龙姑未至，这姓乔的小子反倒来了，也算是意外之喜。"顿了顿，道，"现在汤谷的南、北、西三面已被我军神炮轰得狼藉一片。汤谷军十八暗堡被炸掉了十二个；三十艘战舰只剩十一艘未沉，全都龟缩在'藏日湾'里；群狼礁的百艘潜水船正自行撞入我军布好的'北海龙筋网'，再过一刻，就能一网打尽……"

蚩尤越听越是惊怒，原以为水妖火炮威力虽然狂猛，但只要诱其深入，以百艘潜水船作为奇兵，再以隐藏湾中的十一艘艨艟为主力，辅以岛上十八处暗堡的火弩石弹，便能重创水妖，扭转战局。想不到水妖竟对岛上的部署了如指掌，先发制人！

各舰将领见他默然不语，双眸怒火闪耀，只道对战况犹觉不满，心下忐忑，急忙纷纷上奏捷报，仔细地陈述了一遍各舰的战况。

蚩尤冷汗涔涔，暗呼侥幸，心道："他奶奶的紫菜鱼皮，若不是苏妹出此妙计，洞察战机，此次真要被水妖打得措手不及了！"想到自己方才急于报仇，险些因小失大，脸上更是一阵烧烫，暗想：苏妹说得不错，身负要任，担当极大，以后断断不能再这么鲁莽冒失了。

低头望处，晏紫苏正似笑非笑地看着自己，眼神中带了几分嗔怪与赞许，狡狯而又娇媚，他心中怦怦直跳，连忙收敛心神，转头沉声道："很好。还有吗？"

科沙度淡淡道："属下刚刚收到消息，龙神的青龙舰队已经陷入我军重重包围，至少已有九艘被神炮击沉。倘若属下没有猜错，现在龙神和科汗淮当已经自投罗网，到烛真神面前送死去了……"

此言一出，直如惊雷轰顶，蚩尤、晏紫苏齐齐一震，险些低呼出声。

烛龙！青龙舰队迟迟未至，他们虽已猜到必受伏击，但万万没有料到来者竟是烛龙本人！

海上惊涛骇浪，海下却是微波不惊。但鱼群却不知躲藏到哪里去了，触目所及，尽是暗蓝的海水，空空荡荡，像无边无际的寂静梦魇。

苍龙角声越来越近，凄厉诡异，让人闻之肝胆尽寒，念力扫探，相距已不过百丈。龙神、科汗淮并肩往上急速浮去，隐隐可听见轰隆的炮声，夹杂着阵阵兽吼雷鸣。

将近海面时，苍龙角声忽地变调，尖锐刺耳，两人一凛，"砰砰"连声，气泡纷涌，无数凶兽扑入海中，从四面八方朝他们扑来。

科汗淮真气冲涌右臂，滚滚飞旋，海水登时形成一个巨大的漩涡，笔直上冲。

当先冲来的盾甲海兕被涡浪一卷，陡然翻飞，厚重的身躯重重地撞在后方冲来的象牙鲸上，双双悲鸣抛起，接二连三地与其他海兽激撞一处，被那漩涡猛然卷入，往海面上急旋冲去。

"轰！"大浪滔天，科汗淮、龙神顺着涡流，旋身飞舞，夹在万千猛兽中，破浪冲天而起。

天旋地转，风浪、雷鸣、炮火声、鼓号声、鸟兽嘶吼声……陡然响起，充斥耳膜，震得脑中嗡嗡乱响。紫黑嫣红的云层狰狞如鬼脸，汹汹奔腾，赤艳的火光疯狂地闪耀着，无数凶兽走马灯似的从四周霍然闪过……

科汗淮纵声长啸，丹田内真气如狂潮汹涌，碧翠的气刀长芒如蚕丝绕舞，在漫天红光里交织出无数道鲜艳的绿光，四周凶禽妖兽方一靠近，立即血肉横飞，惨叫声不绝。

刹那间，两人飞旋冲天，翻空抄掠，突破万兽重围，高高地跃上了水妖旗舰。

号停。

鼓止。

苍龙角声陡然断绝。

炮火轰鸣，旗帆猎猎。楼船高台之上，刀戈如林，众将环立，漫漫铜甲在火光映衬下闪耀着刺目的光芒。

当中的大椅上，斜斜地坐了一个病恹恹的瘦小老者，黑纱高冠，白发如银，乌金丝袍鼓舞不息，鸡爪似的手上握着一个弯弯的淡青色龙角。抬起头，脸色枯黄暗淡，八字长眉耷拉着，合着长须一齐飘飘若飞，淡淡道：“昆仑山一别，两位无恙否？”

「第六章」

青龙封印

红云密布，碧浪冲天。

闪电骤然亮起，艨艟重重，白帆、玄旗在狂风暴雨中猎猎鼓舞，烫金的“烛”字如烈火般灼灼闪耀，说不出地刺眼。

雷声轰隆回响，惊天彻地。龙神全身都已僵住，又惊又怒，科汗淮却似早已料到，微微一笑，淡然道：“烛真神大伤初愈，便不远万里赶到东海，也不怕伤经动脉吗？”

“多谢龙牙侯挂怀。”烛龙一双竖长的眼睛似闭非闭，仿佛睡着了一般，“烛某风烛残年，独子新亡，就算颠散了这把老骨头，也无所谓了。只是神帝去后，天下分裂，妖孽横行，烛某身为水族真神，又安能忍看干戈四起，生灵涂炭？今日欣闻龙族太子与我雨师国主共结连理，特来贺喜，献上另一只苍龙角，以祝新人成双成对，白头偕老。更希望龙、水两族从此化干戈为玉帛……”

龙神再也按捺不住，咯咯大笑道：“原来烛真神到此吹奏苍龙角，是为了驭兽贺喜，用这炮火轰击我龙族舰队，想必也是当作爆竹炮仗了？这等化干戈为玉帛的苦心，可真叫人感动！”

他俏脸一沉，顿住笑声，冷冷道：“可惜昆仑会上，龙妃已与水族断绝关系，这门亲，我们想攀也攀不上啦。”

烛龙淡淡道：“天下没有合不到一起的江，只有不肯回头的水。一旦龙水联姻，东海可享万世之太平，龙神纵然不为太子着想，也当为族人考虑吧？而龙牙侯天资高绝，德高望重，当年就被称作‘大荒五十年后之第一人’，若愿回归我族，将来黑帝之位还逃得脱你手吗？”

他声音低沉沙哑，语气温和，但其中的威逼利诱之意，却是历历分明。

科汗淮眼中闪过寂寞萧索之意，微微一笑，摇头道："浮名权柄，不过水月镜花，烛真神智慧高我百倍，这些年来还没参透吗？科某已立誓今生再不踏入大荒，黑帝也罢、天下第一人也罢，与我何干？"

他顿了顿，凝视着烛龙，淡淡道："大荒风起云涌，豪杰辈出，自有能化干戈为玉帛之人。科某别无他求，只想扁舟散发，寄身东海，还盼烛真神成全，还这里一个风平浪静。"

见他言语淡定，软硬不吃，反倒要求己方退兵，水族众将无不大怒，纷纷大声呵斥："姓科的，若不是真神念你祖上有功，苦口婆心地想要挽你回头，此刻你还有命在吗？！"

"他奶奶的乌龟海胆，给你一瓢水，你还想作浪了！再不归降，老子将东海炸成昆仑山！"

龙神闻言怒极，仰头咯咯大笑，站在船头，红衣如云鼓舞，声浪似狂风海啸，四周巨浪随之轰然冲卷，滔滔不绝，顿时将众人的喧哗声盖了过去。

"扁舟散发，寄身东海……在这遍海惊涛之中，龙牙侯还想独舟孤钓吗？"烛龙嘿然一笑，淡淡道，"青山遮不住，大江东流去，识时务者方为俊杰。两位都是聪明人，又何必如此执迷不悟？"

他这几句话虽然说得有气无力，但听在科汗淮二人的耳中却如狂雷轰鸣，飓风扑面。

龙神身子一晃，气血翻涌，笑声顿时被噎堵于喉，仿佛被万钧巨力所推，踉跄地往后退了两步，又惊又怒，蓦地气沉丹田，强行立定。虽然勉强站稳，花容却已变得煞白，喉中更是一阵腥甜，心中大寒。

龙神虽知烛龙真气、法术已臻化境，几近天下无敌，但蟠桃会上，他与黑帝已斗得两败俱伤，原以为凭借自己与科汗淮二人联手，未必输得了他，此刻这番甫一交锋，才知这老妖修为只能以"深不可测"四字形容！饶是她生性刚烈好强，无所畏惧，此刻心底也不由得涌起森然骇惧之意。

当是时，水族舰队炮火轰鸣，天海赤红。远远望去，波涛汹涌，断桅残舟浮沉跌宕，青龙舰队至少已有十一二艘巨舰被摧毁炸沉，余下的众舰虽已沉潜海中，但以水妖火炮的威力来估测，即便船舰在水深十丈处潜行，依然颇为凶险。

龙神与科汗淮对望一眼，心领神会。箭在弦上，不得不发，此时再不动手，只怕永无机会了！

龙神俏脸晕霞泛起，碧眼中杀机大作，咯咯大笑道："烛老妖，你说得不错，青山遮不住，大江东流去，但不管你是长江，还是黄河，最终还得汇入我东海之中！"

说到最后一句时，樱唇张启，一颗晶莹剔透的圆珠冲吐而出，凝空急旋不已，紫气缭绕，异香扑鼻，将她妖娆的容颜映照得流光溢彩，美艳绝伦。

"龙珠！"水族众将的脸上无不闪过惊骇而又贪婪的神色，失声低呼。

此珠不但凝敛了历代龙神的元神真魄，更封印了数百年来众多荒外凶兽的灵魂，可谓龙宫镇海之宝，若能得之吞吐修炼，不但可以脱胎换骨，日进千里，更能解印凶兽，实是天下人梦寐以求的至宝。

"嗷——呜！"忽听一声震耳怒啸，青光闪耀，天海之中突然闪过一个巨大的碧青龙头，怒目獠牙，狰狞狂暴，整个紫红的夜空霎时间变作幽幽惨碧。

凶兽悲鸣，漫天飞禽惊啼冲散，就连万千炮火也仿佛相形失色。

青龙封印！水族群雄陡然大凛，站在烛龙身后的苏柏羊齿更是老脸惨白，说不出地羞愤恨怒。

六个月前，龙神就是在这东海之上，以龙珠解印青龙，将他的龟蛇军杀得一败涂地，颜面全无。

"轰！"

几在同一瞬间，数里之外的海面突然冲涌起数十丈高的惊天巨浪，波涛狂涌，水妖众舰登时一阵猛烈晃动。

众人惊呼声中，青龙舰队首尾相连，破浪横空，像一道绿色弧线高高抛起，碧光闪耀，和空中咆哮的龙头陡然契合，化作一条巨大的青龙，夭矫飞舞，猛一回旋，怒吼着朝水妖众舰猛冲而来！

炮火轰鸣，红光怒舞，无数道赤艳红芒纵横呼啸，四面八方地撞射向那条青龙，被它巨尾盘旋横扫，光芒乍爆，冲天炸散成万千光浪，姹紫嫣红，如烟火漫空，煞是缤纷壮丽。

青龙张口狂啸，怒目红光闪耀，雷霆万钧地俯冲而下。

"轰！"龙头重重地撞入不远处的一艘战舰上，那洞野山若木所制的楼船顿时如纸糊草捏般，土崩瓦解，霎时间被炸散成万千碎段，冲天乱舞！

青光夭矫，巨龙咆哮，四周海浪炸涌如沸，靠近的五六艘艨艟顿时被狂涛高高抛起，当空翻转飞旋，无数人影簌簌摔落，惨叫惊呼声不绝于耳。被空中纵横飞舞的火炮流弹击中，断木横飞，火焰冲天，更是惨不忍睹。

片刻之间，竟已有七艘巨舰被青龙彻底击毁！

水族众将瞠目结舌，又是骇惧又是愤怒，此时相距甚近，水族众舰更不能以乱炮轰击，以免误伤己方，唯有血肉相搏，一争高下了。

眼见烛龙依旧病恹恹地斜坐着，竖眼似闭非闭，不发一语，仿佛睡着了一般，“乾山牛真”河獂第一个按捺不住，喝道：“杀鱼何需斩鲸刀，老子杀了你这贱人！”说罢纵身冲下，牛角双刀银光爆舞，凌空飞旋斩下。

科汗淮移身挡在前方，淡淡道：“河将军，得罪了。”右臂碧光冲爆，气旋滚滚，轰然横扫在牛角双刀上。

“当！”龙吟刺耳，那弯弯的双刀霎时间绞扭如麻花，冲天抛飞，接着只听“哧哧”连响，河獂的铠甲陡然迸裂，双臂竟也如同麻花似的陡然一扭，肉裂骨断，嘶声惨叫，朝后踉跄飞跌。

众将骇怒交迸，喝道：“先杀了科汗淮这叛贼，再剥了妖女的皮，抽了她的筋！”人影纷闪，刀光如雪，纷纷围攻猛冲。

科汗淮长身傲立，屹然不动，断浪气旋斩碧光鼓舞，如奔雷狂电，气芒扫处，都有人惨声怪叫，受伤跌退。若不是他顾念旧情，不忍对同族痛下杀手，这些人中大半早已身首异处。

龙神可就没这般慈悲了，春波流转，凝神聚气，笑吟吟地默念法诀，龙珠光芒炫目，紫气缭绕。

那条巨大的青龙随其意念腾舞咆哮，风驰电掣，巨尾扫处，楼船迸裂坍塌，惊涛喷涌。水族士兵纷纷惊呼奔逃，稍有不及，不是被气浪打得血肉模糊，横死当场，就是横空摔飞，被巨浪吞噬其中。

各舰将领惊怒呐喊，号角劲吹，夹杂着汹汹诡异的锣鼓之声，一艘战舰光芒波荡闪耀，忽地冲天爆舞，幻化为一只巨大的三角犀兽，朝青龙猛冲而去。

接着，又有六七艘巨舰相继解印内封的兽神，纷纷变化为太古凶兽形状，四面飞冲，包夹围击。

青龙似是凶性更发，咆哮着一头撞入那三角犀兽的头顶。

“咔嚓”一声，犀兽的三只巨角顿时迸断，头部被龙角直贯而入，层层碎裂开来，痛吼声中，又被高高掀飞，重重冲落海中，光芒晃荡，变回三桅巨舰，船头、桅杆已尽数粉碎，陡然往海中沉去。

青龙当空横冲直撞，巨尾怒扫，锐爪猛击，凶狂不可一世。转眼之间，又有八只太古凶兽元神悲鸣着被青龙撞回战舰原形，碎断沉没。

漫天飞禽盘旋惊飞，震慑不敢下，那些北海妖兽则远远地踏波逐浪，悲鸣低伏。

龙神杀得兴起，胸中闷气少解，扬眉咯咯笑道："烛老妖，若是在大荒、北海，我或许还让你三分，但在这东海汪洋之上，岂能容你放肆？"

青龙纵声狂吼，突然破浪飞起，从她头顶直冲起数十丈高，张牙舞爪，怒目如赤火巨轮，狰狞凶暴地俯视着旗舰上的烛龙等人，巨口暴张，长舌跳跃，口涎如密雨似的滴落，只等龙神意念萌动，便立即俯冲而下。

烛龙竖长细眼陡然睁开，精光爆射，看得龙神心中陡然一寒，冷冷道："江鱼河虾，不知四海之大。当日你以青龙打败海蟒，今日烛某便让你瞧瞧海蟒的真正威力。"

话音未落，突然急旋破空冲起，昂首长啸，丹田内冲起万丈黑光，"哗啦啦"一阵裂响，衣帛破裂，周身瞬间胀大十倍有余！

万兽悲吼，龙神心中大凛，只听水族众将纵声欢呼，叫道："真神现出兽身啦！烛照九阴，昼夜春秋！"

烛龙急旋飞舞，周身赤光吞吐，无数道紫气红芒离线飞甩，忽然滚滚冲爆，化作一条数百丈长的人头巨蛇，通体艳红，赤鳞闪耀。当空发出一声凄厉破云的怒吼，腾身飞甩，陡然冲入汪洋之中。

"哗！"大浪狂涌，漩涡激荡，漫海跌宕的水妖战舰纷纷爆发出雷鸣般的狂呼呐喊声，号角声四起，鼓声密奏，仿佛骤然沸腾了一般。

狂风呼啸，闪电接连，暴雨越发猛烈了，蓝黑色的天海一阵阵地呈现出妖艳的亮紫色，映衬着远处海面上吞吐未熄的火光，更觉诡异。

科汗淮与龙神并肩站在船头，听着四周如潮的鼓号呐喊声，屏息凝神，四下扫望，却始终不见烛龙兽身重新冲出海面。

只见漫天飞禽突然悲啼怪叫，和海上的万千凶兽一齐冲入波涛，前赴后继，宛如自杀一般，纷纷消失不见。海面剧烈起伏，隐隐可以听见风浪中夹杂着奇异的呜呜声，低沉凶暴，仿佛来自海底，又仿佛来自地狱。

两人心中突突忐忑，对望一眼，大觉不妙。青龙似乎也察觉到了什么，昂然垂立于二人的头顶，嘶声怒吼，跃跃欲扑。

过不片刻，“哗啦”一声，东方极远处的海面上突然掀起层层巨浪，白沫冲天喷涌，隐隐可见一个赤红色的巨物隆起海面，又重重砸下，顿时撞起更高的惊涛狂浪。

几在同时，西边极远处的海面上也狂涛骤起，一段赤红色的巨物破浪抛舞，招摇着冲入海里。

水妖欢声更响，渐渐汇合成雷鸣般的呐喊：“北冥神蟒，烛照九阴！睁暝昼夜，吐息春秋！”

海上波涛翻涌，方才冲入海中的凶鸟妖兽的尸体渐渐浮出水面，随波跌宕，绵延十余里，遥遥望去，惨烈至极。

喧嚣之后，又是一阵沉寂。

海风呼啸，暴雨如狂，过了半晌，只听“轰隆”一声巨响，宛如地震海啸，惊涛如沸，旗舰突然被高高抛起，众人猝不及防，踉跄奔跌，数十名水手惊叫着翻身摔入怒海狂涛。

龙神、科汗淮身形微晃，气沉丹田，双足如磁石附铁，牢牢地粘在甲板上。那青龙则盘旋飞舞，紧紧地环绕在他们四周。

天旋地转，巨浪啸卷，青龙忽地发出一声怪异的狂啸，像是愤怒，又像是惊恐，两人一凛，循声望去，心中陡然沉落，几乎不敢相信自己的眼睛。

在他们后方，一条合围近两百丈的赤红巨蛇破浪飞舞，陡然冲天蹿起数百丈高，犹自攀摇直上，像是海中忽然长出的赤壁高崖，挡住了大半个夜空。与之相比，青龙竟小如泥鳅了。

巨蛇摇曳飞舞，参天摩云，突然低下头，竟是一张巨大得难以想象的人脸，细长的眼睛仿佛两条碧绿的长缝，似闭非闭，凶光闪耀，赫然正是烛龙！

龙神又惊又骇，只见那人头巨蛇突然张开血盆巨口，仿佛当空裂开暗红的巨洞，獠牙森森，长舌直冲起百丈来长，喉中“呜呜”连声，化作雷鸣般低沉的怪笑：“四海九州，唯我至尊。小小一条青龙，也敢在此嚣狂。”

巨口张处，腥风狂舞，唾沫如雨，撞入海中，登时冲激起万千大浪。

漫海摇曳的水妖战舰突然冲天盘转，螺旋上升，一艘接一艘地冲入那巨口之中。

科汗淮二人大凛，翻身飞掠，并立于青龙背脊，凝神戒备。

人头巨蛇光芒激爆，竟再度膨胀开来，转眼之间又增大了两倍有余，犹如擎天巨柱，山岳压顶。隐隐可见万千光芒在它体内吞吐飞舞，像是无数凶兽在挣扎怒吼……

科汗淮心中一动，失声道："摄神御鬼大法！"

龙神灵光霍闪，突然明白烛龙为何要吹奏苍龙角，驾驭万千凶兽来到东海了，也明白他的兽身为何竟能膨胀为如此惊天动地的巨物。

烛龙所使的妖法，和黑帝、蚩尤的一样，都是八百年前由水族神巫罗姬貉所创的"摄神御鬼大法"，所不同的只是他所强行吸纳的，乃是万千凶兽的邪魂厉魄！

那人头巨蛇细长的竖眼陡然张开，蓝光爆射，天海登时雪亮一片，桀桀怪笑道："汁光纪那老贼费尽心力，阻止烛某修成'北冥大法'，却不想弄巧成拙，反让我领悟天地精奥，修成万年不死之身！龙牙侯、敖丫头，你们既然不识时务，烛某就成全你们，做我北海神蟒的第一对祭品吧！"

长身曲躬，巨口陡张，猛地如天崩山塌，朝着二人当头呼啸冲下！

下方黑云滚滚，亮起一道狰狞的闪电，劈中扶桑树干，登时火花四射，与上方的熊熊烈火连成一片。

拓拔野骑鸟不顾一切地冲透云层，风驰电掣地往下追去，悲怒、仇恨、自责、懊悔……在心中翻腾如沸，憋闷得几乎要爆炸开来。咬着牙，不住地对自己暗暗说道："拓拔野啊拓拔野，你若就这么让那奸贼将雨师姐姐从身边夺走，那可真真枉自为人了！"

姑射仙子和空桑仙子并骑一鸟，伴随其侧，看着他脸上那悲怒痛楚的表情，心中酸疼如割，也不知是愧疚、怜惜，还是难过。姑射仙子暗想："若不是因为我，他又怎会与龙女遭此劫难？倘若她有个什么好歹，我……我……"眼眶一热，泪水竟莫名地涌了出来。

空桑仙子暗叹了一口气，伸手帮她拭去泪珠，传音道："傻孩子，你别自责啦。公孙婴侯矢志报复，早已定下了周密计划，就算没有你，他也一样会找出其他人、其他法子，来劫掳龙女，打击拓拔太子的……"

她适才与公孙婴侯的"地火阳极刀"迎面对冲，经脉被震断，脏腑也险些被烈火气浪攻入，受伤极重，这么传音说了几句，便觉真气不继，顿住皱眉调息。

姑射仙子听她这般劝慰，反倒更觉脆弱难过，点了点头，泪水如断线的珍珠，一颗接一颗地滑落，耳根、双靥热辣辣地烧烫，心乱如麻。

距离她数尺之外，流沙仙子驭鸟并飞，俏丽的苹果脸上早已没了往日的甜美笑容，眉尖紧蹙，咬着唇，四下凝神扫探，心中怒恨如焚，夹杂着一阵阵的羞愤和苦楚。

这二十年来，她无一日不想着报仇雪恨，好不容易撞见这不共戴天的恶贼，谁想非但让他轻易地逃之夭夭，还险些被其重创！

四人各怀心事，默默无语，骑鸟往下方电冲而去。

穿过云层，轰鸣声震耳欲聋，无数绚丽夺目的红光炮火“嗖嗖”破空，从他们四周纵横怒射而过，朝岛下方呼啸冲落，“轰隆”连声，激撞起冲天火光。

驱鸟俯瞰，岛上火海熊熊，四处可见残垣断壁，原本恢宏壮丽而又极具层次的汤谷城，在这天雷怒火的狂轰滥炸下，已经是一片狼藉残破，迥然两异。

唯有靠着山崖石壁的那一片石堡、洞城依旧固若金汤，旌旗招展，不断有巨弩怒射出成百上千的火箭，向岛外的水族舰队还击。

触目所及，人影稀少，想必都已退守到各自的阵地中去了。但湖边、林里、道路上……横七竖八地躺了不少尸体，略一数去，竟有数百人之多。

拓拔野四下环顾，瞧不见雨师妾的踪迹，却瞧见这等惨烈的情景，怒火更甚。公孙婴侯这恶贼用心也忒歹毒，故意趁着婚礼前夕、水妖偷袭之时掳走龙女，让自己难以专心，无法两顾。若不是雨师妾牺牲自己，逼迫他做出顾全大局的决断，他只怕真会抛却一切，与公孙婴侯斗得鱼死网破。

想起雨师妾方才叮嘱的话语，他的心中又是一阵抽搐般的剧痛，不知此时此刻，她已身在何处？他蓦地收敛心神，咬牙暗想：罢了，我再往西追上数里，若赶不上那恶贼，再回来对付水妖。等到这里战局初定，立时便赶往皮母地丘，救出雨师姐姐来！

当下驭鸟回旋，朗声道：“三位仙子，你们先回汤谷城大殿疗伤，我去去就来！”

正欲驾鸟朝西，流沙仙子娇声叫道：“慢着！公孙婴侯诡计多端，常常是声东击西，虚实相济。他断然不会直接西回大荒，必是先飞东南，再迂折绕回。我陪你去将他抓回来！”

拓拔野微微一怔，心想她既与公孙婴侯有多年深仇，知根知底，当不会有错。那恶贼位列“大荒十神”，修为惊人，有她鼎力相助，总是多了几分胜算。

于是点头应诺，朝着空桑仙子姑侄作揖告别，并驾朝东南冲去。

姑射仙子原想说与他们一同前往，却什么话也说不出来。看着两人飞去如电，消失在茫茫红光、滚滚黑云之后，心中那莫名的苦楚悲戚越发强烈，想要伸手擦拭泪水，全身竟突然止不住地颤抖起来，一时间，喉中若堵，竟似连气也喘不过来了。

她自小修炼圣女之术，绝七情、断六欲，单纯如冰雪，极少为任何人、任何事流过泪水。但不知为何，此时此刻竟是悲从心来，仿佛截堵了多年的春洪陡然决堤迸流，汹汹难抑。

空桑仙子心下了然，又是怜惜又是难过，抚摩着她的肩头，想起当年情景，仿佛人物参差，更是黯然魂销，嘴角泛起一丝凄凉的微笑。

都说世事无常，却为何总是在轮回里更替变换呢？

拓拔野、流沙仙子并驾齐驱，绕过山崖，朝东南方大海急冲而去。

天海茫茫，艨艟横列，放眼望去，隐约瞧见贝阙屿的崖顶上站了一个人。拓拔野心中一紧，又是惊喜又是恨怒，驱鸟全速疾飞，“叮”的一声，天元逆刃光芒闪耀，杀气冲天，只等稍一接近，便全力猛攻。

那人似是也瞧见他了，微微一震，相距尚有数百丈时，嘿然传音笑道：“拓拔小子，你终于来了……”语音忽地一变，似是颇为惊怒失望，沉声道，“龙姑呢？你怎么带了这小妖女前来？”

当是时，海上炮火冲天乱舞，红光四闪，将那人照得历历分明。乌金丝袍，黑木面具，一双星子般闪闪发光的眸子……

“是你！”拓拔野心中一沉，甫涌起的紧张狂喜瞬间荡然无存，想起四年前是他血洗蜃楼城，今夜又率舰队炮轰汤谷，怒气上冲，喝道，“天吴老贼，你亲生妹子大婚在即，你就是这般贺喜的吗？骨肉之情尚不念及，当真连禽兽也不如！”

话音未落，忽听东北方极远处的海上传来“轰隆”一声闷响，既而又响起一阵凄厉而又诡异的怒吼声，隆隆澎湃，仿佛从海底深处传出的万千凶兽咆哮，竟将雷鸣、风暴与炮火轰鸣声尽数压过了。

拓拔野一凛，转头望去，只见极远处的海面上忽然冲起一片紫蓝色的亮光，天海俱蓝，一道赤红色的巨柱昂然矗立，直破入云，那诡异的咆哮声似乎就是从那里发出的。

水妖舰队突然爆发出连绵的欢呼，凝神细听，竟似是："烛真神光照九阴，无往不胜！""北冥神蟒一出，龙神变泥鳅！"

拓拔野心中大寒，冷汗涔涔，难道烛老妖竟亲率大军，狙击娘亲和科大侠了吗？这北冥神蟒是什么？莫非那……

念头未已，那道赤红色的巨柱忽然咆哮屈伸，斜斜扑落，赫然竟是一条大至难以想象的超级巨蟒！

流沙仙子脸色大变，心下骇然，大眼瞬也不瞬地凝视着东北方，一时间，竟连公孙婴侯也被抛之脑后了。

这些年来，她遍历大荒，见过的妖禽凶兽可谓千万计，却从来不曾见过如此巨大而又凶暴的蟒蛇。难道……难道竟如神农当年所说，世上真有那种足可遮天蔽地的怪物吗？

"轰隆！"那巨蟒咆哮入海，相隔数十里之遥，竟仍可清晰地看见那冲涌如山的狂浪，就连岛外的波涛，也似乎随之陡然跌宕起来。

众水妖欢声雷动，齐声叫道："杀了敖老娘们儿！杀了敖老娘们儿！"

拓拔野惊怒担忧，恨不能立时飞去看个究竟，却听天吴传音喝道："拓拔小子，我再给你最后一次机会，速速带着龙姑离开此地，否则烛真神一来，即便是神帝重生，你们也无逃生之机了！"

他陡然一震，才明白天吴守在此处，敢情是网开一面，让自己和雨师妾借以逃生。心潮汹涌，对他的恨怒之意竟不觉消减了几分。

但想到蜃楼城的惨烈景况，想到蟠桃会上他目睹雨师妾备受凌辱却熟视无睹的奸狠，怒火顿时又蹿了起来，哈哈大笑道："天吴老贼，你若当真挂念你的妹子，这些年来就不会任她自我折磨，更不会任她受人欺凌，沦落为烛老妖和双头老怪的娼奴了！你以为这般惺惺作态，便能抵消她这二十年所受的苦楚，就能安抚自己的良心吗？若你真有悔过之意，就立即弃暗投明，一起割下烛老妖的人头，亲自向她认错！"

天吴身子微微一僵，双目闪过羞怒愤恨之色，森然道："小子，世上让她饱受苦楚、生不如死的，只有两个人。不是我、不是烛真神，更不是禺强、禺京。除了地壑里的那个小子，就是你！若不是因为四年前她遇见你，她也不会失去一切，流落到今天这种境地。她既然为了你，甘愿以死相殉，那我就杀了你，让她彻底死了这条心！”

他黑袍鼓舞，突然冲天掠起，闪电似的急冲而来，“轰”的一声，真气鼓舞怒射，右手赫然多了一柄紫黑巨铜刀，光芒冲天爆吐，如虹霞霓彩，炫人眼目。

流沙仙子“哼”了一声，冷笑道：“拓拔小子，小心啦。他的‘朝阳古兕瑰光斩’厉害得很，未见得在断浪刀之下。”

拓拔野听到“地壑里的那个小子”，已是怒火如焚，再听到“她既然为了你，甘愿以死相殉”，心中更是悲怒欲爆，哪里还有半分忌惮？气往上冲，纵声大笑道：“天吴老贼，四年前的蜃楼城里，我便想取你项上人头，今日你送上门来，我又岂能放过？”

气涌丹田，抄足从鸟背上冲天飞起，衣袂猎猎，瞬间便掠出百丈开外。天元逆刃当空划起一道十余丈长的弧形电光，轰然怒劈，顿时与“古兕瑰光斩”撞个正着。

“轰！”气浪四散逸炸，两人齐齐一晃，翻身冲起。

拓拔野心中一凛，原以为天吴修为当在双头老祖之下，但以这一刀而论，其真气雄浑深沉，难以估测，自己竟似一直小觑了他！还不及多想，霓光耀目，寒芒又当头劈到，霎时间光芒接连爆舞，又连交了十七八刀。

两人此时俱是怒火填膺，大开大合，招招搏命，殊无躲避取巧之意。每一回合，都如天雷勾动地火，远远望去，光浪叠爆，犹如彩菊朵朵，凌空怒放。

拓拔野潜力虽然深不可测，但距离蟠桃会已有四个多月，白帝、赤松子、风伯等人输入的五行真气早已逸散大半，与当时大战双头老祖与鬼帝之时不可同日而语。

真气互撞，强弱立判，这般硬碰硬地激战了数十回合，他双臂酥麻，气息乱涌，心下越来越惊，想不到天吴真气之刚猛霸道，以至于斯！

此人在水族四神中，韬光养晦，锋芒最为收敛。在世人眼中，对烛龙更是唯唯诺诺，毕恭毕敬，仿佛只是一个庸庸碌碌的国主而已。若不是因受其宠信，大力提拔，只怕连大荒十神之位都难以挤上。岂料今番交手，才知他竟如冰山浮海，十隐其九。

拓拔野惊怒稍逝，好胜心起，渐渐将所有杂念屏除开来。抖擞精神，凝神聚气，一边奋力格挡，一边用念力感应他的破绽，伺机全力反击。

流沙仙子在一旁骑鸟观战，眼见拓拔野被天吴杀得接连飞退，险象环生，心中一凛，突然想起当年与神农聊天时，他说的那一番话来。

那次她为了报仇泄恨，抓了朝阳谷的几个水妖作为药罐，种了几百种蛊毒，却被神农制止。当日他便提到，冤家宜解不宜结，尤其朝阳谷水伯心计深沉，坚忍果勇，将来若不成大器，则必成大害。

其时天吴刚刚升为水族两大祭司之一，又新被列为十神之一，但大荒中人却都说他资质平平，不过是牺牲了其妹龙女讨好烛龙，从此才平步青云。她也以此讥笑反驳，说此人是靠着马屁和裙带才升为神位，未必胜得过自己的蛊毒，颇不以为然。

不想十七年后的今夜，目睹天吴盛怒之下毕尽全力，才始信神农所言无虚。想到他慧眼识人，苦口婆心地劝诱自己，心中又是一阵椎心刺骨般的酸楚难过，泪水险些夺眶而出。

忽听"当"的一声脆响，凝神望去，只见拓拔野右手虎口已被震裂，鲜血长流，左手单握天元逆刃，凌空左支右闪，极是凶险，心中一凛，左手伸入百香囊中，只要他少有不妙，立时相助。

"轰！轰！"当是时，只听两声惊天巨响，远处水妖舰队传出一片惊呼惨叫声，转头望去，又惊又喜，失声惊异。

水妖旗舰火炮轰鸣，竟朝着己方的一艘艨艟接连狂轰！

几在同时，另外十余艘水族巨舰也掉转火炮，朝着自家舰队骤然开火。霎时间，火焰冲天，黑烟滚滚，水族众舰自相对轰，桅断舟沉，乱作一团。

「第七章」断桅沉舟

"轰！"人面巨蛇怒吼着一头撞入东海，万里汪洋登时如炸开一般，波涛喷涌，冲天掀起数百丈高的重重巨浪。

龙神、科汗淮骑龙电冲而起，擦着巨蛇的边缘堪堪逃过，但被四周巨浪一震，仍如五岳压顶，气血乱涌，体内五脏直欲爆炸开来。护体气罩瞬时迸裂，暴雨、狂浪迎面拍扫，满脸热辣辣地生疼，几乎连眼睛都睁不开了。

还没等缓过神来，身后狂涛冲卷，又响起惊雷似的桀桀怪笑："敖丫头，龙牙侯，二位想去哪里？烛某送你们一程。"

话音未落，飓风怒啸，狂浪席天，巨蛇长尾从身后破空扬舞，微一钩卷，重重地抽打在两人身侧的波涛上……

"轰隆隆！"波涛如倾，天摇地动，青龙在悲吼声中，登时如断线风筝似的向外翻卷抛飞，两人鲜血狂喷，离空翻跌飞甩，双双摔入惊涛之中。

冰冷的海水霎时间灌入耳、鼻、口中，喉中一阵腥甜，科汗淮心中大凛，不敢有丝毫停顿，蓦地凝神聚意，气如潮汐，双脚如陀螺飞转，反身冲起，顺势抓住龙神的左手，贴着海面旋风似的迤逦电冲，瞬间便飞出数里之远。

电闪雷鸣，暴雨狂风，两人去势极快，烛龙的怪笑声却始终如在耳侧，巨尾忽如高山绝壁破海而出，忽如长堤大坝横截汪洋……所到之处，海啸狂涛，连绵万丈，饶是科汗淮二人有绝世神功，竟始终一筹莫展，奔突不出，更莫论予以反击了。

龙神刚烈好强，被烛龙这般恣意戏耍，又恼又怒，眉尖一挑，道："科大哥，这般逃避也不是办法，倒不如瞧准时机，和他拼个鱼死网破！"

科汗淮正有此意，一边凝神扫探，一边沉声传音道："蛇的致命处在于七寸，再大的蛇也不例外。妹子，我去引开烛真神的注意，一有机会，你立即驾驭青龙攻其七寸，万万不可给他一丝喘息之机。”

不等她回话，科汗淮便踏浪冲天跃起，高声道：“烛真神，你为修成这‘不死神蟒’之身，不惜堕落魔道，汲取邪灵，纵然当真千年不死，无敌天下，也不过是行尸走肉而已。眼下若迷途知返，或许还来得及……”

话音未落，海面上漩涡冲天掀卷，烛龙蛇身瞬间扶摇直上，遮住了半个夜空，巨头俯瞰，碧眼射出万丈蓝光，灼灼地瞪着他，森然长笑道：“天地无情，故能恒久不灭，要想与天地齐寿，自然就得断情绝欲，心如铁石。只要能千秋万载，君临天下，就算是行尸走肉，又有何妨？”

烛龙巨口陡然一张，“轰！”腥风鼓舞，喷出一大团黑紫色的火焰，如云蒸霞蔚，朝着科汗淮滚滚冲卷而下。

龙神失声道：“小心！”眼见他冲天飞旋，有惊无险地从漫天火光中穿掠而起，悬吊的芳心才微微一松。

科汗淮淡淡道：“烛真神既然自甘为魔，执迷不悟，科某就只好得罪了！”说罢青衣鼓舞，足底生风，竟飞起数百丈高，径直朝着那张巨脸掠去。右手碧光爆吐，绕臂飞旋，陡然冲涌为十余丈长的断浪气刀，光焰吞吐，遥遥指向烛龙右目。

烛龙哈哈狂笑，气息如飓风飚舞。被那排山倒海的气浪推压，科汗淮呼吸一窒，丹田、经脉几欲封闭，白发、青裳猎猎鼓舞，当空凝立，再也不能前进寸尺。碧气光刀滚滚扭曲，明灭不定。

龙神心如鹿撞，竟比自己亲临其境还要紧张。她心底明白，科汗淮如此冒险，乃是为了给自己制造良机，当下收敛心神，娇斥着冲天飞起，翻身骑上龙背，喝道：“科大哥，和这老妖还有什么可说的？今日不是他死，便是我亡！”

青龙夭矫腾空，咆哮卷舞，急电似的朝烛龙那如擎天巨柱的蛇身撞去。

烛龙如山岳破海垂立，参天摩云，碧绿的双眼蓦地张开，天海陡亮，两道蓝光从瞳孔中怒射而出，闪电似的交剪劈落。

“嘭！嘭！”青龙避也不避，迎面激撞在两道蓝光上，空中顿时鼓起一团绚丽的光波，气浪迸爆。

青龙发出凄烈的怒吼声，张牙舞爪，陡然朝后抛弹飞卷。龙神身子一晃，剧痛攻心，将计就计，闷哼一声，装作重伤不支，含着龙珠翻身向下摔去。

科汗淮心中大凛，只听她传音道：“科大哥，我没事。你自己万万小心！”

低头望去，只见青龙悲鸣卷舞，与她一齐飘摇坠落，转瞬间便被汹涌狂涛吞噬，消失不见。

烛龙大为得意，纵声狂笑道："米粒之珠，也敢与日月争辉！"竖目中凶光一闪，又如蓝电横空，朝着凝立不动的科汗淮怒射而来。

科汗淮气随意转，身子陡然一侧，登时被他巨口喷出的狂风吹得"呼呼"乱转，借势螺旋疾冲，瞬息之间，便从两道蓝光之间电冲而过，右足虚空一踏，翻飞冲天跃起，继续朝着烛龙巨脸冲去。

刹那之间，距那双竖长碧绿的巨目已不过数十丈之遥，科汗淮低喝一声，周身真气直冲右臂，断浪气旋碧光暴涨，如绿电破空，直刺其左目瞳孔。

老妖巨蛇之身高达万丈，坚如山岳，除了七寸之外，唯一的弱点便是双眼了。只要能将他刺瞎，其威力必大打折扣。

烛龙狂笑声中，巨口陡然收缩，狂风逆向倒冲，形成一个狂猛无比的涡旋气流，将科汗淮猛地往口内吸去！

相距甚近，科汗淮又全力冲刺，猝不及防，登时一个翻身，卷入漩涡，但他应变极快，将近老妖上唇时，蓦地大喝一声，奋起神力，右臂气旋滚滚飞冲，"哧！"翠光迸爆，深深刺入烛龙的上颚齿龈。

两人此刻虽然功力悬殊，但被他这般全力刺中，犹如大象软腭被蜜蜂猛蜇了一口，老妖也不由得吃痛狂吼。

腥血喷射，狂风鼓舞，科汗淮借势随形，从他唇齿间倒冲而出，翻身在他唇上轻轻一踩，断浪气刀又轰然斩入其"人中穴"。科汗淮趁他再度痛吼之际，迤逦飞窜，沿着他的脸颊，继续朝上急速飞掠。

烛龙巨脸大如山崖，颧骨高耸，恰好将其竖长的双眼遮住，脸颊这块区域便成了他的视野盲区。科汗淮屏息凝神，壁虎似的贴着他的颧骨寂然不动，呼吸心跳都齐齐顿止。

烛龙怒吼着旋转巨头，电光四扫，凝神感应，却始终瞧不见他的踪影，惊异狂怒，隐隐觉得有些不妙，喝道："科汗淮，滚出来！鬼鬼祟祟地躲在一旁，算什么水族英豪！"

科汗淮任他如何咆哮狂吼，只是屏息凝神，一动不动。

烛龙吼了片刻，杳无反应，低头俯瞰，茫茫大海波涛汹涌，浪花四起，除了浮沉跌宕的万千鸟兽尸体，始终见不到半个活着的人影。烛龙心中惊疑不定，难道这小子被自己无意中震死摔落，沉入海中了吗？但又隐隐觉得，科汗淮智勇双全，绝不会这般不济。

正自惊恼烦乱，眼前忽地人影一闪，碧光怒爆，右眼瞳孔陡然一阵剧疼，泪如泉涌，痛极狂吼，只听见科汗淮的声音淡淡道：“水族男儿千年荣耀，便是毁于阁下之手。你还敢妄谈什么水族英豪？像你这等有眼无珠、不识大体的奸雄，招子不要也罢。”

话音未落，烛龙左眼又是一阵剧痛，若不是他狂乱之下，恰好摇头痛吼，左眼瞳孔险些也被刺瞎了。眼前昏黑，酸疼欲死，一时间什么也看不见了，他又是惊恨，又是狂怒，辨听声息，巨头横扫，不顾一切地向科汗淮撞去。

“轰！”漫天气浪滚滚迸爆，科汗淮飞身后退，却仍闪避不及，“哗啦啦”脆响连声，肋骨、臂骨接连碎断，胸肺如爆，经脉如烧，“哇”地喷出一大口乌血，朝下笔直摔落。

当是时，忽听一声震雷咆哮，海上狂涛冲天喷涌，青龙破浪横空，堪堪将他接了个正着，接着又以迅雷不及掩耳之势，重重地一头撞入人头巨蛇的七寸之处！

烛龙此刻右眼已盲，左眼又鲜血长流，痛极如狂，视野一片模糊。等到他觉察到杀气袭来，为时晚矣，剧痛攻心，巨大的蛇身陡然躬起，鲜血激射，发出震天彻地的狂吼怒号。

龙神不给他丝毫转圜之机，骑在青龙背脊，抱紧科汗淮，口中疾念法诀，龙珠飞转。

青龙当空咆哮盘旋，接连横尾怒撞，狂风暴雨似的猛击那人头巨蛇的七寸之处，每一下都激起数十丈高的绚光气浪。

烛龙蛇身虽然巨如山岳，但被它这般接连重击要害，椎骨迸裂，痛不可遏，狂吼飞甩，偏偏目不视物，青龙又如跗骨之疽，长尾无法将其击中。狂乱之下，破空飞起，团团乱转。

霎时间，大浪滔天，整个夜空都似乎被那盘蜷的巨蛇遮住了，黑云低低地压着海面，在它周侧汹汹奔腾，闪电接连亮起，雷声滚滚，和它狂烈咆哮声交相呼应，直传达到百里之外……

汤谷外的海面上，波涛汹涌，火光冲天，朝阳谷的众舰乱作一团，彼此猛烈对轰，空中纵横闪耀着无数绚丽的火弹，撞击在船舰上、浪涛里，断板横飞，血肉激射，到处都是熊熊火焰，景况惨烈万状。

炮火声轰鸣，雷声震耳，夹杂着风浪声、号鼓声、呐喊厮杀声，以及远处那诡异凶暴的巨蛇咆哮声，整个海面像是煮锅沸鼎，嘈杂得什么也听不清了。

拓拔野和流沙仙子对望一眼，又惊又喜，不知道究竟发生了什么事情。凝神望去，只见敌方主舰上突然冲起一道耀眼的碧光，轰然怒斩在桅杆上，主桅“哗啦啦”一阵脆响，登时断折倾倒，惊呼声四起。

“蚩尤！”拓拔野一眼认出苗刀气芒，大喜过望，原来是这鱿鱼！不知他使了什么手段，竟能使得水妖自相残杀？

天吴惊怒交迸，无心恋战，蓦地冲天掠起，抄空踏风，朝主舰飞去。

拓拔野今夜的烦闷悲郁之气大为消解，高声笑道：“天吴老儿，打不过就想跑吗？来来来，再和你拓拔爷爷大战三百回合！”说罢驾鸟飞冲，和流沙仙子并肩追去。

火弹纵横，炎风扑面，厮杀呐喊声越来越近。放眼望去，火海漫漫，红光倒映，战舰上到处都是纷乱的人影，水妖发了狂似的互相冲杀，不断有人惨叫着跌落水中。

两人飞身落到主舰船头，太阳乌怪鸣着冲下，扑翅踏步，守护左右，几个水妖刚冲上前来，还不等拓拔野动手，已被它们挥舞巨翅，打得惨叫横飞。

流沙仙子凝神探扫地上的尸首，心下登时了然，咯咯笑道：“我道是什么，原来是九尾狐的‘魂语虫’。可惜这蛊虫寿命极短，又只能在北海冰寒之地生存……拓拔小子，你要想趁火打劫，可就得赶紧啦，再过半个时辰，这些水妖就要醒过神来了。”

拓拔野隐隐之中也已料到必是晏紫苏的功劳，哈哈一笑，道：“对付这些水妖，半个时辰还不够吗？更何况……”原想说“更何况还有仙子在此相助呢”，心念一动，瞟了她一眼，咳嗽一声，改口叹道，“世人都说大荒十大妖女之中，仙子蛊毒无双，排名第二，晏国主只能屈居第三。但经此一役，只怕这排行要倒过来啦……”

流沙仙子白了他一眼，啐道：“臭小子，想求姐姐帮忙便直说，少使这激将之法。若是本仙子出手，这些水妖早死绝啦，还需要用这不入流的蛊虫吗？”说罢举起斑斓玉兕角，仰头呜呜地吹将起来。

只听“咻咻”激响，从她腰间百香囊中飞出许多细小如糜的青色虫子来，嗡嗡振翅，盘旋俯冲到四周的尸体上，顷刻间腥臭扑鼻，荧光闪烁，似是产下了众多亮晶晶的虫卵。

过不片刻，那万千虫卵纷纷孵化开来，变成无数细不可辨的幼虫，在尸体血肉中蠕动爬行，急速长大，很快便长出翅翼，冲天飞起，落到其他尸体上，产卵孵化。

如此循环往复，不过一盏茶的工夫，怪虫数目便增加了几百倍，漫天嗡嗡乱舞，如绿云似的在主舰船顶盘旋，忽然四下冲散，随着兕角的节奏，朝着周围的战舰滚滚冲去。

数十名水族将士从艄楼奔出，瞧见拓拔野二人，纷纷怒吼着围冲而来，还不等接近，空中碧虫便轰然冲下。惨呼惊叫声登时大作，众水妖无不抛丢兵器，狂乱地挠抓着全身，接二连三地倒在地上，抱蜷一团，簌簌发抖。

眼见片刻之间，这几十名水妖便口吐白沫，七窍流血，周身化为僵紫，拓拔野心中不由得大凛。

蛊毒乃双刃利剑，虽能杀敌，却亦自伤。魂语虫寿命短暂倒也罢了，此战之后，这些霸道至极的毒虫若继续留存于海上，对龙族、汤谷群雄实是大患。

流沙仙子似是瞧出他心中所思，嫣然一笑，摇头叹息道："傻小子，神农送你《百草注》，可真是明珠暗投了。五行水生木，这'玄水碧木蚁'只能寄生在水族的人、兽身上，一旦繁衍太快，又会自焚为火，死得干干净净，绝不会给你留下半点麻烦的。"

被她这般一语道破，拓拔野反倒有些不好意思，微笑道："好姐姐，是我多虑啦……"

话音未落，"嘭"的一声震响，光焰刺目。循声望去，只见两道人影从艉楼上飞冲而起，碧光怒舞，绚芒如虹，绕着桅杆回旋激斗，被横飞的气浪所激，桅帆陡然鼓起，船身剧摇。

众水妖从两翼甲板奔出，仰头观望，惊呼声不绝。

太阳乌引颈欢鸣，甚是兴奋。拓拔野定睛一看，愕然惊讶，既而忍俊不禁，哈哈大笑。

那激战的二人俱戴着黑木面具，身着乌金长袍，乍一看去，分不清哪一个才是天吴。但左下方那人手中所握的乃是一柄弯弯曲曲的青铜长刀，刀法大开大合，气芒雄浑凛冽，极尽刚猛霸道，令人望而生畏。

普天之下，除了蜃楼城少城主、羽青帝传人蚩尤，又会是谁？

原来蚩尤经晏紫苏妙手点拨之后，乔化为天吴，又以“魂语虫”控制朝阳谷众将心志，来个借刀杀人、坐山观虎斗。

在“魂语虫”的作用下，修为最弱的几位水族大将受晏紫苏意念驱使，率先指使本舰朝邻近的战舰发动猛攻。水族军法森严，众兵士虽然不明所以，但都不敢抗命，只好遵命掉转炮口，朝己方舰队开火。

其他舰将或是受蛊虫所惑，或是以为彼舰已受敌方控制，稀里糊涂之下，纷纷予以反击。于是炮火齐鸣，自相轰炸，便有了适才混乱的一幕。

天吴冲回主舰，正好与乔扮成自己的蚩尤撞个正着，仇人相见，分外眼红，立即交手激斗起来。

主舰上的水妖众将士瞧见两个天吴，才知中计，纷纷吹号呐喊，示意各舰停止自相残杀，但此刻炮火声轰鸣，各舰都已杀红了眼，又哪里听得清？几颗火弹轰来，主舰桅断舱炸，死伤一片，水妖纷纷惊怒逃散，局势更为混乱。

拓拔野心下大快，飞身急掠，一掌将船上的号令官打得瘫如烂泥，夺过他手中的玄龙长角，仰天长吹。

号角声激越急促，破空凌云，汤谷岛上登时号鼓齐鸣，如潮般的欢呼呐喊声交相呼应。

“轰！”一颗巨大的火石从礁崖暗堡里怒射冲天，急速破风飞舞，摩擦之下，“哧哧”连声，登时燃烧起刺目火焰，犹如流星陨石，雷霆万钧地撞入水妖巨舰。

轰然震响，战舰的艏楼登时被砸塌迸裂，火焰冲舞，瞬间弥漫开来。水妖惊呼惨叫着踉跄奔出，浑身着火，胡乱扑打，纷纷往海中跳去。

几在同时，轰隆之声连绵不绝，数百颗巨火石在暗堡投石机的抛射下，密集划空撞落，摧枯拉朽，冲起漫漫火光。

此时的水妖众舰距离岸边已不过百来丈的距离，已在岛上火力的射程之内，舰队自身又群龙无首，乱作一团，被汤谷火石这般狂轰猛砸，竟无丝毫躲避、抵挡之力，俨然成了现成的靶子。

汤谷上欢呼、呐喊声如雷响彻，士气大振，群雄纷纷从藏身处冲了出来，一边朝岸边奔跑，一边弯弓怒射，箭矢如雨，纵横破空，夹带着漫天星点火光，朝着水妖舰队冲落。

“嗖嗖”之声不绝于耳，万箭缤纷，或是没入船板、桅杆，燃起熊熊火焰；或是穿入水妖身体，惨叫声不断。片刻之间，便有数百人被活活钉死在甲板上。

水族众舰乱作一团，舰将受蛊毒控制，仍是下令朝己方战舰开火，众兵士惊疑骇异，无所适从，只好各自为战，胡乱地朝汤谷岛上开炮。

过了片刻，岛上的箭石稍稍止歇。众水妖惊魂未定，又听号角声四起，鼓声密奏，十几艘巨大的扶桑木战舰从“藏日湾”内疾驶而出，白帆猎猎，破浪如飞。

“嘭嘭”连声，还不等水妖转向应战，扶桑舰船头尖锐的玄冰铁矛业已接二连三，重重撞入水族战舰的侧舷，顿时将彼等掀得剧烈摇摆，浪涛怒卷，从豁开的大洞轰然涌入。

汤谷岛上，群雄呐喊如雷，潮水似的涌到岸边，跳落早已准备好的小舟，十人一组，齐力划桨疾驶，朝着水族舰队冲去。

“开炮！开炮！”水妖将士声嘶力竭地叫喊着，炮火凌乱轰鸣，撞入海中，冲起重重大浪，十几艘小船登时被推翻掀沉。

但更多的小舟却如离弦之箭，穿波逐浪，四面飞冲而来。

与此同时，十一艘扶桑巨舰横冲直撞，如虎入狼群，居高临下凶猛地撞击着水族艨艟。这些水族巨舰虽然都是以坚逾铜铁的木材所制，但在坚不可摧的扶桑木与玄冰铁前，仍是难以抵挡。

顷刻间，便有三艘水族艨艟被撞得千疮百孔，底舱内灌满了海水，缓缓朝下沉去。水族战舰的炮火狂乱地轰炸在扶桑舰上，虽也撞出不少凹洞，却无关痛痒。

船舰互相碰撞，紧紧相抵，汤谷将士怒吼着冲跃而下，刀光如雪，枪戈纵横，开始极为惨烈的肉搏血战。

那些沉藏在海里的潜水船也已绕过下方那密布交错的“北海龙筋网”，冲到战舰之间的罅隙内，浮出水面。众战士或是以铁矛撞击敌舰舱板，猫腰钻入裂洞；或是咬着长刀向上攀爬，翻身跃入，给猝不及防的水妖以迎头痛击。

水族战舰的甲板上人影纷乱，到处都在浴血混战，那些炮兵再也无暇点燃火引，纷纷拔刀操枪，被迫与冲涌而来的汤谷豪雄激斗作一团。

水族舰队的威力便在于这数百门大炮，一旦炮火难鸣，短兵交接，便殊无优势可言。

汤谷军每一个都是桀骜凶暴、以一当十的狂徒，今夜在水族凶猛火力的狂轰偷袭之下，伤亡惨重，早已憋了一肚子的怒火，此刻一旦汹汹爆发，杀声震天，士气惊人。

数之不尽的将士怒吼着从扶桑巨舰、潜水船、小舟……冲上水族战舰，挥刀就砍，大开杀戒。朝阳谷的将士虽然训练有素，颇为骁勇善战，但遇到这群凶狂不要命的暴徒，气势早就馁了大半，交战片刻，便被杀得落花流水、魂飞魄散，纷纷向后狼狈逃窜。

看着汤谷军怒潮似的层层卷上水族众舰，高歌猛进，所向披靡，拓拔野心中畅快至极，恨不能大声啸歌。

但想到此处虽已胜券在握，龙神、科汗淮却吉凶未卜，雨师妾更是生死难测，心中的喜悦登时又转为黯然恨怒。

转眸望去，蚩尤与天吴犹自凌空回旋激斗，已被他压制下风，颇为凶险，怒火又起，当下扬眉道："仙子，这里就交给你啦。我去助鲋鱼一臂之力！"说罢纵声长啸，横握天元逆刃，急电似的朝着天吴冲去。

流沙仙子恍然不觉，呜呜地吹奏着斑斓玉兕角，成千上万的"玄水碧木蚁"如漫漫绿云，随其节奏滚滚奔腾，所到之处，水族将士无不惨叫抽搐，蜷缩暴死。

漫天火光之中，人影纷乱，唯有她动也不动，翩然俏立船头，衣裙如飞，细辫乱舞。黑白分明的双眸痴痴地凝视着拓拔野夭矫如飞的身影，不知何以，又渐渐地与神农的背影幻化重叠，合在一起，看不分明了……心中剧痛如割，泪水盈眶，号角声陡然低回跌宕，如泣如诉。

人头巨蛇盘蜷飞旋，越转越快，远远望去，就像是一个赤红的盘蟒巨柱，矗立于天海之间。海上惊涛怒旋，在它四周荡漾开方圆数十里的漩涡，巨浪重重离心飞甩，壮观至极。

龙神被困在盘舞的蛇身中央，仿佛置身于巨井，冲突不出，心中暗觉不妙。她忽听一声震耳狂吼，气血翻涌，抬头望去，黑云滚滚，烛龙那张巨脸狂怒地俯瞰着自己，右眼鲜血淋漓，左眼蓝光闪耀，在闪电的照耀下，说不出地狰狞凶怖。

龙神大凛，知道它已察觉到了自己的所在，当下抱紧科汗淮，急念法诀，驭龙朝下方电冲而去。

烛龙纵声狂吼，巨大的蛇身陡然盘绞收缩。

狂风扑面，龙神眼前一黑，喉中腥甜乱涌，周身仿佛被无形气浪寸寸钳铰，五脏六腑都似挤到了一起，大骇之下，蓦地疾念“天涯咫尺诀”，驾乘青龙，狂飙似的冲落海中。

烛龙咆哮如雷，蛇身倏然绞紧，龙神去势如电，堪堪擦着边缘急冲而出，但仓促之下，仍被蛇尾轰然扫中。

“嘭！”龙神眼前昏黑，鲜血狂喷，奇经八脉尽数被震断，被那山崩海啸似的气浪撞得冲天抛飞，摔入百丈开外的冰冷海水，霎时间胸肺如爆，天旋地转，什么也感觉不到了，下意识地蜷身抱紧科汗淮，悠悠朝下沉去……

青龙悲怒地张牙舞爪，嘶吼摇甩，半身却被烛龙死死绞住，不得挣脱，再被那横扫而来的巨大蛇尾当头击中，顿时悲鸣炸射，碧光乱舞，瞬间化为二十余艘青龙战舰横空飞甩，重重撞落于海波，跌宕沉浮。

主舰船舱内，“乒乓”乱撞，惊呼声四起，六侯爷迷迷糊糊只听见一个轻柔的少女声音哭叫道：“姥姥！姥姥！”心中一凛：真珠姑娘！

他陡然睁开眼睛，刚想起身，后背剧痛如裂，仿佛被巨力猛然撕扯开来，“啊”地失声痛吟，汗珠涔涔而下，重又跌坐而下。凝神扫望，这才发现自己遍体鳞伤，半躺在龙椅上，周身火烧火燎，稍一动弹，便是椎心刺痛。

过了片刻，他意识渐渐清明，想起方才自己冲上桅顶指挥众舰，被水妖炮火结结实实地击中后背，若不是自己修为尚可，此刻只怕早已坐在鬼王殿里了。

船身剧晃，舱内人声嘈杂，乱作一团。真珠的哭泣声听在他的耳中，却极为分明。他心中大急，循声张望，叫道：“真珠姑娘，怎么了？”

真珠听见他的声音，更加难过，抱着人鱼姥姥，哭道：“侯爷，姥姥她……她死啦！”

六侯爷蓦地一咬牙，忍痛坐起来，只见真珠跪坐在角落，清丽的脸上泪珠纵横，哭得哀哀切切，犹如梨花带雨。人鱼姥姥躺在她的怀里，双目圆睁，嘴角鲜血横溢，果然已死。

哥澜椎等人围护在她周围，眼见六侯爷起身，纷纷上前将他扶住，满脸都是悲怒骇惧的神色，惨然道：“侯爷，咱们败啦！青龙封印被烛老妖破了，陛下……陛下和科大侠重伤落海，生死未卜……”当下以最快的速度，将方才发生过的事情简单扼要地陈述了一遍。

六侯爷心中大寒，背上凉飕飕的全是冷汗。饶是他向来玩世不恭，毫无畏惧，此时此刻，也不禁第一次感到了莫名的恐惧和绝望。

眼见龙族众将颓然骇怒，不知所措地望着自己，再看看盘蜷在地，哭得极为伤心的真珠，他心里的恐惧稍纵即逝，迅即被熊熊怒火所取代，猛地一拍桌案，喝道："谁说我们败了？龙族男儿许死不许败，只有被斩断的头，没有跪下的膝！"

六侯爷嬉皮笑脸惯了，突然被他这般雷霆一喝，众人心中都是大震，鸦雀无声。就连真珠也止住哭泣，怯生生地凝视着他，泪珠不住地在眼眶里打转。

六侯爷手掌击在案上，热辣辣地生疼，但怒火胆气却倍增蹿高，他环顾众人，高声傲然道："龙族横行东海千余年，什么风浪没有见识过！八百年前，龙神率六千英豪赤手空拳，大败青帝三万大军；六百年前，敖大将军孤身大战火族四仙九真，力竭而死；三百年前，四大长老领七千妇孺，和水妖三大军团狭路相逢，血战到最后一个童子……"

他说的这每一个战役，都是龙族史上至为惨烈悲壮的故事，在这生死存亡的时刻听来，更如风雷并吼，让人心潮激荡。众将士无不悚然动容，心中的绝望骇惧都渐渐转化为熊熊怒火。

六侯爷森然道："大丈夫生于太平之世，但求逍遥自在，平安喜乐；生于乱世，但求轰轰烈烈，生荣死哀。只要不负此生，就算挫骨扬灰，死亦何憾！"

他顿了顿，目中怒火欲喷，一字字地道："大敌当前，正是我辈效仿列祖先贤，流芳百世之时，谁再敢轻言失败，临阵畏缩，我敖越云第一个杀了他，祭我龙族大旗！"说到最后一句时，他猛地一掌击下，气浪迸爆，顿时将石桌震得粉碎。

龙族众将士热血上冲，豪情激涌，纷纷齐声大吼："愿听侯爷命令，誓死一战！"士气大振，声如雷霆回荡。

真珠怔怔地凝视着六侯爷，仿佛第一次认识他一般，呼吸窒堵，脸上莫名地一阵阵烧烫。一时间，姥姥新亡的悲伤、船外咆哮的风暴……竟似全都感觉不到了。

当是时，"嘭"的一声震响，船身不知又撞到了什么，剧烈摇荡，众人转头往舷窗外望去，只见惊涛四涌的海上，雷鸣电闪，那巨大的人头赤蛇悲鸣怒吼，突然折身冲落于海中。

轰隆声连震，巨蛇张口咆哮，一艘艘水族巨舰从它口中冲天飞舞而出，有惊无险地撞落在海面上，弥散开来。片刻之间，漫漫汪洋中又多了数百艘水族的战舰。

众将又惊又怒，纷纷大骂："他奶奶的紫菜鱼皮，烛老妖折腾完了，这帮水妖龟孙子便来捡现成便宜。"说罢摩拳擦掌，便欲与之决一死战。

烛龙似极为痛苦狂暴，在上空咆哮翻腾了一会儿，陡然冲入海中，掀起冲天狂涛，消失不见了。

六侯爷微微一愣，又惊又喜，嘿然冷笑道："妙极！陛下和科大侠虽然受了些伤，却也将烛老妖打得大伤元气！嘿嘿，七寸之处既断，想要再这般逞凶，也没可能了。来人，摇旗传令各舰，趁着水族舰队阵形未定，火速前进，和他们短兵相接，拼个你死我活！"

众将哄然领命，各奔其位。几个旗手一起吃力地转动大旗绞盘，青龙旗登时从主舰上徐徐升起，猎猎招展。

旗帜上上下下地升降了几次，附近的龙族战舰心领神会，纷纷掉转船头，朝最近的水族战舰冲去。

大战一触即发。

号角激吹，大帆猎猎，水妖舰队似是看透了六侯爷的计划，不与龙族近距离交锋，纷纷朝后撤退。

水族船舰基本完好，航行速度远胜于眼下残败不堪的龙族众舰，不到片刻，便远远地将龙族舰队抛之身后。

两军相距近一里之时，水妖众舰这才又纷纷掉转船头，围成弧形长线，向着龙族众舰再度包拢。

"轰！轰！轰！"数百尊铜炮同时开火，火光纵横喷吐，朝着四散跌宕的青龙船舰围合猛攻。

霎时间，桅杆飞炸，船舱迸裂，几艘距离最近的龙族战舰已被轰得支离破碎，惨不忍睹。

龙族群雄惊怒愤懑，却一筹莫展。以这等距离，莫说冲上前与水妖短兵交战，只怕驶不到半里之内，已经片甲不存了。但若要掉头撤退，速度又比不过水妖众舰，被他们追着狂轰滥炸，更加不堪。

眼看进也不是、退也不是，众人心急如焚，所有的目光纷纷凝集在了六侯爷身上。

六侯爷怒火熊熊，思绪飞转，突然灵光一闪，沉声道："传令各舰，斩断所有桅杆，原地待命，就算战至最后一兵一卒，也要和这帮水妖拼个鱼死网破！"

「第八章」 大宗双龙

拓拔野纵声长笑，绕过桅杆，骑鸟急冲而下，天元逆刃银光奔泻，朝着天吴当头怒斩。

天吴旋身挥刀，霓虹流舞，“当！”紫光爆射，气浪轰然鼓舞，登时将拓拔野连人带鸟震得盘旋飞退，他自己亦是真气一滞，身形微晃。

蚩尤精神大振，扬眉喝道：“乌贼，看看今夜谁能喝到老龟汤！”浑身真气怒爆，将黑木面具、乌金长衫轰然震散，露出原形真身。苗刀碧光冲天爆舞，风雷激吼，朝着天吴急攻电斩。

当年二人在东海之时，常常合力斗海兽为戏，约定谁能先将凶兽杀死，便为胜者，当夜纤纤所熬的老龟汤就归其喝。只是纤纤偏爱拓拔野，纵然蚩尤取胜，也每每偷留一大碗龟汤，趁他不注意，悄悄灌到拓拔野嘴里。

此刻听蚩尤提及，拓拔野心潮激荡，恍如隔世，哈哈一笑道：“可惜这东海里的老龟都给我们吃得差不多啦，今晚只好勉为其难，喝这朝阳老龟的汤了。”说罢飞身冲掠，剑光滔滔若银河，连绵不绝。

四年多来，两人并肩合战，也不知杀了多少凶暴海兽，默契极深，有时甚至连眼神也无须暗示，便对彼此意图心领神会，做出天衣无缝的精妙配合来。此番合战这宿仇大敌，更是各施绝学，妙招纷呈，霎时间便将天吴迫得连连飞退，几无还手之力。

晏紫苏站在艉楼观望，连连拍手喝彩，喜笑颜开。

与她遥遥相对的船头，流沙仙子翘首眺望，妙目似悲非喜，悠悠往事全都涌上心头，一时连玉兕角也忘吹了。

汤谷群雄已攻上了主舰，和水族将士们在甲板各处展开激战，听到上方惊雷叠爆的震响，忍不住纷纷罢手，屏息观战，惊呼声、喝彩声、助威声接连不断。

闪电亮起，蚩尤夭矫如蛟龙，肌肉虬结，疤痕斜布的脸上，双目怒火欲喷，凛凛如天神，每一刀挥出，都如飓风狂浪，霸气十足，迫得众人呼吸窒堵。

拓拔野衣袂如飞，飘然洒落，俊秀的脸上挂着淡淡的微笑，攻守从容，同是“长生诀”，由他使来，一招一式都极为超然优雅，出尘绝俗。水族将士见了，竟也忍不住生出莫名的景慕之意。

激战了数十回合后，天吴方才渐渐稳住阵脚，开始反守为攻，但心中的惊怒却越来越甚。

这几十年来，他韬光养晦，苦修“八极大法”，不与双头老祖、西海老祖等人争锋，只盼不鸣则已、一鸣惊人。孰料今夜与这大荒新近崛起的两少年激斗，竟逼得自己不得不提前暴露隐藏了许久的实力。更令他骇怒的是，这两少年的真气竟如汪洋浩海，难以估测，饶是自己渐渐施展全力，也难以将他们压制。

刀光交接，轰然连震，天吴手中的紫黑巨铜刀又崩缺了几个小口。朝阳古兕刀虽是水族神兵的，但与苗刀和天元逆刃相比，仍是逊色不少。照这般苦斗下去，只怕再战三五百回合，朝阳古兕刀便要变成朝阳断兕刀了。

罢了！当断不断，必受其乱。生死荣辱，便由今夜了断吧！

一念及此，天吴心中杀机大作，蓦地纵声长啸，古兕瑰光斩如霓霞冲天，光芒爆卷，将二人生生震退。黑木面具后的双眸倏然变色，闪耀出淡紫色的幽光，冷冷道：“小贼，你们既要寻死，那就只好成全了。神功初成，必以血祭。我要拿你们的血，来祭我的八极之身……”

正要凝神聚气，忽听“轰”的一声巨响，波涛狂涌，一个红衣女子怀抱一人，破浪旋空冲起，摔落在一艘小舟上，船身剧烈摇晃。

汤谷群雄惊呼声迭起，纷纷飞身奔去，叫道：“科大侠！”“龙神陛下！”晏紫苏花容变色，翩然飞掠而去。

拓拔野、蚩尤心中大凛，凝神俯瞰，那人金发碧眼，神容娇媚，皱着眉，剧烈咳嗽，嘴角、衣裳上满是斑斑血迹，赫然正是龙神。科汗淮躺在她的怀中，清俊的脸容惨白如纸，双眼紧闭，气息奄奄如游丝，显然是双双受了极重的内伤。

眼见敌方修为至强的两大高手受伤，水妖无不欢声雷动，成猴子等人大怒，骂道：“烂木奶奶不开花，笑你个木耳香菇！老子拔了你的牙，割了你的舌头，看你还笑不笑得出！”

怒骂声中，汤谷群豪纷纷围冲而上，双方重新混战开来。

拓拔野心底寒意大作，普天之下，能将科汗淮和龙神齐齐打成重伤的，除了烛老妖再无旁人了。娘亲和科大侠尚且如此，青龙舰队更不堪想象！

拓拔野与蚩尤对望一眼，两人心领神会，有晏紫苏照顾，科汗淮二人一时当无大碍。当务之急，唯有趁着烛老妖尚未赶至，速战速决，将天吴等朝阳谷水妖尽快歼灭。

当下齐声长啸，真气凝聚，天元逆刃、长生刀光芒爆舞，交相旋绕，排山倒海似的朝天吴汹汹狂攻。

天吴耳郭微动，听见海面上惊涛暗涌，心内已改变了主意，冲天飞旋避过，纵声长笑道："小贼，沙土之堤，也敢挡拒黄河！烛真神光芒所照，九阴皆昼，呼吸吞吐，天下春秋，要想活命，全都跪下求饶……"

话音未落，"轰隆"巨震，海面陡然高高掀起。巨浪滔天，所有的船舰尽皆抛空飞甩，众人身不由己地直冲上天，腾云驾雾，手足乱舞，惊叫狂呼声不绝于耳。

当空蓦地响起一声狂吼，拓拔野脑中嗡地一响，双耳如痹，气息窒堵，惊骇望去，只见海上冲起一条巨大得难以想象的人头赤蛇，如红山截海，巨柱擎天，就连汤谷的扶桑巨树与它相比，也仿佛成了细柳瘦杨。

众人惊呼大叫，纷纷从半空摔落于汹涌狂涛，慌不迭地爬上跌宕沉浮的巨舰小舟，抬头仰望着那狰狞狂暴的巨蛇人脸，惊怖骇异，仿佛置身于梦魇。

那些原已溃败惶乱的朝阳谷水师却像是见到了救星，欢呼呐喊，如雷震耳。

烛龙怒吼腾舞，蓦地低下头来，狰狞的巨脸挡住了大半个天空，右眼黑漆漆的如巨大的凹洞，鲜血淋漓，左眼竖长微凸，蓝光如电，照得海上亮紫如昼。他张开巨口，长信跳跃，喉中发出低沉愤怒的吼声，遍海搜寻着什么。

拓拔野大凛，知道这老妖眼伤必是拜科汗淮与龙神所赐，他大老远追到这里，自是为了报仇雪恨而来，当下和蚩尤一齐驾鸟电冲，朝着科汗淮二人所在的小舟抄掠而去。

几在同时，烛龙也已发现了目标，独目凶光爆闪，嘶声暴吼，巨尾破海飞甩，掀带着狂风巨浪，朝着那小舟猛砸而下！

晏紫苏眼见不妙，双手提起二人，翩然飞舞，鬼魅似的抢在那漫天狂风扑来之前，绕道冲掠，不偏不倚地跃上了太阳乌背，和蚩尤二人一齐驾鸟贴海疾飞，蓦地冲天怒舞。

“轰！”巨蛇长尾重重砸下，惊涛如炸，小舟登时化为齑粉，四周的船舰被那气浪所震，无不桅断舱飞，分崩离析。

巨浪波荡，艨艟倾摇，众人的惊呼声不绝，索性纷纷跳下海去。眼见烛龙势如疯魔，不分敌我，朝阳谷众兵士的得意喜悦之意登时大减，也纷纷弃船跳海，自保平安。

拓拔野骑鸟急冲，凝神扫探科汗淮、龙神二人的伤势，心中大骇。两人奇经八脉均已被震断，全身骨骼有数十处断裂，科汗淮的臂骨、肋骨已被震碎，五脏六腑均有不同程度的内伤……若非修为高强，真气护脉，早已死透了。

只是以龙神受伤之重，又怎能抱着科汗淮潜游近百里，还有气力从海中高高跃出？

情势紧急，不及多想，当下和蚩尤双双伸手护住龙神、科汗淮的心脉，将真气绵绵输入。

烛龙纵声狂吼，翻身腾舞，巨尾高高抛起，直如天塌山崩，朝着那小如蜜蜂的太阳乌轰然怒扫。

晏紫苏对这昔日的至高之主畏惧颇深，俏脸发白，不敢后视，不住地叫道：“乖鸟儿，快点飞！飞到海上去！”众太阳乌怪叫应诺，参差并舞，极速飞行。

这十日鸟乃是太古之时驮日飞行的神鸟后裔，飞行速度之快，大荒神禽中罕有可匹敌者。此刻全速疾飞，直如风行电舞，霎时间便贴着海面向东冲出了六七里。

烛龙眼伤极重，看不分明，七寸之处又被青龙接连重击，威力与灵敏度较先前早已相去甚远，巨尾接连扫空，砸在海面上，狂涛巨浪冲天喷涌，又有几艘巨舰被撞成了粉末。

众人惊叫声、大骂声此起彼伏，各自抱着浮板，在海上跌宕飘摇，听天由命。唯有天吴与流沙仙子，一个气定神闲，一个恍惚若梦，双双站在朝阳主舰上袖手旁观，仿佛眼前之事与自己决然无关。

太阳乌忽左忽右，高低俯冲，朝着东面大海急速飞掠，倒像是在故意戏耍烛龙一般，引得老妖雷霆暴怒，咆哮追来。巨尾纵横狂扫，猛击在贝阒屿上，竟将那高达万丈的石崖险峰轰然炸成了万千碎石，漫天冲散。

拓拔野、蚩尤此刻无暇他顾，凝神聚气，全力替科汗淮二人疗伤。

过不片刻，龙神微微一颤，“嘤咛”一声，睁开双眼。拓拔野大喜，连声叫道：“娘！娘！”眼眶一热，竟险些掉下泪来。

龙神碧波涣散，凝视着拓拔野，唇角荡开一丝喜悦的微笑，低声道：“臭小子，你娘又没死，红着眼睛做什么？”说罢眉头一皱，失声道，“科大哥！科大哥他怎么样了？”

蚩尤沉声道：“科大侠受伤很重，但性命无碍。只怕要再过几个时辰，才能苏醒。”

龙神容色稍宽，柳眉又是一蹙，咬牙低声道：“烛老妖那老王八蛋，竟敢把科大哥打成这样，我绝饶不了他！乖儿子，你替娘出气，好好地收拾收拾那老……”话说得太急，脸上晕红如醉，气息窒堵，难以为继。

拓拔野微微一笑，心里却是一阵难过：“在娘的心里，四海九州、六合八荒，加在一起也及不上科大侠的一根寒毛。可惜造化弄人，科大侠的心底偏偏又全被西王母占据了，不知还容不容得下她的位置？”

思忖间，身后雷霆震吼，烛龙蛇行海面，急速追到，转头望去，就像连绵山脉，迤逦海上。蛇身游处，巨浪狂涛朝着两侧冲天飞甩，在夜色中望去，仿佛两排连绵不断的巨大瀑布，声势惊人，壮观至极。

龙神“哼”了一声，低声道：“烛老妖被科大哥刺瞎了右眼，又被你娘接连重创七寸之处，现在不过是色厉内荏，强弩之末。乖儿子，你快用娘的龙珠，解开青龙封印……”

龙神忽然想起青龙舰队已被烛龙击溃，青龙魂魄虽在，但少了可寄之体，威力难免大减。要想单凭青龙之魄与烛龙的不死神蟒相斗，只怕凶多吉少。

见她蹙眉沉吟不语，拓拔野料知大概，心念一动，道：“娘，不如我解印夔牛、珊瑚独角兽……”他原想说解印出所有凶兽，和青龙一起合战烛龙，但转念又想，以自己的念力，单只御使其中一种尚有可能，但要想一齐驾驭这么多的凶兽，只怕未尽其力，反受其害。

晏紫苏眼眸忽地一亮，拍手道：“是了！不如拓拔太子将青龙合体，化为兽身！”

众人心中大跳，颇以为然。

大荒之中兽身封印无非两种，其一便如同青丘国九尾狐，因祖上获罪，而被封印入凶兽之体，成为半人半妖的异类；其二便如同眼下的烛龙，为了极大地提升自己的修为，与凶兽合体同化，自行封印。

但无论哪一种，都可将凶兽与自身的潜力激化至最大，真气、法力倍增。因此，五族中皆有不少高手甘冒奇险，寻找凶兽魂魄，合体修炼。

龙神喜色一闪即逝，蹙眉道："不成！封印兽身太过凶险，寻常神兽倒也罢了，青龙乃是太古荒外第一凶兽，即便是九百年前的翟龙神，与青龙同化合体之后，也是百受磨折，结果才会在与青帝大战时力竭而死。小野虽然略通驭兽之道，但要想仓促间和青龙合体而不互相排斥……"越想越是不妥，摇头道，"不行！实在是太危险啦。"

当是时，烛龙怒吼着腾空冲起，左眼蓝光电芒擦着众人身侧急射而过，撞击在滚滚黑云中，顿时激蹿起数十道闪电，天海陡亮。

雷鸣轰隆，老妖张开巨口接连咆哮，一团紫艳烈火合着腥风狂卷而出，刮得众人周身滚烫，衣裳猎猎鼓舞。所幸相距尚有五百余丈，炎风冲到一半，便冲散成漫天火光。

强敌当前，无暇多想，拓拔野念头急转，蓦地下定决心，扬眉道："娘，就这么办吧。与其束手待毙，倒不如拼死一搏！"

龙神眉尖一蹙，见他极是坚定，想说的话又咽了回去，心中担忧、喜慰、爱怜、恼恨……交相翻涌，叹了口气，道："臭小子不知天高地厚，由得你啦。"

当下将翟龙神所创的"青龙合体诀"一字一句地传授给拓拔野。拓拔野天资聪颖，贯通《五行谱》，又有记事珠相助，不消片刻，便将其中奥义烂熟于胸。

见他将法诀倒诵如流，毫无差误，龙神心内稍安，樱唇张启，龙珠徐徐飞旋而出，落到拓拔野面前，幻光流离四射，难以逼视。在闪电的照耀下，隐隐可以瞧见其中似有数十条小龙飞腾绕舞，想必就是历代龙神的元神了。

拓拔野收敛心神，微一张口，将龙珠缓缓吞入，喉中一滑，馨香灌脑，只觉一道温润之气洋溢胃腹，通达全身，暖洋洋的，极是舒服。

龙神凝视着他，微微一笑，淡淡道："拓拔小子，龙珠乃是龙族至高权物，珠在族在，珠亡族亡。龙珠既已授给你，从今往后，你就是当世龙神了……"

拓拔野陡然一惊，失声道："娘！"蚩尤、晏紫苏亦颇感错愕，想不到她竟会在这等生死关头授权传位。

龙神咯咯笑道："好孩子，娘当了几十年的龙神，早已厌倦啦，天天盼着能有一日了无牵挂，漂游四海。有你这么个乖儿子接位，龙族兴旺，指日可待，娘也放心了。”

她顿了顿，笑靥微敛，正容道：“古人常说‘登山志在天，绝顶不胜寒’。天下帝王在登位之前，大多雄心壮志，关怀社稷百姓，但是一旦权柄在手，昔日的抱负雄图往往成了保全王位的狭隘私心。娘知道你宅心仁厚，正直善良，绝非奸恶自私之辈，只盼你能一直记住当日和娘初见之时，在龙宫说的那一番话，记住当年神帝的临终所托，保持赤子之心，中兴龙族，造福天下。”

龙神与拓拔野虽非血亲，然而情同母子，彼此之间极是亲昵，说起话来也常常毫无顾忌，听在旁人耳中，甚至有打情骂俏之嫌。但却从未有如此刻这般凝肃，语重心长。

拓拔野心中大凛，肃然道：“娘请放心，儿臣绝不辜负所托，誓将竭心尽力，率领龙族打败水妖，还天下太平，还东海安宁……”

话音未落，只听烛龙纵声怒笑道：“僵死之虫，犹言春风！臭小子死到临头，还敢在此胡言乱语！”

黑云崩散，腥风怒啸，老妖不知何时已悄然追至，那巨大的人脸突然从左上方电冲而出，獠牙森森，长信跳跃，又是一大团烈火喷涌而出。

蚩尤大喝着挥舞苗刀，碧光汹汹，登时将炎风火浪震得冲天倒涌。众太阳乌欢声怪鸣，扭头扑翅，恋恋不舍地看了看那紫红色的漫天火焰，盘旋俯冲，继续朝下方急速飞去。

拓拔野凝神于珠，急念法诀。通体青透，脏腑俱现，龙珠在丹田内越转越快，翠绿的真气在周身经脉滚滚浮动，过不多时，“呼”的一声，头顶冲起万道碧光，宛如无数青龙咆哮冲天。

拓拔野耳中隆隆作响，隐约听见雷鸣般的龙啸声，丹田内的热气越来越盛，仿佛有一条蛟龙藏身于体内，直欲破体冲出……“哧哧”激响，衣裳迸裂，皮肤碧光晃动，陡然幻化为万千龙鳞，头顶微微一痛，竟长出两只粗硬锐利的龙角来！

蚩尤又是惊喜又是骇异，怔怔地看着他，说不出话来。

拓拔野周身急剧裂变，片刻之间便由八尺男儿变成了一条长达百丈的巨型青龙！陡然冲天飞舞，咆哮腾卷，青光四射。

龙神咯咯大笑，残余的些许担忧早已被喜悦、骄傲所替代，高声叫道：“乖儿子，快快攻他七寸之处，宰了烛老妖，拿他的蛇胆给你娘下酒！”

拓拔野哈哈大笑，甫一出口，却化成了激越龙啸，龙身飞腾，张牙舞爪，朝着横亘于头顶的巨蛇全速猛扑。

烛龙咆哮俯冲而下，巨尾怒扫，拓拔野灵活地腾身避让，旋身转向，仍然直冲其七寸之处。彼此身形相差甚巨，远远望去，倒像是一条蚯蚓与赤链蛇在缠斗一般，惊险万状。

光浪激爆，云崩雾散，一龙一蛇当下在空中游走激斗起来。闪电亮起时，或见龙头，或见蛇尾，震吼撞击之声回荡千里，就连雷声也被彻底盖过。

远处汤谷岛上站满了人，男女老少，尽皆仰首东眺；岛湾中残舟沉浮，浮板跌宕，群雄浸身于冰冷的海水里，亦都屏息凝神，观望这壮丽而罕见的奇景，浑然忘了继续战斗。

人头巨蛇虽已受了重伤，腾挪回旋不太灵便，但每一击都雷霆万钧，势若山崩。虽身在百丈高空，气浪所激，下方海面仍是惊涛炸涌，大浪奔腾，波荡出数十里远。

青龙夭矫飞舞，每每从巨蛇的长尾下穿过，轰然撞击在其七寸之上，立时打得它蜷身痛吼；偶尔失手，被其巨尾扫中，登时青光爆散，飞跌出数百丈外。每一回合的交锋，都引起远处如潮的惊呼呐喊。

蚩尤骑鸟观战，心焦如焚，好几次想要拔刀助阵，都被晏紫苏紧紧拽住。

龙神瞟了一眼兀自昏迷不醒的科汗淮，心中大痛，咯咯一笑，道："乔小子，你觉得自己比之断浪刀如何？除非你能再变作一条青龙，否则这般前去，只是白白送死，徒然让你的媳妇伤心。"

蚩尤虽知她所言有理，但眼见着至亲如手足的好友，孤身独战宿敌，险象环生，自己实是无论如何也难以袖手旁观。心中气怒焦急，手上青筋直暴。目光扫处，远远地瞧见那高耸入云的扶桑巨树，心中一动，突然想起当日羽青帝所说的那一番话来，又惊又喜，失声道："是了！巨鳞龙！"

龙神微微一怔，不知他何以会突然提起六百年前的那条天下第一大的凶龙，蚩尤无暇解释，叫道："小苏儿，你好好照顾龙神与科大侠，我去去就来！"不等二人相问，他早已驾鸟急冲，闪电似的朝汤谷飞去。

"轰！轰！"接连两声巨响，青龙重重地撞入那人头巨蛇的七寸之处，龙角紧紧地抵住它的椎骨缝隙，将它顶得痛极狂吼，躬身飞甩。

龙神大喜，笑道："是了！就是这样！紧紧地抵着，千万别松开，小心被它反身缠住……”

话音未落，烛龙咆哮翻腾，反身飞旋急转，故技重演，将青龙团团困在中央。

龙神、晏紫苏花容齐变，连呼小心。远处的朝阳谷水师则欢声雷动。

青龙怒吼中，忽然张口咬住那巨蛇腹部，趁其痛吼收缩之际，闪电似的从蛇身缝隙之间飞冲而出，又是一记神龙摆尾，狠狠地抽打在它断裂的七寸椎骨上。

水妖欢腾之声顿时又变成了惊呼，汤谷群雄则纵声欢呼，连带着如潮的奚落怒骂。龙神惊魂甫定，眉开眼笑，将其宝贝儿子大大地夸奖了一番。

烛龙嘶声狂吼，周身红光炸射，幻化成无数凶兽扭曲尖啸的幻象，晏紫苏大凛，失声道：“糟糕！烛老妖要使出两伤法术啦！”

霎时间，漫天碧波荡开姹紫嫣红的光芒，天海尽赤，仿佛霓霞横舞。

大海惊涛喷涌，一道水柱突然滚滚飞旋，直冲苍穹，既而万浪喷舞，宛如突然冲起无数道银白、淡绿的擎天巨柱，在漫天红霞的掩映下，更显得说不出地奇诡壮丽。

“血魂水魄大法！”龙神心中一沉，又惊又怒。

这种妖法是水族中至为凶邪的两伤法术，由八百年前的水族神巫罗姬貉所创。血水交融，将体内聚集的邪魂厉魄激化至最大，威力惊天动地。只是稍有不慎，连自身的元神、精血都会被这些邪魂吞噬，万劫不复；即便成功，亦会经脉断毁，元气大伤。

烛老妖重伤躁怒之下，竟不惜使出这等凶暴妖法，以求速胜。以当下拓拔野的修为，能否挡其一击呢？

万千水柱轰然冲入巨蛇体内，光芒暴涨，天空突然变成妖艳夺目的紫红色，既而陡然一暗，变作黑紫色。

烛龙纵声咆哮，夹杂着万千猛兽的怒吼声，蛇身急速鼓舞，霎时间又胀大了几倍，赤红的鳞甲渗出一颗颗血红的汗珠。人脸飞转四顾，左眼蓝光怒爆，天海瞬时又化为了一片惨白，刺得众人泪水直涌，睁不开眼来。

拓拔野当空盘旋，被那光芒所耀，双眼忍不住微微一眯。只听狂吼声震耳，脑中轰然一响，腥风怒卷，上下四方六面袭来，刹那间，已被烛龙蛇身紧紧缠住！

他惊怒大吼，想要挣脱，却丝毫不能动弹。周身如箍，唯有青龙巨头暴露于外，抬头望去，烛龙那张巨脸正狞笑俯瞰着他，红舌跳跃，口涎如密雨，正滴滴答答地从獠牙间洒落。

龙神又是惊怒又是悔恨，猛一咬牙，想要起身相救，周身彻骨剧痛，经脉如烧，哪有半分气力？饶是晏紫苏冰雪聪明，智计百出，到了此刻，竟也是脑中空茫，六神无主。

一时间，方圆数十里海面万籁无声，时间仿佛突然凝固了。

汤谷群雄瞠目结舌，惊骇地凝望着空中，半晌说不出一句话来。就连水族众将士也被这景象所震慑，竟怔怔呆立，忘了叫好欢呼。

天吴负手站在艉楼檐顶，黑袍鼓舞，双眼灼灼闪光，神色古怪至极，也不知是喜悦、愤怒、沮丧，还是惋惜。

人群之中，唯有流沙仙子痴痴地翘首凝望，嘴角漾开一丝甜美而又凄苦的微笑，耳中隆隆地回荡着很久很久以前，那个女人恶毒而尖锐的咒语。睫毛一颤，一颗泪珠突然滑落，滴在她的脚上，冰凉透心。

世间之事，当真是冥冥之中早已注定，绝无转圜之机了吗？神农如此，就连……就连这小子也是如此？

死寂之中，忽听“轰”的一声巨响，汤谷剧震，天摇地动，海面波涛乱涌。

众人一惊，循声望去，只见那株参天摩云的扶桑巨树碧气缭绕，光芒冲射，剧烈摇摆起来。接着又听一声震耳欲聋的龙啸狂吼，扶桑碧光炸散，如水波荡漾，竟突然幻化为一条巨大的紫色巨龙！

“巨鳞龙！”龙神远远瞧见，芳心大震，突然明白蚩尤方才所说的是什么意思了！

六百年前，羽青帝威震天下，孤身大战龙族六龙。血战三天三夜，五条凶龙竟然全被他所杀，唯有最为凶暴的天下第一巨龙“巨鳞龙”逃之夭夭，再也不见踪影。

这段历史于龙族而言，可谓莫大的耻辱。所幸自此一役，羽青帝同时也销声匿迹，木族势力大减，盛极而衰，反被龙族乘机反扑，七战七捷，重新控制了东海。

与拓拔野、蚩尤相识之后，听说羽青帝将自己的元神封印入苗刀，藏于扶桑树中，龙神便隐隐猜到些大概，此刻目睹凶龙重生，才知道原来这木族圣树果然竟是由龙族神龙所化！

谁能料到木族六百年来，顶礼膜拜的圣树竟然是宿仇敌族的神兽？又有谁能料到，六百年后，羽青帝的传人竟会与巨鳞龙同化一体，解印重生？

龙神心中又是悲喜又是惊怒，想到世事无常，荒唐滑稽，忍不住咯咯大笑起来。六百年的恩仇，一夜之间竟全化作了轻烟消散。

当是时，紫光冲天，怒吼声如雷，巨鳞龙狂飙似的冲到，横空电舞，猛然扫中不死神蟒的七寸之处，趁它张口痛吼的瞬间，又一口咬住了它的咽喉，鲜血冲射。

青龙乘机腾身飞甩，挣脱而出，咆哮着张口咬住人头巨蛇的七寸之处，死死撕咬不放。

不死神蟒发出凄烈狂暴的怒吼，红光爆射，巨体“噼啪”连声，冲起万千绚芒，幻化为无数凶兽的模样，齐齐朝外冲散。

轰隆声巨震，光波漫天荡漾，巨鳞龙、青龙双双一震，朝外翻飞弹舞，略一回旋，又交错咆哮着朝那烛龙蛇身冲去……

百里外的海面上，炮火声轰鸣，天海艳红如血，激战正酣。

水族舰队浩浩荡荡地列队挺进，逐步收缩包围圈。而龙族残余的二十余艘青龙战舰桅杆尽断，四散着跌宕沉浮，早已被漫天火弹轰炸得千疮百孔。几艘较小的战舰正徐徐向下沉落。

狂风猎猎，欢呼呐喊声和着号角声、战鼓声，如潮起伏。苏柏羊齿昂首站在主舰艄楼，手握千里镜凝神远眺，清瘦的脸上忍不住露出一丝得意的微笑，心中之畅快莫以言表。

想不到号称天下第一水师的青龙舰队就这么全军覆没了，而且最终还是完败于自己之手！半年前的奇耻大辱，今夜总算得以洗雪。从今往后，八荒四海，又有谁能阻挡自己的北海水师？

但看着镜头中那始终不进不退的龙族众舰，狂喜之余，他心底隐隐又觉得有些不妥。龙族水师向来以剽悍诡变闻名天下，虽然今夜在己方数百神炮的猛轰之下，应变无措，伤亡惨重，但何以竟会自断桅杆，坐以待毙？

正觉诧异，忽听艄楼下方传来几声惨叫，既而惊呼声四起：“他奶奶的，龙族的虾兵蟹将冲上来啦！”

苏柏羊齿大凛，抢身冲到栏杆边，往下望去，“嗖！”一支青铁箭破风怒舞，擦着他的脸颊电射而过，钉在玄蛇大旗上，嗡嗡乱震。若不是他反应极快，早已被贯脑横穿，一命呜呼了。

凝神望去，只见大浪喷涌，成百上千的龙族将士怒吼着从海中跃出，冲上甲板，有条不紊地向炮台、尾舵、主舱、旗楼等重要位置发动突袭猛攻。

水族众兵正沉浸在全歼青龙舰队的喜悦里，万万没有料到龙族水师竟会从天而降，仓促间慌忙应战，登时被杀得七零八落，死伤惨重。片刻间，炮台便率先被龙族占领了。

苏柏羊齿又惊又怒，这才明白中了敌人奸计。

龙族必是算准了己方会挟火炮之勇，一味狂轰猛炸，是以索性弃船潜游，来个瞒天过海，绝地反击。水师打仗，最忌弃舟，所谓“舟在人在，舟亡人亡”，想不到此番龙族竟会做出这等截然相反的亡命招数来！

一时间，苏柏羊齿又是恚怒又是惊佩，恨恨道：“好一个壁虎断尾，金蝉脱壳！不知是哪个臭鱼烂虾想出来的……”

话音未落，只听身后一个懒洋洋的声音笑道：“正是你家敖爷爷我！”金光一闪，一杆黄金长枪朝他背心怒搠而来。

苏柏羊齿应变极快，倏地飞身冲掠，反手挥舞百节鞭，轰然与枪尖撞了个正着。手臂一震，虎口酥麻，朝外翻身飘去。

夜色苍茫，火光冲天，一个修长魁伟的金冠男子傲然长立，锦衣破裂，周身上下都是紫红的灼伤，俊美的脸上挂着玩世不恭的笑容，一双眼睛精光四射，冷冷地凝视着他，横握长枪，杀气四溢。

赫然正是素以风流名闻天下的龙族六侯爷。

「第九章」

击颅吹骨

黑云滚滚，火光冲天。从汤谷城的崖壁悬洞朝外望去，穿过艳红如火的扶桑巨树，恰好可以瞧见空中那团团激斗的一蛇二龙。

轰隆声中，气浪如漩涡巨浪似的朝外翻腾炸射，光怪陆离，仿佛变幻莫测的霓霞彩虹，壮丽奇诡，气象万千。

姑射仙子倚壁而立，怔忪不语。白衣鼓舞，玉靥在霞光掩映下娇艳如火，就连那澄澈的眼波也仿佛跳跃着火焰，与平日里那冰雪出尘、微波不惊的形象相较，竟像是截然迥异。

四周惊呼声迭起，呐喊声如潮，她却恍然不觉，妙目瞬也不瞬地凝视着空中那条夭矫咆哮的青龙，突然又想起玉屏山上的初次相识。

那时他布衣竹笛，俊秀洒落中还带着几分顽皮，只是个稚气未脱的少年浪子，就连与水族寻常的勇士相斗，也要靠着自己暗中相助，才能涉险取胜。想起当时他瞠目结舌地木立于月光下，傻傻盯视着自己的情景，心中一颤，嘴角不由得泛起一丝淡淡的微笑，也不知是酸苦，还是甜蜜。

只不过四年零半载，此情此景，如今想来竟已恍如隔世了。世事无稽，光阴似箭，他早已不再是从前的乡野少年。自从钟山重逢，倒是他屡次三番解救自己于困境，智谋勇力，都早已远胜于己。但为何自己每次观望他与强敌对战，却仍像当年一般提心吊胆，甚至比自己亲临局中更加紧张？

譬如此刻，多么想御风掠空与他并肩而战啊，就像是当日密山共斗西海老祖、章莪山交手长留仙子、昆仑顶巅大战幽天鬼帝……但是经历了今夜、经历了方才扶桑树顶的那一幕，她竟似突然失去了所有的勇气，愧疚、自责、悲苦、酸楚……翻江倒海似的在她心底翻腾，再也不敢朝他踏近一步。

或许命中注定，她只能像此刻这般置身于局外，远远地望着他，默默地因他喜、因他悲、因他哭、因他笑、因他柔肠百转，跌宕了苦乐的两极，却不能让他知道……想到这里，更是心痛如绞，脸颊如烧，似已痴了。

咫尺之外的洞口，空桑仙子端然盘坐，静静地调息养气，服食了草本汤独门秘制的神药，经脉灼烧之感好了许多，一时半刻却仍难以动弹。瞧着那石人似的动也不动、翘首凝盼的侄女，想起她刚才情难自禁的汹汹泪水，心中又是爱怜又是难过，暗自叹息不已。

拓拔野对龙女一片痴心，天下尽知。为了那容貌尽毁、被世人视若荡妇的嫱奴，他不惜驳西王母的面子，退出金族驸马竞选，甚至当着五族贵侯之面娶她为妻，甘冒其险与双头老祖生死对决……早已成为大荒的佳话。

天意弄人，偏偏让这单纯淡泊、不谙情事的小侄女对他芳心暗许，情根深种，且不说圣女之位、森严族规，也不说她恬静内敛、无欲无求的性子，即便哪一日她抛开了世俗束缚、勇敢地向拓拔野坦承心事，又换得回期许的幸福吗？难道她这一生一世，永远都要受这无望的苦痛折磨？

相比之下，当年自己不顾一切与神农相恋，虽然五族共弃，流放东海，至少还曾两情相悦，至死不渝，竟似比她要幸运得多了……

念头未已，忽听“轰”的一声裂耳巨响，伴随着狂怒暴吼，天海尽红，光芒刺目，惊涛卷起数百丈高，就连脚下的崖石也剧烈震动起来，头上土石簌簌崩落。

姑射仙子心中一凛，凝神望去，只见青龙、巨鳞龙双双撞入烛龙肚腹，蛇身金芒乱舞，鲜血激射。

汤谷群雄欢呼声方起，巨蛇肚腹突然迸裂开一个巨大的深洞，无数怪兽似的气芒怒吼着爆吐而出，远远望去，仿佛巨口森然，獠牙交错，陡然将青龙、巨鳞龙双双吞入其中！

暴雨渐止，狂风依旧，炮火轰鸣声此起彼伏。惊涛骇浪，汹涌澎湃，仿佛无数碧绿山丘连绵起伏，数百战舰跌宕沉浮，杀声震天。

数千名龙族战士怒吼着从波涛中蹿起，湿淋淋地翻身冲上了水族战舰，犹如蛟龙入海，猛虎下山，前赴后继，浴血奋战。

此时，青龙舰队的五十六艘战舰已尽数破沉，一万六千名龙族精兵也仅剩下四千之众，在归鹿山、龙芎槐等名将的率领下，分成七批，尽数攻入了水族最为庞大坚固的七艘艨艟主舰之中。

龙族素来剽勇凶悍，单兵作战能力天下无双，被水族炮火轰杀了半夜，每个人都已怒火如沸，此刻近身相搏，更是舍生忘死。两两相护，逢人就杀，直如切瓜砍柴一般。

水族每艘主力战舰上有四百余人，局部兵力寡不敌众，眼见这帮凶神恶煞潮水似的涌来，水族将士气势大馁，闻风披靡，不断地龟缩后退，有的甚至无心恋战，纷纷转身跃入大海，朝临近的船舰溯游飞逃。

顷刻之间，北海旗舰“玄龙号”便被龙族率先占领了。

班照浑身鲜血，直冲旗舰主桅，青铜大砍刀纵横飞舞，瞬间劈倒数人，怒吼道：“操你奶奶的乌龟海苔，敢到你龙爷爷家要横，老子剁了你包饺子！”

守在桅杆下的那两名旗将被他雷霆似的一声震吼，吓得肝胆欲裂，奋力挡了几合，虎口迸裂，刀枪脱手，还不及惨叫一声，已被他劈倒在地，砍得血肉模糊。

班照一脚将尸身踢飞，灵猿似的攀上桅顶，一刀将玄黑水旗斩落，左手一抖，从腰间取出卷好的大旗，紧紧地系在旗杆上，“啪”的一声，旗帜迎风打开，猎猎招展，心中喜怒如爆，昂首纵声长啸。

龙族群雄瞧见敌方旗舰升起龙族大旗，更是士气大振，高歌猛进，纷纷抢占炮台、尾舵、箭楼等要地。

几个胆大包天的龙族勇士甚至依样画葫芦，将铜球似的炮弹塞入炮膛，对准近处的敌舰点燃火引。“轰！”火光怒舞，惊涛喷涌，虽然未击中目标，却引起龙族一片欢腾。

水族舰队阵势大乱。

听见炮火轰鸣，苏柏羊齿惊怒更甚，从火族取来的三百尊紫火神炮分别安装在三十六艘艨艟巨舰上，单这旗舰，便有十六门之多，火力最为狂猛。此刻船舰上还有百余发炮弹，一旦被龙族所控，后果不堪设想！

当下奋力挡开六侯爷疾风暴雨似的长枪，扬手一鞭，将身旁奔逃退却的水族兵士打得脑浆迸飞，纵声大喝道：“斩灭龙族，便在今日！临阵脱逃者，杀无赦！”

水族军法极为严厉，犯者要么株连三族，要么生不如死。听他这般一喝，周围的百余名水族将士直如雷霆轰顶，惊魂稍定，转身大吼着朝围涌上来的龙族战士冲去。

六侯爷哈哈大笑道："龙鲸打喷嚏——好大的口气！龙族称雄东海三千年，大小血战不下万次，什么风浪没有瞧见过？就凭你们这些小泥鳅，也敢在此嚣狂！老山羊，侯爷今日不砍了你的头、祭祀死去的弟兄，誓不为人！"

强忍浑身剧痛，聚气凝神，一边嬉笑怒骂，一边全力猛攻。

东海敖越云的风流放浪之名天下尽知，因信奉"女人的价值，在于拥有她的男人"，而被视为专挖人墙脚的好色狂徒。五族王侯谈起他来都颇为鄙夷不齿，但是五族中的贵族女子念及他的名字，却无不芳心荡漾，遐想联翩。

传闻他温柔多情，慷慨豪爽，调情的花样更是层出不穷，为了心仪的女子不仅一掷千金殊不皱眉，更甘冒闯龙潭虎穴的凶险，以博美人一笑。当年便曾为了勾引木族长老文熙俊的爱妾雪嫣，不惜乔化为婢女，孤身潜入死敌府邸，花了整整三个月时间，终于赢得佳人芳心，带其私奔回东海，结果险些引起两族大战。

今夜之前，苏柏羊齿也认为他不过是一个浪荡好色的纨绔子弟，不足为惧，但此刻交锋，看着他重伤之下仍骁勇剽悍，指挥若定，才知此人胆识才具竟远在水族众将之上！

当是时，"玄龙号"上已被龙族完全占领，只有船头、主舱、船尾尚有水族将士负隅顽斗。龙族群雄在六侯爷的呼喝下，纷纷呐喊呼应，朝着主舱汹汹围攻而来。

转眼之间，百余名最为精锐的水族勇士业已伤亡近半，节节败退，围守在苏柏羊齿四周，拼死抵抗。

龙族战士欢呼着冲上炮台、箭楼，朝着周围的船舰接连开炮，发射火弩，起初还难以掌握诀窍，有些手忙脚乱，但过得片刻，炮火越发精准，连连击中敌舰，登时炸得木板横飞，惨叫声连连。

"玄龙号"至为坚固，火力、装备无不超群，四周的船舰想要围集援救，却被猛烈的炮火、弩箭攻击，纷纷转舵退避。投鼠忌器，又不敢以炮火还击，只能眼睁睁地看着龙族反客为主，蛇占鼠窝。

忽听号角长吹，鼓声密奏，成千上万的水族兵士也纷纷跃入汹涌波涛，朝着被龙族占领的巨舰潜游而去，想要登船援救。但靠近船舰，稍一露头，不是被守候在船舷的龙族将士一箭射穿头颅，便是被抛下的巨石砸中，伤亡惨重，鲜血染红了海面，一时却难以攻入。

苏柏羊齿位列“大荒十大水师大将”之三，精擅战术，法术真气却非其所长，被六侯爷这一阵狂攻，登时有些透不过气来。饶是他身经百战，眼见着船上兵败如山倒，援兵迟迟不能登入，心中惊怒之余，也不由得涌起一阵惧意。

他暗想：这些海妖果然剽悍凶狡！明知整体作战难以取胜，便来个化整为零，集中兵力，各个击破。照这等态势，只怕不等援兵登上船来，这七艘主舰便要被他们占据了！九十门火炮一旦落入其手，不知要付出何等惨重的代价，才能全歼这些海妖！

心中越想越觉可怖，蓦一咬牙：“罢了罢了，宁为玉碎，不为瓦全！今日就算葬身鲸波，也要将这些海妖斩尽杀绝！”

当下急舞百节鞭，光芒怒爆，硬生生将六侯爷逼退，左手抓起玄龙角，纵声长呼道：“各舰听令，立即集中火炮，向‘玄龙号’等七舰开火！不杀光海妖，绝不停止！”

声音如雷鸣滚滚，压过海浪狂风、炮火杀声，清清楚楚地传入每个人的耳中，众人听了无不一怔，大感意外。

六侯爷“咦”了一声，微起佩服之意，笑道：“老山羊，想不到你倒是个不怕死的硬汉子，敖某倒是看轻你啦……”

话音未落，红光怒舞，“轰！”一道炮火擦着他的身后，不偏不倚地撞入旗舰主舱，船身剧震，十余名正自混战的龙族、水族将士登时被炸得血肉横飞，舱楼崩塌，火焰熊熊高蹿。

众人惊呼声中，四周的水族战舰纷纷开炮，火光纵横怒舞，仿佛千百火蛇横空飞冲，迤逦着激撞在“玄龙号”等七艘被龙族攻占的巨舰上，顷刻间烟腾火卷，惨叫连声，有两百余人横死当场，其中大半都是龙族战士。

六侯爷怒极反笑，大声道：“弟兄们，全速前进，开炮放箭！”

龙族群雄纷纷呼应，各就其位。掌舵的掌舵、扬帆的扬帆、齐力摇桨的摇桨，“玄龙号”很快掉转方向，朝最近的一艘水族战舰冲去。紫火神炮、巨弓火弩接连齐发，箭矢、火弹密集破空，火光四起。

其余六舰也被龙族群雄所控制，尾随“玄龙号”之后，组成“人”字阵形，朝水族舰队纵深突破。

水族众舰亦随之变阵，从四周收缩围合，齐齐开炮猛攻。

一时间，炮火声轰鸣，震耳欲聋，各舰船身不断地被炮弹击中，轰然剧震，碎木断片纵横乱飞，穿入众人体内，鲜血激射，惨叫声连连。

火箭"隆隆"连声，横空飞舞，密雨似的钉在甲板上、船舱上、将士身体上……火焰飞蹿，沿着桅绳朝上蔓延，各舰旗帆很快便熊熊燃烧起来了，迎风猎猎呼卷，映红了半边夜空。

六侯爷斗志激昂，浑身的剧痛全然感觉不到了，不顾周围纵横的炮火、箭石，黄金长枪光芒怒舞，气浪如狂飙呼号，瞬时间便挑飞了三四个水族将士，逼得苏柏羊齿踉跄后退。

此刻"玄龙号"上，兀自拼死苦斗的水族士兵仅剩下不足十人，浑身鲜血，被数十名龙族勇士围逼入死角，仿佛绝望而惊怒的困兽，做着最后的反扑。

当日东海一战，龟蛇军险被青龙舰队全歼，苏柏羊齿颜面全无，虽得苟全性命，但在水族军中的威信早已大堕。今日若再弃船逃生，即便烛龙肯饶他性命，他也无颜再见北海父老了。当下也不突围，咬牙决意以死相拼，百节鞭黑光怒卷，幻化如玄蛇，与六侯爷等龙族群雄苦苦激斗。

当是时，一艘水族巨舰鼓帆摇桨，从斜前方迎面朝着"玄龙号"急速驶近。两船瞬间交错冲过，相隔不过五丈，炮火声轰鸣。

"轰！轰！"接连两声炮响，船舷飞碎，十几个龙族将士惨叫着被抛飞，就连一尊近千斤重的青铜神炮亦被炸得横空飞起，重重地摔落在甲板上，砸出一个深坑。

混乱中，只听有人惊呼叫道："小心！保护好真珠公主！"

六侯爷一凛，转头望去，只见"玄龙号"的整个艉楼被炮火炸掉了一半，烟尘滚滚，一截横梁轰然断裂，当空抛舞撞落，被哥澜椎大喝着一脚踢飞，落入海中。

最为坚固的艉舱竟已被夷为平地，真珠蜷身躲藏在哥澜椎身后，紧紧地抱着人鱼姥姥的尸体，秋波流转，泪痕未干，满脸伤心、害怕、惶惑而又迷茫的神色，楚楚动人。

苏柏羊齿瞧见他凛然关切的神色，心下了然，不及多想，大喝一声，百节鞭黑光暴涨，将两名龙族战士打得喷血飞跌，抄足飞掠，朝着真珠急冲而去。只要能抓住这人鱼，挟为人质，就不怕这风流侯爷不乖乖就范！

六侯爷御风急追，喝道："哥将守护好真珠！"说罢凝神聚气，奋力将黄金长枪怒掷而出，“呼！”金光炸射，长枪蓦地幻化为一条金龙，咆哮着扬空飞卷，朝着苏柏羊齿背心电冲而去。

哥澜椎方一回头，已然不及，眼前黑光一闪，气浪扑面，下意识地挥舞弯刀奋力抵挡，“当”的一声脆响，弯刀碎断四射，胸膛一凉，断刃业已“哧哧”没入；既而双腿又被苏柏羊齿的百节鞭扫中，腿骨尽断，剧痛攻心，重重地撞在船舱上，断木迸飞，昏迷不醒。

真珠失声道：“哥将军……”呼吸一窒，说不出话，衣领已被揪住，腾云驾雾般飞了起来。

苏柏羊齿一击得手，头也不回，挟持着真珠径直冲天飞起，百节鞭反手疾舞，陡然化为一条黑蟒，霍然飞腾缠卷，恰好将那飞冲而来的金龙紧紧缚住。

六侯爷又惊又怒，急念法诀，大喝道：“龙婴脱体！”错手分臂，那条金龙张开巨口，嘶声咆哮，金光一闪，从那巨口中又冲出一条小龙，急电似的撞入苏柏羊齿的后心。

“嘭！”气浪澎湃，鲜血冲射，苏柏羊齿陡然一震，犹自往前虚空冲了几丈，低下头，看着破出胸前的黄金龙头，清瘦的脸上闪过惊愕懊悔的神色，伸手想要拔出，嘴角突然沁出一股黑血，登时当空笔直摔落。

这“子母金龙枪”由龙神亲传，相传是一条怀胎的太古金龙所化，紧要关头，可以施展法诀，使得龙婴从母体中冲脱而出，克敌制胜。

六侯爷二十年来第一次使用此诀，便奏奇效，心中大松，飞身急冲而下，将真珠从他怀中夺出，反手正欲抽出长枪，只听脑后“哧”的一声，破风激啸，心中大凛，握紧长枪，连带着苏柏羊齿的尸体朝后横扫。

“噗！”气浪激爆，火焰喷舞，六侯爷虎口震裂，几乎把握不住。一支紫铜长箭从苏柏羊齿的胸膛贯穿而过，力势万钧，竟又硬生生地钉入了他的肩头，剧痛椎心。

六侯爷闷哼一声，抱着真珠重重地摔落在地，肩头火烧火燎，青炎跳跃，整个身体竟像是要烧将起来。

赫然正是水族“玄水白虎”独鹘的“青炎神箭”。当年他便曾因为女色，与这斯结下了深仇，想不到冤家路窄，今夜他竟也来了。

当下咬牙将那紫铜长箭奋力朝外一拔，血肉飞离，疼得他失声大叫，几欲晕厥。

“侯爷！”真珠又惊又急，从衣袖撕下半截丝帛，将他的伤口紧紧地缠绕。眼见他遍体鳞伤，到处都是瘀紫灼痕，心中难过，泪水忍不住又一颗颗地掉落。

这一夜之中，已是她第二次为自己掉泪了。六侯爷心中怦怦狂跳，若是别的女子，此刻他早已拉入怀中，大肆轻怜蜜慰。但对这娇怯温柔的人鱼，却偏偏不敢有丝毫的唐突冒犯，当下强忍剧痛，哈哈笑道：“都说鲛人的泪水遇冷凝为珠，是稀世珍宝，公主一口气便送我这么多珍珠，这下可发达啦。”

真珠忍俊不禁，破涕为笑，低声道：“侯爷几次三番救我，这番恩情也不知道要多少珍珠才能报答呢。”

六侯爷心中陡然抽紧，炮火狂轰，在他们周围不断爆炸，火光映得她的俏脸艳如红霞，他张口想要说话，胸中仿佛被强烈的痛楚和温柔所填满了，喉中若堵，呼吸如窒，半晌才听见自己沙哑的声音叹息似的道：“只要一个，只要一个真珠就够啦……”

轰隆声震耳欲聋，真珠一时没有听清，微微一怔，道：“什么？”

六侯爷心中大痛，蓦地深吸一口气，翻身跃起，哈哈大笑道：“东海汪洋九万里，只取一勺饮……”话音未落，真珠变色道：“小心！”

“轰！”又是一道炮火在他身后炸开，气浪鼓舞，六侯爷微微一晃，强忍住喉中翻涌的腥甜，朝着真珠粲然一笑，悲喜交加，心想：今夜横竖不过一死，若能为你而死，就算粉身碎骨又有何妨！

想到此处，杂念俱消，悲郁豪勇之气直冲心头，昂首纵声长啸，高亢入云，在这暗夜沧海、炮火轰隆声中听来格外慷慨激越。

龙族群雄士气高昂，热血如沸，纷纷长啸回应。一时间呼声四起，仿佛猛兽怒吼，声势颇为雄壮。

当是时，龙族所占据的七艘战舰顺风向西疾驶，横冲直撞，已如楔子般切入水族舰队之中。遥遥望去，漫海红光冲天，徐徐朝西移动。

这七艘艨艟主舰极为坚固高阔，铜炮火力又最为强猛，此时龙族将士已对火炮操作颇为娴熟，居高临下，猛轰两翼围拢上前的敌舰，杀伤力极大。半炷香的工夫，已有八九艘水族船舰被轰击得支离破碎，徐徐朝下沉落。

但水族战舰少说也有五六百艘，众寡悬殊近百倍，里三重外三重地将这七舰团团包围，越收越紧。加之装配了神炮的水族巨舰仍有二十七八艘，两百余尊火炮近距离同时围攻猛轰，威力可谓惊天动地。

“玄龙号”的右舷、主舱、后桅接连遭受重创，航行速度渐渐转慢，其余六舰亦有不同程度的毁坏，伤亡的龙族战士粗略一算已达四百多人。最后方的“神龟号”更被直接炸飞了尾舵、双桅，在原地打转，被数十艘围上前来的水族战舰猛烈围攻。

“嘭！”“玄龙号”船身剧晃，船头已然重重撞上了一艘水族战舰。

惊呼声中，那艘战舰倾摇剧荡，险些翻倒，贴着“玄龙号”侧舷擦挤而过，被炮火一通猛轰，舷舱迸炸，龙骨断折，急速朝下沉落。船上的水族将士争相跳下海去，衔刀背箭，朝着“玄龙号”游来。

龙族群雄欢呼怒吼，纷纷俯身放箭，顷刻间便射杀了百余人。

混乱中，又是“嘭”“嘭”连震，“玄龙号”的左侧舷和右船尾接连被两艘水族巨舰撞中，速度登时慢了下来。后方紧随着的龙族各舰收势不住，也接二连三地撞将上来，彼此间前后紧紧相抵，卡成了一片。

两侧围集而来的众水族战舰趁势放炮猛攻，甲板上轰然连炸，火光冲舞，龙族将士伤亡惨重，但却毫不退缩，依旧大声呐喊啸歌，朝着敌舰开炮放箭，浴血反击。

空中“呀呀”怪叫声大作，一群水族翼人呼啸着展翅飞翔，率先冲上了“玄龙号”，或挥刀俯冲，或盘旋射箭，朝着镇守在各尊铜炮边上的龙族战士突袭猛攻。

接着艉楼一阵骚乱，数十个精瘦凶恶的黑齿国蛮人骑着飞鱼、虎鲨高高跃起，挥舞着尖叉利矛，从船尾冲了上来，几个龙族卫士猝不及防，登时被尖叉捅死。

六侯爷喝道：“无耻之徒，滚你奶奶的紫菜鱼皮！”说罢长枪横扫，当先的三个黑齿蛮人当胸挨着，惨叫着从飞鱼背脊上翻身摔飞，三条飞鱼撞落在甲板上，兀自活蹦乱跳。

龙族群雄齐声呐喊，纷纷操刀迎战。哥澜椎受了重伤，只能斜靠舱舷，坐在地上，但手中弯刀纵横飞舞，鲜血四射，转眼间也斩断了七八双黑齿蛮人的赤足。

一时间，炮火声轰鸣，箭石纵横，人影缤纷闪烁，甲板上陷入一片混战。

六侯爷昂然站在真珠身侧，一边挥舞长枪，金光如蛟龙飞扬，一边大声呼喝指挥，镇定自若。在火光的掩映下，六侯爷神威凛凛，洒脱淡定，和平时那嬉皮笑脸的模样判若两人。

真珠心中怦然一动，仿佛第一次察觉这风流侯爷竟也长得颇为好看。从某些角度看来，他的神情竟有些像拓拔太子呢……呼吸一窒，突然又记起当日与拓拔野初见之时，他也是这般与水妖、黑齿蛮人激战，谈笑风生，英姿勃发……

霎时间，她心中又怦怦乱跳，温柔、酸涩、甜蜜……夹杂着淡淡的凄楚哀婉，脸颊如烧，眼前、耳边尽是他的音容笑貌，周遭混乱的景况反倒变得缥缈遥远了。

恍惚中，心乱如麻，她又想起了那时与拓拔野一行同历大荒、前往灵山的光景来。双足如割的刺疼、酸甜交掺的喜悦、莫名忐忑的期待、失落跌宕的磨折……又如潮水似的重新涌上心头，鲜明如昨。

那短暂而又漫长的日子，每一天、每一处、每一个细节，都被她珍藏于心底，像一瓮深埋的佳酿，稍一开启，便是浓郁如醉的芬芳。回到东海的半年多来，多少次午夜梦回，总会重历那壮丽河山，总会瞧见他的笑容、听见他的笑语，仿佛依旧如影随形，默默地跟随在他的身旁……

而此刻，想起当日自己不顾一切地倾吐心事，吻了他，而又哭着诀别，登时又是一阵刀绞火烙的痛楚羞赧，双颊、耳根热辣辣地烧烫难耐，恨不能钻到地底。

真珠蓦地闭上眼睛，想要将他的影像从自己的脑海里驱逐出去，但那阳光般煦暖的笑容却越来越清晰分明，漩涡似的荡漾开来，让她意乱情迷，几欲窒息……

“轰！”炮火声如轰雷震耳，几丈外的舱板被炸得粉碎，热浪逼人。

六侯爷叫道：“真珠姑娘，你没事吧？”她心中一颤，睁开眼，只见四周火苗飞蹿，朝这里急速蔓延。甲板上横七竖八地躺了许多尸体，姥姥的尸身已经被一个黑齿蛮人的断体压住了。

真珠大凛，红着脸摇了摇头，吃力地将姥姥的尸体拉了出来，重新抱在怀里，随着六侯爷朝后退去。她环首四顾，火光冲天，到处都是人影，到处都是闪耀的刀光、迸舞的气浪，晃得她眼都花了。

此刻，各舰的炮弹几乎都已用毕，就连火弩巨箭也都射得差不多了。龙族所踞的七艘战舰已被重重围困，进退不得。

遥遥望去，漫海残舟跌宕、断板浮沉，水族数百艘战舰完好无损的竟不到三成。汹涌的波涛中，浮满了尸体，大海已被染成了黑红色，在四周火光的映照下，泛着诡丽的亮紫色，宛如梦魇。

四面号角激奏，成千上万的水妖或御风飞掠，或踏浪跳跃，或骑兽飞冲，四面八方攻了上来，杀声震天，血肉飞溅，战况惨烈至极。

艉楼的巨鼓也已被炮火击碎，六侯爷的号角也已经断裂，他浑身挂彩，左腿、后背中了三箭，无暇拔出，行动迟缓了许多。但剽悍更胜从前，纵声大喝，金枪怒卷，接连挑飞了十余个围攻上前的水妖，探手从火堆中抓起一根烧得焦黑的腿骨，放到嘴边“呜呜”地吹将起来。

其时大荒流行骨笛，但大多以兽骨所制，从未有人以人的腿骨作为号角，六侯爷精通音律，吹起这“骨号”来，竟是有板有眼。声音凄厉激越，森然诡异，登时将水妖的号角声压了下去。

龙族群雄精神大振，齐声高唱起龙族战歌，在“骨号”的引领指挥下，变阵掩护，奋勇冲杀。

哥澜椎无法起身，听着那高昂狰狞的“骨号”，心有戚戚，却只能盘腿而坐，挥舞弯刀斩杀过往水妖，郁气难平，当下亦从火堆中抓起两个烧得锃亮的头颅，挥舞断骨，“咚咚”地敲打，当作战鼓。

周围的龙族将士瞧见，纷纷依样画葫芦，或是拣起地上的颅骨，或是直接割下水妖的尸首，系在腰间，一边拼死激战，一边击颅啸歌。

片刻间，“骨号”“颅鼓”之声此起彼伏，交相呼应，合着那响彻云霄的龙族战歌，声势凶厉逼人，悲壮激越。水妖虽然人数众多，但气势上反被压了下去。

眼看着水妖越来越多，潮水似的席卷而来，真珠心中的惊惶恐惧之意反倒渐渐消散了，听着那悲烈凄诡的战乐，微微泛起悲凉难过之意，黯然忖道：“想不到我就要死在这里啦。可惜死前看不见拓拔太子和雨师姐姐的婚礼了，也不知他们现在怎么样了？”

她心中刺痛，朝东南望去，漫天姹紫嫣红，说不出地瑰丽妖异，隐隐可以听见轰隆喊杀之声，想必也正在苦战之中。

真珠心潮澎湃，又是担心又是凄楚，抱紧姥姥的尸身，闭起眼，暗暗祷告道：“姥姥，你在天之灵，定要保佑拓拔太子和龙女姐姐平平安安、白头偕老，从今往后永远都快快乐乐，再不要受苦痛折磨了……”她忽然想到今夜之后，或许再无相见之期，心中大痛，泪水险些夺眶涌出。

一时间，思绪联翩，柔肠百转，想着念着的全是拓拔野的生死喜乐，但竟始终没想到求祷姥姥英灵，保佑自己平安。

当是时，忽听一阵号角声高越破云，既而“轰隆”连声，震耳欲聋。漫天红光怒舞，炮火纵横冲落，密集地击撞在水族战舰中，火焰飞腾，鬼哭狼嚎。

众人大凛，转头望去，只见东南方黑茫茫的海面上红光闪烁，不知何时出现了数十艘战舰，扬帆破浪，飞速急进，那炮火赫然便是从这些船舰中发射而出的！

双方将士又惊又疑，全都罢手止斗，忐忑观望。

又听“轰”的一声巨响，船身剧晃，前方狂涛冲涌，巨浪滔天，一条青龙、一条紫色巨龙双双冲天飞起，横空怒舞，俯头咆哮。

“青龙！”水族将士脸色大变，龙族群雄又惊又喜，呐喊狂呼。

归鹿山等见识广博的老将瞧见那紫色巨龙，更是如雷贯顶，失声道：“巨鳞龙！”万万没有想到六百年前的荒外第一巨龙竟会于今夜重现东海！

惊呼未已，那两条巨龙又已交缠环绕，怒吼着猛冲而下，长尾扫处，海面如炸，艨艟翻飞，数不尽的水妖惨叫着从空中跌落到海里。

东南方号角长吹，鼓声如雷，炮火交相轰鸣，猛烈地轰击着水族众舰，急速挺进。

众水妖惊怒骇异，不敢相信眼前所见，青龙既然重现于此，不死神蟒自是败了！但区区青龙又怎会敌得过烛龙兽身？这紫巨龙又是何方妖孽？汤谷群雄又是哪里来的紫火神炮？疑窦丛丛，云里雾中。

烛龙既败，群龙无首，就连水族最为勇悍的北海众将也斗志全消，无心恋战，阵势登时乱成一片。

青龙、紫龙当空咆哮，光芒爆舞，突然幻化成两道人影，闪电似的冲落在“玄龙号”上，并肩昂首长啸，声如惊雷，气浪滚滚。

周围的水妖肝胆尽裂，气血翻涌，纷纷惨叫着堵住双耳，溃退奔散。

“太子！太子！”“乔少城主！”龙族群雄欢呼雀跃，声如鼎沸。

真珠娇躯微微一晃，呼吸、心跳仿佛全都顿止了，痴痴地凝视着那傲立船头、英秀如初的身影，恍如梦中。

相隔两百零六日，终于又见到了他。心中剧痛、悲楚、甜蜜、喜悦……如狂潮汹涌，泪水登时模糊了眼睛。

这一瞬间，她突然明白，过去、现在、未来，她从来不曾，也永远无法将他从心底抹去。今生今世，无论她走到哪里，他注定就像自己的影子生死相随，挥之不去，哪怕在万丈深的海底，哪怕在无边无际的黑暗里……

西北方六十里外，狂风呼啸，波涛起伏，漆黑的海面上，七十余艘朝阳谷战舰正鼓帆破浪，朝北疾行。

天吴负手站在船尾，衣裳鼓舞，发丝飞扬，黑木面具后的双眸精光闪烁，眺望着极远处的漫天红光，也不知是悲是喜，是恨是怒。听见身后甲板上传来的脚步声，他耳郭微微一动，淡淡道："烛真神怎么样了？"

科沙度脸色凝肃，沉声道："奇经八脉俱已震断，没有三五个月，绝难恢复。体内的凶兽妖灵也暂时用'镇魂珠'封住了，等回到北海，召集九大巫医联手医治，或许能将所有邪魂厉魄导出体外……"

"不必了。"天吴摇了摇头，目光冰冷，淡淡道，"烛真神决意修炼不死神蟒之身，自然早已将各种变数考虑在内。我们又何必越俎代庖，自作主张？况且烛真神炼烧'本真丹'多年，便是为了今日，等他经脉恢复，这些邪灵又奈何得了他吗？"

科沙度微微一怔，点头道："神上所言极是。"说罢沉吟片刻，缓缓道，"适才烛真神走火入魔，邪灵破体，才被那两小子所乘。神上若变化八极之身，全力出击，岂不可以一举歼敌，锁定胜局？"

天吴眯起眼，凝视着东南天海之交的火光，闪过一丝讥诮般的古怪神色，半晌才一字字地森然道："池中之鱼，瓮中之鳖，早晚的事。我等了整整二十年，难道还等不起这一时半刻吗？"

「第十章」南蛮妖女

电闪雷鸣，暴雨如倾，寒风呼号着打在脸上，如冰刀铁砂，猎猎生疼。

“驾！”六个大汉呼斥鞭策，全身湿淋淋地骑着龙马，飞也似的从斜窄的山路上疾冲而过，泥泞飞溅，嶙峋山石扑面而来，好几次马蹄打滑，收势不及，险些便撞在峭壁山岩之上。

闪电亮起，山谷一片蓝紫色，前方密林深处，隐隐可以瞧见几座石屋。

当先那络腮胡子的大汉喜色浮动，叫道：“前面便是石堡村了，大伙儿到了那里再作休息……”

话音刚落，“轰”的一声，左侧山崖上的几块巨石崩落飞舞，势如雷霆，堪堪擦着马鼻前沿，重重地撞击在山路上。

污水四溅，泥浆滚滚，龙马昂首惊嘶踢蹄，险些将众大汉掀落下来。

“那是什么？”众人惊魂未定，一个大汉又指着山崖骇然失声。

抬头望去，只见一个黑黝黝的巨鸟昂然站在崖顶，一双碧幽幽的铜铃大眼凶光毕射，正冷冷地俯瞰着众人，在黑暗中看来倍觉狰狞。

众人大凛，纷纷勒缰回马，拔刀戒备，大气也不敢出。

络腮胡子的大汉凝神细看，眼见那巨鸟长得犹如猫头鹰，独脚粗壮，长长的猪尾上长了许多倒刺，灵光一闪，失声道：“跂踵！”

那怪鸟“呀”的一声怪叫，巨翼疾拍，冲天飞起，陡然消失在密林上空。

众人松了口气，但心中的惊疑骇异却更加强烈了。这凶鸟乃是极为不祥的征兆，所到之处，必有瘟疫流行。

一个青衣大汉喃喃道：“烂木奶奶的，这秋冬天雷雨连连，各地又地震频仍，今夜连这瘟鸟也出现了……八竿子打不着的怪事，都凑一块儿来啦。难不成全和那皮母地丘有关吗？”

众人脸色微微一变，络腮胡子的大汉“哼”了一声，怒道：“国之将乱，必有妖孽。波母之山再现大荒，那还能有什么好事？等明日到了那儿，自然就一清二楚了。驾！”

众大汉挥鞭策马，绕过巨石，继续朝前疾驰。

暴雨越下越大了，如密箭连珠，闪电亮起时，白蒙蒙一片，连山路都有些瞧不分明了。冲到那山脚密林外，只见几座石堡黑漆漆的全无灯光，莫说人语，就连鸡鸣犬吠也听不见半声，寂静得像是坟墓。

众人面面相觑，心底寒意微起，络腮胡子的大汉大声道：“各位乡亲，过往游侠遭逢大雨，想要借宿一晚。叨扰了！”

接连叫了几声，杳无人应。众人大觉不妙，当下纷纷跃下龙马，小心翼翼地牵缰上前，刚到第一座石堡门前，便见一只黄狗横卧在泥浆中，动也不动，下方淌了一汪黑血。

闪电陡然一亮，众人“啊”地失声齐呼，蓦地朝后退了几步，龙马惊嘶不已。

只见那黄狗张口吐舌，双眼圆睁，浑身皮毛布满了小洞，死状颇为凄怖。无数五颜六色的幼蛆、甲虫正从它的眼眶、耳鼻、尸洞中蠕动爬出，听到众人惊呼，数百只甲虫登时轰然冲散，当空嗡嗡乱舞。

“九彩尸虫！”众人脸色大变，一个红衣大汉不敢迟疑，立即从腰间皮囊抓出一把红砂，扬空抛掷。

“呼！”火光冲舞，狂飙似的将那彩色甲虫席卷焚烧，“哧哧”之声大作，恶臭逼人，焦壳簌簌落了一地，被雨水冲刷入泥泞之中。

众人撕下布幅，纷纷将口鼻封住，心中怦怦狂跳，爹着胆子朝前缓步移动。到了门前，凌空劈掌，将木门豁然震开，腥潮之气扑面而来。

红衣汉子抓起一根粗壮的树枝，以“三昧火砂”点燃为火炬，朝内照去，登时倒吸了一口凉气，周身几乎僵住。

屋内横七竖八地躺了十余具尸体，和那黄狗如出一辙，浑身尸洞，密密麻麻全都爬满了九彩尸虫，听到响声，纷纷嗡然冲起，团团飞舞。

尸首边上，还有四只巨大的九尾黑狐正在低头“咔咔”地咬噬着骨头，扭过身，赫然都长了九只怪头，幽蓝色的凶睛灼灼地瞪着众人，张开口，涎水涔涔，发出婴儿似的啼哭，虎爪尖钩毕露。

“蛊侄！”众大汉大骇，这九头九尾的妖兽生性凶暴嗜杀，尤喜食人肉，数十年前曾横行于东荒一带，为害甚众，后被青帝灵威仰斩杀殆尽，想不到今夜竟会在此处出现，而且是四只！

那青衣大汉深知这妖兽的厉害，冷汗遍体，低声道：“蛊侄速度极快，力量狂猛，不可力敌。我们先退到开阔地，再设法诱杀。”

大雨哗哗地浇淋在身上，冰凉透心。众人紧握刀柄，屏息凝神，踮着脚尖一步步地朝外退去。

那四只蛊侄凶睛凌厉，恶狠狠地瞪着他们，三十六只头颅不住地打转，喉中那婴啼声越来越凄厉，忽然齐声怪吼，闪电似的交错急冲，猛扑而上！

腥风狂卷，红衣大汉措手不及，已被一只蛊侄猛然扑倒在地，妖兽九头巨口齐张，咆哮着朝他当头咬下。

青衣大汉眼疾手快，大喝着一刀劈中那蛊侄的头额，趁其吃痛狂吼之际，奋力飞起一脚，将它踹得横空飞去。

另外几个大汉纷纷背靠着背，围成一圈，怒喝着挥刀疾舞，光芒连绵闪耀，将众蛊侄生生迫退。

混乱中，只听龙马悲嘶凄厉，两只蛊侄眼见突袭不成，转而围攻坐骑，转眼之间，已有三匹龙马被咬断脖颈，倒地挣扎不已，眼见是活不了了。

那络腮胡子大怒，喝道：“你个石头姥姥不开花，老子就这么点家当，也叫你这畜生给糟蹋啦！”说罢操刀急冲而上，朝着那正狂暴撕咬其坐骑的蛊侄迎头怒斩。

青衣大汉失声道：“齐大哥小心！”话音未落，另外三只蛊侄已咆哮着疾扑而至，登时将那络腮胡子重重掀翻在地。

他心头一凉，手足如箍，无法动弹，眼睁睁地看着那二十七张血口齐齐张开，口涎和着雨水凉津津地滴落在自己脸上，又是惊怒又是懊悔，暗想：我命休矣！

忽听“嘭”的一声闷响，头顶炎风呼啸狂卷，那四只蛊侄霍然冲天倒卷，“嘭嘭”连声，猛撞在石屋上，发出一连串的啼哭怪号声。

络腮胡子惊魂未定，又听上空“嗷嗷”怪叫，抬眼望去，大雨倾盆，一只彤红色的巨鸟盘旋翱翔，碧眼幽然，极是傲慢凶厉。鸟背上隐隐约约坐了两个人影，瞧不分明。

那四只妖兽似是被这巨鸟的巨翼扫飞，骇怒羞恼，九尾紧紧夹起，抬着头，朝着巨鸟嘤哭咆哮，时而高高跃起，时而低伏欲扑，挑衅邀战。

只听一个银铃似的声音咯咯娇笑道："不知死活的畜生，灵威仰那老匹夫当年没把你们杀尽，今天便由本仙子来清底吧。"

巨鸟怪叫电冲，双翼扫处，如狂飙火浪轰然冲卷。

"呼"的一声，四只蠪侄周身登时蹿起团团火焰，怒号嘤哭，声极惨烈，忽然不顾一切地飞身朝那怪鸟冲去。

银光爆闪，"哧哧"连声，四只妖兽鲜血激射，翻身飞跌出十余丈外，抽搐了片刻，再也不动了。紫火高蹿，片刻之间便被烧成了一堆焦骨。

众大汉又是惊喜又是骇异，不知来者何人，拉起那络腮胡子，高声道："多谢恩公相救……"闪电又是一亮，瞧见鸟背上的两人，心中大凛，瞠目结舌，剩下的半句话顿时噎在了咽喉中。

巨鸟冲落于地，昂头踏步，骑在鸟颈上的，赫然是一个十一二岁的黄衣少女，身材玲珑娇小，细辫飞扬，笑吟吟地看着众人，两条赤链蛇悬挂于耳垂，曲缩吐信，衬着那天真无邪的甜美脸靥，更是妖异。

"流沙仙子！"众大汉面面相觑，大感意外。想不到救了自己的竟是大荒中恶名昭著的第二妖女。

"你们的恩公是这位。"洛姬雅瞟了身后那碧衣少年一眼，咯咯笑道，"若是我，才没兴致救你们这群蠢浊俗物呢。"

碧衣少年朝众人微微一笑，点头示意，笑容中却掩抑不住淡淡的焦虑与失落。

那络腮胡子见他英气逼人，笑容可亲，微微一怔，觉得好像在哪里见过一般，忽然一震，失声道："是了！你是神帝使者拓拔太子！"

三日之前，拓拔野和蚩尤分别兽化为青龙、巨鳞龙，与烛龙所化的北海神蟒殊死激战，倘若烛龙未曾先被科汗淮、龙神所重伤，合拓拔双龙之力，要想打败他实是毫无可能。

但其时烛龙右眼已瞎，七寸等要害也接连遭受"断浪刀"、青龙猛击，早已凶焰大减；加之为了抢在与各族大战前炼成不死兽身，强修"摄神御鬼大法"，走火入魔，难以驾驭体内的万千凶兽元神，逐渐濒临疯魔状态。

在拓拔野、蚩尤双龙连番猛击之下，烛龙狂怒烦躁，孤注一掷，施展"血魂水魄大法”，妄图速战速决，将他们强行纳入腹中，熔化神识。

不想弄巧成拙，反被拓拔二人抓住战机，在其体内捣腾狂攻，震断奇经八脉。经脉既断，他体内那些邪魂厉魄再难控制，也随之爆散反噬，险些将他元神吞灭。

烛龙由是大败，还原人身。

拓拔野、蚩尤乘机率领汤谷群雄大势反击，杀得朝阳舰队落花流水，夺取了十几艘拥有紫火神炮的巨舰。

天吴似是无心再战，为保全实力，收拾残兵败退。

拓拔野二人则一鼓作气，带领汤谷军急速赶往东海，雷霆万钧，从背后猛攻北海等三大舰队。以少击多，里外交攻，终于将群龙无首的水妖舰队杀得溃不成军，朝北仓皇撤退。

大荒590年十月的这一夜海战，纵横百余里，牵涉十万人。双方动用兵力之多、伤亡之惨重、战况之激烈，可谓惊天动地，史无前例。

最后虽以龙族、汤谷联军完胜告终，但青龙舰队几乎全军覆没，片甲不存，一万六千名龙族精锐仅剩下不到八百残兵；汤谷军也伤亡过半，训练了近五年的扶桑舰队只剩下七艘巨舰，所幸夺获了大大小小二十六艘朝阳战舰，总算有所补益。

而水族倾巢而出所集结的二十余国、六大舰队的浩荡阵容，妄想毕其攻于一役的东海决战，最终却在异常凶悍顽强的龙族、汤谷联军狙击下，遭受到从未有过的惨败。总共八百艘水族战舰被击沉、击毁近半，八万水师大军亦仅有三万八千人得以全身而退。

数日之间，百里汪洋漂满了断板浮尸，海水被鲜血浸染。浓烈的腥气吸引了无数尸鹫盘旋觅食、鲨群逐浪吞尸。就连涌往大荒东岸的潮水都带着刺目的鲜红色，直到半个月后，才渐渐消散。

这一年的秋天，被称为“赤潮之秋”。

但对于双方而言，最为惨烈的损失，却是两族阵亡、重伤的帝神将帅。

被称为“大荒第一神”的水族大神烛龙，孤身连番独战科汗淮、龙神、拓拔野、蚩尤四大顶尖高手，经脉尽断，走火入魔，随时有魂飞魄散之虞。

水师三大名将之一的苏柏羊齿被龙族敖越云阵斩东海，十戈军丁蟹为归鹿山所杀，此外，战死的水族大将共十七人，重伤致残、中蛊疯魔的将帅不下四十，水族六大舰队中幸存的大将竟不到四成。

杀敌一千，自折八百。龙族青龙舰队的大将亦几乎伤亡殆尽，六侯爷、归鹿山、龙芍槐、哥澜椎等侥幸存活的名将无一不是遍体鳞伤，气息奄奄。龙神经脉齐断，伤势堪忧；断浪刀科汗淮更是重伤几死，昏迷不醒。就连五族赶来恭贺婚礼的宾客，也有不少或战死，或误伤，景况一片狼藉。

新娘既去，原定的婚礼只好取消。拓拔野身为新晋龙神，这三日来，忙于主持残局，照顾伤者，一时无暇赶往皮母地丘营救雨师妾。

六侯爷等人倒还罢了，科汗淮、龙神的伤势极重，就连草本汤等名医亦束手无策，而空桑仙子、姑射仙子体内所中的火毒、虫蛊更是公孙婴侯独门所制，以流沙仙子、晏紫苏之能，亦不能完全清除。

拓拔野忧心如焚，一面以飞鸟传信，央请灵山十巫前来东海妙手相救，一面和流沙仙子骑乘太阳乌，赶往波母之山解救龙女。蚩尤等人则继续留守汤谷，以防水族卷土重来。

太阳乌足不着地，接连飞了七八个时辰，才从东海赶至这里。半空中瞧见火光，又看见妖兽袭人，拓拔野急忙驭鸟俯冲，施以援手。

听说这碧衣少年竟是昆仑蟠桃会上击败黑帝，新近又在东海大败烛龙，威震天下的龙神太子，众大汉无不悚然动容，又惊又喜，纷纷拜倒示谢。

拓拔野急忙跃下鸟背，将他们一一扶起，凝视了那络腮胡子片刻，“啊”的一声，恍然笑道：“你是齐毅齐大哥！”

这络腮胡子正是四年前与拓拔野、科汗淮一同纵横千里，赶往蜃楼城助战的金族游侠齐毅。与拓拔野相处虽不过短短数日，但却是过命的交情，彼此十分投缘。只是现在留了络腮胡子，蓬头垢面，拓拔野一时没有认出。

齐毅见他竟然还记得自己这无名小辈，心中又是喜悦又是激动，热泪盈眶，哈哈笑道：“是我！是我！这些年听说太子的消息，一件比一件振奋，老哥哥我好生替你欢喜，一直想着哪天能重新见着你，想不到居然会是在今夜！”

与他同行的几个游侠，早听他吹嘘了几千遍当日和科汗淮、拓拔野千里突围、戏耍水妖的丰功伟绩，一直将信将疑，此刻见着，方才真正相信。见他与当今最受仰慕的少年英雄勾肩握手，相谈甚欢，无不大感钦羡。

拓拔野重见故人，大觉亲切，笑道：“齐大哥不必这般客气，还是像从前般叫我便是。你我能在这里重逢，缘分着实不浅。”

齐毅心下激动，不知该说什么才好，涨红了脸，笑道：“拓拔太子……啊，不，拓拔兄弟，我们这些老弟兄虽然天南地北，浪迹天下，但聚在一起时，常常谈起你呢。都说你终有一日，必成大器。这两天听说你在东海上打得水妖稀里哗啦，我们都好生解气，恨不得飞到东海去，再和你一起收拾收拾这帮龟孙子……”

他每说一句，那几个游侠便七嘴八舌地点头附和，那青衣大汉插口道：“是了，拓拔太子此行是赶往皮母地丘，解救龙妃吧？”

拓拔野一怔，微笑应是。想不到消息传得如此之快，短短三日，便已天下尽知。也不知这几日雨师妾如何了？公孙婴侯可曾用什么阴毒的法子折辱于她？心中一阵担忧刺痛，脸色顿时黯淡了许多。

青衣大汉愤愤道：“烂木奶奶的，那公孙什么的也忒无耻，竟然挟持我族圣女去威迫太子，若不是太子宅心仁厚，英明果决，还不知出什么事……”

被旁边几人连连使了几回眼色，猛地回过神来，急忙咳嗽几声，道：“听说那姓公孙的鼹鼠劫持了龙妃，藏到地底，大家都义愤填膺，齐大哥联络了许多朋友，约好这几日一齐赶往皮母地丘，只盼能帮上太子一点忙。不想竟然在这儿遇见了太子，这可真真再好不过啦！”

拓拔野颇为意外，想不到这些游侠千里迢迢，竟是为了解救雨师妾，心下感动，朝众人行了一礼，道：“多谢各位仗义相助！”

众游侠慌忙回礼，纷纷道：“拓拔太子太客气啦！若不是太子在蟠桃会上为我们这些五族游魂说话，连汤谷的流囚都一并免罪，我们又哪能扬眉吐气，自由来去？太子的恩德，天下游侠都记在心里呢。”

流沙仙子在一旁等得不耐，咯咯笑道：“拓拔小子，明日此时，公孙婴侯就要和你的雨师姐姐成亲啦。你再这般啰里八唆，连喜酒也赶不上喝了。”

拓拔野微微一笑，虽不觉得这些游侠真能帮上自己什么忙，但他们一番好意，也不忍推却，瞥了那横卧于血泊中的几匹龙马一眼，道：“齐大哥、各位朋友，若不嫌弃，就骑坐我们的太阳乌，一齐前往皮母地丘吧。”

说着，默念解印诀，断剑青光爆闪，又冲出两只太阳乌来，盘旋怪叫。

齐毅等人大喜，应承不迭。当下放火烧了石堡村，将尸首、蛊虫烧得一干二净，杜绝瘟疫流行，而后又依照拓拔野所传授的要诀，翻身骑上鸟背，一齐冲天飞去。

这六个游侠从来不曾骑鸟翱翔，何况还是太古时驮着太阳的木族神禽。万丈高空，狂风扑面，被那雨水劈头盖脸地抽打，仿佛随时都要掀翻坠落一般，又是新奇又是紧张，紧紧地抓住太阳乌的颈毛，伏身贴在鸟背上，大呼小叫，直到飞出数十里外，方才渐渐定下心来。

暴雨逐渐转小，一路飞去，夜色苍茫，群山穿梭，众人有一句没一句地大声交谈着。

这几日间，前往汤谷贺礼的五族贵宾陆续返回大荒，消息不胫而走。口耳相传，难免有所渲染夸大，有些细节更是几近神话。齐毅等人极是好奇，争相询问验证，拓拔野也不厌其烦，一一如实回答。

众人听得时而紧张忐忑，扼腕叹息；时而畅快淋漓，击掌笑骂。听说科汗淮重伤昏迷未醒，齐毅更是说不出地担忧难过，恨恨不已。

到了剡山附近，远远地便瞧见前方火光冲天，黑烟滚滚，烈焰如海浪似的席卷了几个山头，隐隐听见一阵阵圆润柔和的巴乌蛮笛声，夹杂着惊呼呐喊，兽吼禽鸣。

众人心中一凛，不知又发生了何事。自从几日前大地迸裂，地丘重现，土族、木族境内便接连发生了诸多反常怪事，雷雨冰雹，地震山崩，瘟疫、凶兽急速横行，他们都有些见怪不怪了。

拓拔野领着众人，驭鸟朝下冲去。

细雨绵绵，火焰乱舞，烟气漫漫缭绕，空中弥散着刺鼻的恶臭，齐毅等人闻不片刻，顿时头昏眼花，差点从鸟背上一头栽落。拓拔野亦觉得一阵烦闷。

流沙仙子眉尖轻轻一皱，冷笑道：“原来是她！”说罢从百香囊中取出一个小玉瓶，放在拓拔野鼻前轻轻一摇，接着又迎风轻摆。

众人只觉异香灌脑，神志顿清，暗自骇然，心想也不知这妖烟又是何物？若不是跟这妖女在一起，此刻多半已经跌入烈火里，被烧成焦炭了。

拓拔野听她语气又是鄙夷又是厌恨，正想相问“她”是谁，忽听隆隆震动，下方婴啼之声大作。他低头望去，只见烟尘腾雾，一大群黄色野猪似的怪兽悲吼狂奔，沿着山谷朝西如潮席卷。

“合窳！”齐毅等人大凛，这种南荒凶兽猪身人面，黄皮红尾，叫声也如同婴儿啼哭一般，好食人肉，也吃蛇虫等毒物，因此獠牙亦带剧毒。所到之处，预示着必有洪灾出现。当年被赤帝认为是不祥恶兽，猎杀一空，想不到竟和蠪侄一般，相隔数十年，无端重现。

数百只合窳狂奔而过，几十株着火的大树被它们猛冲乱撞，登时断折横飞。

接着又听得一阵阵长叹哀号，仿佛无数人在同时叹息一般，听得众人毛骨悚然。但见万千黑影在林间跳跃闪动，朝西飞掠急冲。凝神望去，竟是无数长尾猕猴，白毛赤目，四只耳朵不断转动，赫然正是南荒怪兽“长右”。

这种妖猴生性凶残好斗，又大多成群结队，攻击时颇有纪律，在南荒常常被蛮族豢驯为兽兵征战。当年烈碧光晟率军横扫南荒七国时，便曾大败“长右军”，放火将八百里长右山烧得寸草不生。

齐毅骇然道：“合窳、长右都是预示洪灾的凶兽，难道这里就快有暴洪了吗？”

话音方落，又听见一阵猛烈的“呜呜”怪声，仿佛伐树斫木的震天巨响。齐毅转头俯瞰，数百只人形猪鬃的怪兽龇牙咧嘴、不紧不慢地结队而来，喉中发出低沉的“呜呜”声响，抬起头，瞪眼看着拓拔野等人，忽然喷出一团团紫火，而后又摇头晃脑地径自朝西去了。

这群怪兽也是南荒独有，叫作猾裹，穴居冬眠，开春之后便出洞觅食，遇人杀人、遇虎杀虎，毫无所惧。但眼下正值深秋，它们又怎会离开南荒洞穴，千里迢迢地赶到这东荒山林之中？

怪吼声震天，兽奔如潮，都顺着那悠悠荡荡的巴乌笛声，朝西卷去。霎时间，从眼前奔冲而过的南荒凶兽越来越多，粗略算去，浩浩荡荡，有上万之众。

众人越看越是惊异，流沙仙子却只是冷笑不语。

拓拔野心中大奇：“能以巴乌蛮笛，将这些凶残暴戾怪兽尽数招来，此人驭兽能力可真不下于雨师姐姐了！却不知为何从未听人谈起还有这等人物。”与众人驾鸟朝西疾飞而去。

越过几个山头，火焰益猛，漫天烟雾弥漫。巴乌声越来越清越婉转，圆润响亮，动听至极。拓拔野精擅音律，听得心旷神怡，大感佩服，好奇心越来越浓，直想看看究竟是何方神圣。

兽吼如狂，呐喊怒骂声也越来越清晰了，夹杂着阵阵惨叫、咳嗽，似是一大群人被困在火焰与兽群中，不得而脱。

穿过一个险峻高峭的山崖，眼前豁然一亮。只见淅沥雨丝中，山谷开阔，一条大河蜿蜒南北，闪耀着粼粼波光。

两岸草坡火势蔓延，将四周照得通明如昼，左岸山脚下，果然有百余人或躺或坐，围成一圈，挥舞着长刀兵器，破口大骂不已。在他们外沿，里三重、外三重围满了无数南荒凶兽，正朝着他们咆哮逼近，气势汹汹。

大河右岸，火光连绵，一个彩衣霞带的女子正翩然而立，悠扬地吹奏着一管巴乌，满头黑发盘结，在耳边梳了数十根细辫，随着衣袖、裙摆一齐飘飘欲飞。

火光映照在她的脸上，象牙色的肌肤圆润光洁，柳眉斜挑，含嗔带煞，细眼弯弯，秋波中满蕴盈盈笑意，唇瓣丰润如蜜桃，让人见了恨不得咬上一口，轻轻嘟起，吹奏着蛮笛，倒像是在撒娇一般。

拓拔野所见的大荒美女数不胜数，这蛮女单就五官、容貌而言，未必称得上倾城绝色，但那似嗔似笑、媚中带煞的神情，却平添了一份奇异的蛊惑力，让人见之口干舌燥，莫名地心跳加速。

在她身边，昂然立着一只三头六脚的怪鸟，不住地拍舞着三只巨翼，五彩长尾绚丽开屏，神态倨傲。三头警惕地转动着，六只眼睛瞧见拓拔野一行，登时红光闪耀，引颈“咯咯”尖叫起来。

齐毅等人见多识广，瞧见这怪鸟，凛然一惊，脱口道：“敞凫神鸟！”登时明白这蛮女是谁了，哂然道，“原来是火仇仙子！烈焕儿，这回你要多加小心啦。”

那穿红衣的火族游侠烈焕儿面色大变，眼见拓拔野依旧满脸茫然，不明所以，便低声略加解释。

拓拔野闻言大震，原来这蛮女竟是火神祝融与南蛮厌火国主的私生女，名叫祝浮玉。

当年祝融前往南海诛杀离火修蛇，大战三昼夜，身负重伤，幸被厌火国主淳于柔所救。厌火国与火族虽是世仇，淳于柔却偏偏喜欢上了这年长自己二十多岁的男子，不但以镇国之宝“厌火珠”相救，更以身相许，定约白头。

祝融走后，淳于柔珠胎暗结，瞒着国人悄悄生下了女儿，呵护如掌上明珠，取名祝浮玉，只盼着有朝一日能全家团圆，两族修好，过上太太平平的日子。

谁想两年之后，烈碧光晟以蛮人捣毁火族神像为借口，率八万骑兵，悍然大举亲征南荒。短短十几日间连扫豹人、蜮民等六族，屠烧一空，俘虏为奴，而后又转戈西向，兵锋直指厌火国。

淳于柔与祝融相爱之后，一心与火族修好，和平共处，得闻火族大军杀到，文武大臣纷纷请战，她却力平群议，一面修书烈碧光晟，恳请退兵议和；一面飞鸟传信祝融，求他速速出面相助。

不想烈碧光晟早就算到此节，一个月前便已将祝融遣往北海，与烛龙等人商议共讨龙族之事。他假意接受淳于柔之请，退兵十里，并伪冒祝融字迹，回信哄骗安抚。待到厌火国放松警惕之时，又率军连夜奔袭，攻入厌火城，大肆屠杀烧掠，妇孺不留。

等到祝融听闻风声，火速赶至南荒之时，厌火国早已被火族铁骑踏平，彻底臣服。

淳于柔母女在数十名亲卫的誓死掩护下侥幸逃脱，藏入南荒深山之中，开始了颠沛流离的流亡生活。不明就里的淳于柔，只道被爱郎欺骗出卖，悲痛愧悔，四个月后自焚而死，留下了不到三岁的孤女。

祝浮玉在厌火国残部的保护教导下，逐渐长大，对火族和自己的父亲恨之入骨，改名为淳于昱，取号“火仇”，发誓终有一日，要杀尽火族仇敌。

她虽非火德之身，却也天生火灵，聪颖绝伦，年纪轻轻，便拜南蛮各族的高手、巫祝为师，博采所长，自创一格，练就了绝世神功。最为擅长的正是驭兽、蛊毒。

大荒572年，年方十七岁的淳于昱御使万兽，率领两万南蛮联军，大举进犯火族南疆，半月间纵横五百余里，连克六城，威名显赫一时。南炎城一战，更亲自斩杀火族两大真人级高手，并以蛊毒杀灭整城九千两百余人，从此被列为“大荒十大妖女”。

两年之后，其部在南疆被刑天的战神军接连击败，五万南蛮盟军土崩瓦解，自此一蹶不振。南蛮各部听见“刑天”二字，更是魂飞魄散，闻风披靡。

淳于昱孤身逃回南荒，几次举事，都被蛮族出卖，九死一生。此后逐渐绝迹，极少露面，世人料想多半是暗地里积蓄力量，等待时机，东山再起。

想不到时隔十八年，竟在这东荒山林里孤身出现。

淳于昱听见空中声音，仰脸上望，瞧见流沙仙子，秋波中蓦地闪过惊异恨怒之色，柳眉微微一挑，笑道：“难怪今晚雷雨不停，妖兽横行，原来是来了你这长不大的小妖精。十八年没见，你怎的还是这副模样？想认不出来都不可能呢。”声音低沉柔媚，众人听在耳中，都不由得一荡。

流沙仙子大怒，咯咯一笑，反唇相讥道："我道是谁，原来是你这爹娘不要、男人不理的南蛮妖女。十八年没见，你怎的老成了这副模样？想认出来都难得很呢。"

眼见这当世两大妖女甫一见面，便针锋相对，极尽刻毒之能事，拓拔野心中大奇，不知道她们何时结下的深仇大恨。

大河左岸的众人抬头瞧见齐毅等人，又惊又喜，哄然叫喊他的名字。

齐毅凝神一看，大喜过望，笑道："拓拔兄弟，这可巧啦！这些全是我联络的五族游侠，约好了一齐赶往皮母地丘，想不到全在这儿碰到了！"

拓拔野眼见这么多素昧平生的人，竟为了自己和龙女甘冒其险，又是惊愕又是感激，驭鸟电冲而下，翻身落在群雄面前，抱拳朗声道："东海拓拔野，承蒙各位朋友厚谊，感激涕零，不知何以为报！他日与龙妃完婚之时，定当请各位好朋友痛饮狂歌，不醉不归！"

群雄闻言大哗，有人失声叫道："你……你当真是拓拔太子？"

齐毅哈哈大笑，从太阳乌上一跃而下，拍着鸟背，高声道："普天之下，除了龙神太子和乔少城主，又有谁能驾驭得了十日鸟？"

太阳乌扭头嗷嗷怪叫，挥翅将他手臂拍开，大步走到拓拔野身边，昂首睥睨，傲然自雄，对众人甚是不屑。

群雄这才相信，纵声欢呼。

蟠桃会后，拓拔野名震大荒，一跃成为五族青年才俊，尤其是这些崇尚自由的游侠的英雄偶像。此刻终于得以亲睹其风采，心中之惊喜激动，莫以言表。一时间，对四周围集的万千凶兽、毒烟烈火全都不放在心上了。

拓拔野转身朝淳于昱行了一礼，恭恭敬敬地道："火仇仙子，在下东海龙神太子拓拔野，这些都是我的朋友。不知他们何处得罪了仙子？可否请仙子大人大量，网开一面？"

群雄早已窝了一肚子气，眼见强援驾到，更是怒火如沸，纷纷叫道："拓拔太子，我们和这妖女往日无冤、近日无仇，今夜才刚刚在这山谷里遇到，谁知道她为何同我们过不去？"

"辣他奶奶的，这妖女蛮不讲理，太子不必和她啰唆，直接一脚将她踹回南蛮便是！"

淳于昱眼波弯弯，笑吟吟的只不说话，青绿色的竹蛮笛斜倚唇边，乐声悠扬。妖兽越来越多，随其节奏，环绕着众人狂吼奔掠，只待她稍一变调，立时奔突围攻。

“这还用说吗？”流沙仙子那苹果脸蛋上笼罩着一层戾气，黑白分明的大眼睛一眨一眨地扫视着众人，咯咯笑道，“定是你们适才交谈之时，对那公孙婴侯说了什么不恭敬的话，是也不是？”

群雄一怔，喧哗声顿时小了，一个土族游侠愤愤叫道：“稀泥奶奶的，公孙婴侯阴险毒辣、卑鄙无耻，骂了又怎的？再说他好歹也是土族中人，轮得着她一个南蛮妖女生气吗……”

话音未落，淳于昱俏脸一寒，杀气大作，“巴乌蛮笛”吹奏声陡然高越，凄厉破云。

众人汗毛直奓，肝胆尽寒。周围那万千凶兽随之发出的震天彻地的婴哭怪嚎，排山倒海似的狂奔冲来，腥臭气浪如狂风扑面。

几在同时，山谷草地上的火焰像是被飓风卷引，轰然高蹿鼓舞，从上往下俯瞰，一圈圈如涟漪倒卷，向中心的拓拔野等人飞速席卷蔓延，极是壮观。

四周黑烟大作，“哧哧”连声，奔腾如滚滚乌云，沉甸甸地压在众人头顶，呼吸如窒，烦闷欲呕，什么也瞧不真切了，只觉天摇地动，万兽奔腾，体内火烧火燎，仿佛随着四周赤红色的烈火一起燃烧了……

「第十一章」

不期而遇

烈火毒烟轰然席卷，万兽狂奔，霎时间相距已不过十丈之遥。

众游侠被那黑烟一熏，头昏眼花，纷纷踉跄倒地，别说与凶兽激斗，就连起身奔逃的力气也没有了。

拓拔野心中大凛，若是他独自一人，自然毫不怵惧，但要想保护这百余名游侠毫发无伤，可不是区区三只太阳乌所能奏效的！灵光霍闪，腹中龙珠、定海神珠一齐急速飞转，默念法诀，大喝着旋身飞冲而起。

“轰！”周身碧光滚滚飞炸，蓦地幻化为一条巨大的青龙，咆哮如雷，怒旋盘舞，将群雄笼罩在中心。长尾扫处，真气迸爆如巨浪狂涛，登时将围冲最前的数十只合窳、长右撞得冲天倒飞，摔跌出十余丈外。

满地烈焰被狂飙刮卷，登时层层倒舞，浓烟轰然崩散。

火仇仙子身子一晃，巴乌微微失声，又惊又怒，想不到这俊秀少年竟有如此神通！但她性子素来刚烈好强，越是强敌，便越想一较高下，当下凝神聚气，吹奏蛮笛。

笛声陡变，如狂风过林，惊涛裂岸，汹汹急促，激越入云。

南荒群兽被那巴乌所驱，咆哮如狂，竟丝毫不惧那凶暴青龙，四面排涌急冲。最为诡异的，是这万千凶兽乱中有序，按照各自族类整整齐齐地区分开来，当空俯瞰，竟像是训练有素的各种军团，在号角指挥下冲锋陷阵一般。

拓拔野又是惊奇又是佩服，这妖女果然有其父之风，比之当世大荒三大驯兽高手竟毫不逊色。赤炎城大战金猊神兽时，他曾受祝融指点，领悟“心心相印诀”的精义，此刻听她吹奏蛮笛，声音诡奇多变，仿佛直指众兽之心，使它们默契感应一般，可见她也深谙此道。

以拓拔野现在的念力和经验，驯服单只神兽不在话下，但要想如法炮制，以乐声控制群兽以抗衡，实无可能。当下索性一面纵声怒吼，压制巴乌笛声；一面环舞飞旋，将冲上前来的凶兽打翻震飞。

群雄惊魂稍定，坐在草地上，眼看着青龙在头顶盘旋怒吼，四周兽群潮水似的奔涌又来，如大浪似的翻腾倒卷，心中震骇惊喜，纷纷大声喝彩叫好。

流沙仙子冷笑一声，举起斑斓玉兕角仰头长吹。这残角中本就封印了众多毒兽的魂魄，受四周兽吼所激，早已蠢蠢欲动，此刻吹将起来，直如鬼哭狼嚎，凶厉凄烈。兽群闻听，登时骚动起来。

合窳等毒兽反应最为强烈，纷纷急停顿住，合着玉兕角的节奏仰头长嚎。后方奔冲而来的数百只猾裹收势不住，接二连三地撞了上来，彼此怒吼狂嚎，抓咬作一团，阵形骤然混乱。

淳于昱弯月般的美目中怒火闪耀，巴乌声陡然又是一变，婉转低回，如溪水潺潺，耳语绵绵，渐渐又压过了玉兕角声，群兽狂怒暴躁之态稍敛。

众合窳嘤哭怪嚎，听着当世两大妖女的号角与巴乌交缠并奏，左顾右看，进退维谷。

便在此时，大风呼卷，山谷密林沙沙作响，大河上游忽然响起一阵骨笛声，尖厉刺耳，淳于昱脸色微微一变，蛮笛声登时又被玉兕号压过。

那骨笛声凄诡阴郁，令众游侠汗毛爹起，莫名地一阵恐惧。

拓拔野心中一凛，这笛声与蟠桃会上黑帝所吹奏的骨笛声何其相似！凝神望去，细雨如丝，烈火吞吐，两岸半山都已烧得红彤彤一片，唯有那骨笛声传来处，弥漫着一重淡淡的蓝雾。

众兽齐吼，敞凫神鸟三头急转，扑打巨翅，尖鸣着盘旋飞起，突然朝大河俯冲而去，“呼”地喷出一团烈火，直冲入河水之中，隆起一圈刺目的红光。

“哗啦！”大浪喷涌，突然湿淋淋地蹿起数十条人影，浑身着火，低沉怪嚎，朝敞凫神鸟猛冲而去。

几在同时，整条大河像是突然迸炸开来，水浪如天河倒泻，冲天狂喷，无数人影缤纷闪烁，破浪掠起，漫天低嚎怪叫，和骨笛声声契合，凄厉悠长，阴寒透心。

“鬼国尸兵！”拓拔野心中大震，再无怀疑。这情景与昆仑瑶池、西荒通天河如出一辙！当日蟠桃会一战，黑帝、五大鬼王已被全歼，难道在这深山密谷之中竟还藏了鬼国余孽吗？

不及多想，拓拔野大声喝道：“大家退到火里去，围成一圈，不可轻举妄动！”龙尾轰然飞扫，将扑冲上前的众僵尸打得稀烂，气浪飞卷，掀起满地火光，组成一圈七八丈高的火墙。

淳于昱所布的火种乃南荒三昧离火，炙烈狂猛，遇水更炽。百余名尸兵冲撞在火墙上，焦臭四溢，瞬间便被烧成了紫红色的焦骨，但却毫无知觉，无畏痛楚，依旧朝着众游侠猛冲而下，被气浪一震，顿时喷舞为漫天粉末。

骨笛声越来越近，河水中不断地冲出鬼兵，转眼便已布满了山谷，略一算去，少说也有八九千之众，挥舞着兵器，前赴后继地向前冲去。在火光辉映下，或是断头少臂，或是开膛破肚，惨白的尸身上裂洞翻卷，密密麻麻地蠕动着无数蛊虫，说不出地丑怖诡异。

流沙仙子咯咯笑道：“老妖女，等收拾了这些讨厌的骷髅，再陪你好好玩耍。”玉兕角陡然折转，高亢激烈。

距离稍近的众鬼兵簌簌乱抖，随着号角声，筛糠似的急剧摇摆，既而“哧哧”连声，体内尸虫嗡嗡飞射，密雨似的落了满地，焦缩如芝麻。蛊虫既去，尸兵木立了片刻，微微一晃，便纷纷扑倒在地。

淳于昱“哼”了一声，似是对她的手段颇为不屑，巴乌长吹，满地火光骤然高蹿，烈焰吞吐。那万千南蛮凶兽纷纷掉转头来，怒吼着横冲乱撞，顷刻间，便将众尸兵冲散开来。

放眼望去，山谷俨然成了熊熊火海，在细雨浇淋下，起伏翻涌，其势更猛。就连那大河也被烧成了滚滚沸水，白雾蒸腾。

凶兽奔腾，天摇地动，鬼兵、猛兽混战一团，不断地滚倒在火焰里，凄嗥声惨厉，震耳欲聋，空气里的焦臭腥恶之气越来越加刺鼻。

群雄骇然围坐，捂住口鼻怔怔观看，直如置身于梦魇。

有这两大妖女联手对付鬼兵，拓拔野登时大为放心，心想：“斩草除根，蛇打七寸，先制伏那吹骨笛之人，这些鬼兵便不足为惧。”当下碧光闪耀，重新化为人身，骑在太阳乌上，急速朝着山谷那一侧冲去。

火光冲舞，咫尺瞬息，半山草坡之上站了一个红衣男子，斗篷披风，横吹骨笛，腰身上围挂了一串颅骨，正随着骨笛节奏虚空绕舞浮动。在他周围，寂然端坐了八个红衣人，垂头盘腿，石头似的动也不动。

拓拔野喝道：“何方妖孽，还不束手就擒！”驾鸟电冲，天元逆刃光芒爆舞，朝着那红衣男子迎头怒斩。

红衣男子头也不抬，犹自悠然吹笛，腰间悬浮的骷髅却蓦地飞炸开来，黑光爆射。几在同时，那端坐四周的八个红衣人急冲而起，“嗖嗖”连声，八道雪亮的刀光如蛟龙怒舞，热浪狂飙。

拓拔野呼吸一窒，失声道：“烈雪八刀！”

这八刀首尾相接，连绵不绝，刀气更是炙热锐利，势不可当，赫然正是当日在凤尾楼中与自己交过手的火族八位同胞兄弟！

这八人是烈炎极为信赖的贴身护卫，忠心耿耿，对自己亦颇为友善，怎会摇身变成了鬼国爪牙，听这红衣男子骨笛驱唤？莫非烈炎竟已遭了什么意外吗？

一念及此，冷汗涔涔，又惊又怒，不及多想，天元逆刃回旋横扫，光浪爆舞，轰然将八刀荡开，乘鸟冲天飞起。左掌真气爆吐，蓦地形成一个强猛的碧绿气旋，滚滚倒冲，将离得最近的烈四郎当空猛吸而来。想要抓住问一究竟。

但那八兄弟心意相通，如若一人，拓拔野身形方动，眼前炽浪扑面，烈雪八刀又呼啸急卷，快逾闪电，悍然劈入那气旋正中。

“嘭”的一声，气浪四炸，拓拔野掌心微痛，竟被震得气血翻涌，撒手飞退开来，心中骇异不已。

短短数月不见，这八兄弟竟似脱胎换骨，真气霸道狂猛，远胜于前。单个儿而论，便与哥澜椎等龙族勇士不相上下，八人一心，合在一处，更是威力倍增，几可与火正仙吴回等顶尖高手一较高低！

八兄弟不给他一丝喘息之机，纵横交错，连绵急攻，刀光如银龙怒舞，天河滔滔，竟将拓拔野连人带鸟迫得飞退出十余丈外，险象环生。

这“烈雪八刀”采北海玄冰铁与南荒火焰石在赤炎火山中炼成，刀魄连心，天衣无缝，可避不可断。饶是拓拔野真气超然绝世，天元逆刃无坚不摧，一时之间，竟也难以突围攻破。

凝神扫探，八兄弟脸上木无表情，双眼呆滞，气息微弱，心跳忽快忽慢，毫无节奏，像是被蛊虫和至为凶邪的妖法所操纵，无所畏惧，每一招一式都几近搏命，凶险狠辣。

拓拔野心中一动：是了！只要能逼出他们体内的蛊虫，或是扰乱骨笛节奏，便能趁着他们心志清明之际，一一制伏。

当下毕集念力，急念解印诀，断剑嗡然剧震，只听一声惊雷爆吼，强光刺目，从剑锋中冲天爆舞，整个山谷仿佛变成了青天白昼，隐隐只见一个巨大的青灰暗影当空咆哮。

山谷中众人脑中都是“嗡”地一响，眼前昏黑，震耳欲隆，霎时间什么响声也听不见了，就连那万千凶兽也惊慑僵伏，纷纷顿步不前。

夔牛！

被这当世荒外第一凶兽雷霆震吼，红衣男子气血乱涌，骨笛登时失声，斗篷乱摆，披风猎猎鼓舞如圆球，那八兄弟的刀光顿时随之一滞，仿佛时间突然凝固了一刹那。

对于拓拔野来说，这一刹那便已足够，纵声大喝，真气冲卷，无锋剑回旋疾舞，瞬时间连刺八人右手脉门，血珠飞射。

方一出手，他立觉懊悔，倘若这八人未曾中蛊，手腕中剑，自然便弃刀败退；但眼下他们俨然如行尸走肉，无知无觉，别说刺中脉门，就算是断腕断头，他们也殊无所谓……

念头未已，那八人果然翻身疾进，“轰！”刀光如飞瀑狂涛，断剑剧震，拓拔野周身如痹，蓦然朝后震飞翻跌，惊出一身冷汗。若非自己反应极快，下意识急旋定海神珠，因势就形，这一条手臂就被烈雪八刀齐肩卸下来了！

惊怒之间，八刀纵横怒舞，气势如狂，宛如蚕丝吐茧，将他团团困在中央，连气也透不过来了，稍有不慎，立时被碎尸万段。

那红衣男子抬起头，斗篷下露出一双碧绿色的眼睛，灼灼如鬼火，嘴角勾起一丝冷笑，哑声道：“匹夫之勇，妇人之仁。盛名之下，不过尔尔！”语气低哑阴寒，极为轻蔑，重又横吹起骨笛来。

拓拔野怒极反笑，若换了别的妖兵尸鬼，方才那一瞬间早已被自己奋起神威，击得片骨不存了，只因这八人是烈炎至亲心腹，自己不愿误伤，才反遭其所乘。

眼见八兄弟攻势更猛，气浪如飙，河中冲涌出来的尸鬼也越来越多，与南荒兽群战得难解难分，心下凛然，暗想：“再不快刀斩乱麻，制伏这些妖鬼，只怕便要连累这些游侠朋友了。”

他蓦一咬牙，正想故技重演，御使夔牛打乱骨笛节奏，而后一击毙敌，却听半空中响起一个雄浑嘹亮的声音：“三弟手下留情！”真气充沛，如雷贯耳，赫然正是烈炎！

话音未落，山后忽地传来一声号角，慷慨高亮，接着号角并吹，鼓声激奏，呐喊声如潮涌起，似有大军赶到。

拓拔野又惊又喜，纵声长啸呼应，断剑碧光纵横，如春江怒水，汹汹奔泻，登时将烈雪八刀震得朝后飞退，而后趁势冲天掠起，骑鸟直冲夜空。

细雨潇潇，夜色迷蒙，只见西北远处半空，一大片火光浮动飘飞，犹如赤云霓霞，壮丽夺目，凝神细看，竟是数千飞兽骑兵擎着火炬急速飞来，瞧那黄衣铜甲，竟是土族的黄龙军团。

当先一人朗声笑道："三弟别来半载，风采更胜当日！我和二弟在真陵山下守候了一天一夜，想不到竟在这里遇见你啦！"遥遥望去，来人金冠黄衣，丰神俊朗，赫然是土族黄帝姬远玄。

旁边一人骑乘飞龙，紫衣红带，虬髯如火，一双虎目炯炯生威，果然正是炎帝烈炎。并肩飞来的，还有火神祝融、金族开明虎神陆吾、水族博父国主夔沨以及涉驮、计蒙等土族大将。

拓拔野大喜，想不到竟会在这里遇见这么多人，当下急念法诀，将夔牛重新封印，以免吼声误伤土族飞兽，哈哈笑道："这可真叫来得早不如来得巧了！大哥、二哥，我正发愁该如何处置这鬼国妖孽呢，不如你们替我出出主意？"

那红衣男子脸色微变，哑声怪笑道："素闻黄帝陛下一言九鼎，想不到原来也是个反复无常的小人！土族长老会的决议，你也敢只手推翻吗？"

他的声音沙哑低沉，却压过山谷中的诸多喧哗，远远地传了出去。众人听了，心中都是大奇，不知这妖人所说的"主公"是谁？又与土族长老会达成了什么协议？

飞兽军疾速掠近，只听姬远玄淡淡道："若不是皮母地丘吞埋了一万六千北鲜兽骑，敝族长老会又怎会答应与公孙婴侯两不相侵？既已立誓，寡人自会重言守诺，但这几日以来，你们四处纵蛊为害，肆虐瘟疫，掳掠僵尸为奴，弄得土、火、木三族尸横遍野，民心惶惶，敢问，这又算是什么两不相侵？又叫寡人如何平定朝野群议？"

拓拔野闻言大震，才知道这僵尸鬼兵竟是公孙婴侯部属！又惊又怒，正待喝问雨师妾下落，又听红衣男子冷笑道："嘿嘿，陛下既然决心反悔，那也休怪我主公翻脸无情了。莫怪我没提醒，一旦与我主公为敌，境内山崩地裂、地火洪水、猛兽瘟疫……指日可期！"

烈炎厉声喝道："梁嘉炽！你放着堂堂火族大好男儿不做，却自甘堕落，做那公孙婴侯的鬼奴鹰犬，蛊惑族人，祸害天下，将来九泉之下，有何颜面见列祖列宗？倘若你还有一丝悔改之意，现在立即放了烈氏八兄弟，解散鬼兵，自缚请罪，长老会上，寡人或还可为你求情……”

不等他说完，那红衣男子仰天狂笑，截口道：“好一个自缚请罪，为我求情！当日烈碧光晟杀我全家、诛我三族，怎么就不见你为我求情？怎么就不见满殿长老为我求情？”

他越说越是激愤，碧眼中泪光闪烁，怒火如焚，厉声道：“自从十六年前，你们将我全家抛入融天山的那一天起，我梁某人就再不是火族之身，而只是一介孤魅游魂！从那一天起，我的名字也不再叫梁嘉炽，而叫作魅魂，我告诉自己，终有一日，我要让你们火族一百零六城尽变作人间鬼域！”

山谷中的众火族听到“梁嘉炽”三字，无不哗然，心想：原来是他！惊骇者有之，同情者有之，厌憎者亦有之。

此人原本是火族昔年六大猛将之一，骁勇多智，其部“炽火军团”一度与刑天“战神军”齐名，为烈碧光晟平定南荒立下了赫赫战功。南蛮既平，鸟尽弓藏，烈碧光晟为了巩固势力，党同伐异，捏造罪名，将这桀骜自负的悍将满门抄斩，推入深不可测的融天山地渊之中。

孰料他竟如此命大，也不知用了什么法子，竟从地渊中捡得一条性命，还投入了公孙婴侯门下。

梁嘉炽嗜血好杀，曾一夜间踏平蜮人族，不分妇孺屠杀殆尽，因此又被称为“鬼王炽”，不想一语成谶，竟成了今日这般模样。真可谓世事无稽，报应不爽了。

遍谷群雄之中，唯有淳于昱对他这番话心有戚戚，仰头咯咯大笑道：“魅魂将军，人心如鬼，世间原本便是地狱，你又何必多此一举？”

听到她的笑声，祝融脸色顿变，烈炎高声道：“敢问是浮玉国主吗？想不到竟在这里遇见你，这可真是巧了……”

火仇仙子柳眉一挑，冷笑道：“冤家路窄，狭路相逢，有什么巧不巧的？厌火国不是叫琉丹吗？我复姓淳于，单名昱，不知道阁下说的浮玉国主又是谁？”声音森寒怨毒，充满了刻骨仇恨。

当是时，数千飞兽军已到了山谷上空，汹汹俯冲而下，将山谷四面围住，火把星星点点，和下方草坡的火光交相辉映，四野亮如白昼。

祝融骑乘双龙急冲而下，双袖一卷，将双龙化作霓龙杖收入手中，悄无声息地落在河岸，白发飘飘，红须若舞，怔怔地凝视了淳于昱片刻，眼中爱怜、愧疚、悲苦、悔恨、温柔……各种神色交相掺杂，叹了口气，道：“孩子，冤有头，债有主，是我对不起你们母女，要杀要剐全由得你。但是……火族的平民百姓却是无辜的，你又何苦迁怒于他们？”

火仇仙子咬牙道：“你少在这里惺惺作态！你当我真不敢杀你吗？火族的百姓无辜，厌火国的百姓便天生有罪了？两万七千条人命，在你们眼里竟连猪狗也不如！”

她越数越怒，彩衣忽地一鼓，霓光爆闪，朝着祝融当胸刺去！

“嘭！”祝融身子一晃，鲜血激射，右胸赫然插了一支紫红色的三尺短剑，光华流离。

众人失声惊呼，拓拔野、烈炎等人相距太远，救之不及，急忙抢身冲去，唯有流沙仙子、魅魂一愣，双双大笑，极是幸灾乐祸。

火仇仙子脸色微变，想不到他竟避也不避，心中蓦地闪过一些后悔之意，但想到母亲、族人的惨死，怒火登时又熊熊地卷上心头。探手凌空一抓，将那紫铜短剑霍然倒拔而出，冷冷道：“你还记得这支剑吗？”

拓拔野、烈炎等人电冲而下，将祝融扶住，想要施法封住伤口，却被他摇头示止，任由鲜血从胸膛汩汩而出，吸了口气，神色古怪，低声道：“自然记得。这支剑是三十五年前我送给你娘亲的‘心血神剑’。”

火仇仙子弯弯的妙目中莹光闪烁，冷冷道：“你记得你送此剑时，还说了什么吗？”

祝融眼中闪过痛苦之色，嘴唇翕动了片刻，才徐徐道：“我说此剑是火族的神匠夫妇挖出自己的心，以血祭剑，才铸造而成的。普天之下只有一双，我要为它找到另一支，从此生生世世，永结同心；还要让火族与厌火国之间世代友好，再无刀兵……”

火仇仙子眼圈一红，泪水夺眶而出，喝道：“你欠我们母女的，我或许可以忘记，但你欠厌火国的三十二年血海深仇，我却一刻也不敢忘！”说罢心血神剑紫光怒爆，再次如闪电似的朝他心口冲射而去。

这次拓拔野、烈炎早有所备，齐齐挥掌一拍，气浪轰然，登时将那短剑击得冲天抛起，不偏不倚地落到烈炎掌心。

烈炎指尖在那短剑上轻轻一弹，嗡然龙吟，心中感慨万千，叹道：“同心共血，生生世世。淳于姑娘，这对神剑自铸成之日起，便只剩下一支，当年赤帝赏赐给火神，也是希望他终有一日能找到自己至爱之人。他将此剑送予你娘，实是一片赤诚真心……”

淳于昱心中如绞，冷笑不语。

流沙仙子唯恐天下不乱，也不管拓拔野几次眼神恳求，笑吟吟地道：“我只听说情人私订终身之时，常常互送金锁玉镯，像这般送一件大凶之器的，倒真是绝无仅有呢。想来祝真神神机妙算，早已料到会有今日，佩服，佩服呀。”

火族群雄大怒，纷纷呵斥，烈炎只当没有听见，指尖轻弹，将短剑隔空送回到火仇仙子的手中，沉声道：“淳于姑娘，火神是寡人的授业恩师，但他的刚毅正直、淡泊宽厚，族中又何独寡人景慕敬服？当年因为厌火国覆灭之事，他与烈碧光晟一直势同水火，更对自己愧恨自责，耿耿于怀。若不是因为他在长老会上，几次三番据理力争，主张怀柔治理南疆，又私自恳托刑天等将，对厌火国旧部网开一面，被屠戮驱逐的南荒夷族又何止十万！”

他顿了顿，声音更转低沉，道：“这些年来，他始终未娶，对你们母女抱愧思念，一日甚于一日，无时无刻不在为你担忧。十八年间，他踏遍了八荒四海，一则为了探听你的下落，二则也是为了寻找那失传的另一支心血剑，埋在你娘亲的坟前，了却心愿……”

说到最后一句时，转身从祝融背负的铁匣中拔出一支短剑，“叮”的一声，紫光耀眼，和火仇仙子手中的那支心血神剑交相辉映、长吟，形状、大小赫然一模一样！

众人哄然，想不到这太古时代便已失传的火族神剑，竟然真的会让祝融找到！魅魂远远地瞧见，又是惊愕又是艳羡，忍不住飘身移近，想要看得清楚一些。

烈炎缓步上前，将那支短剑递到她的手中。

淳于昱花容骤然惨白，又渐渐地涌起晕红之色，痴痴地看着这两支短剑，惊异、酸楚、激动、难过……跌宕沉浮，恍惚若梦，一时竟不知所措。

烈炎道：“淳于姑娘，这支神剑是祝火神在赤炎火山的山腹深处找到的。舍妹当日坠入火山腹中时，恰巧瞧见两百余丈下的岩壁上插着一支短剑，形状颇似传说中的‘心血’，便告知神上。为了取得这支神剑，火神六次冒死进入赤炎火山，才终于从岩浆之中拔出……”

他神容恳切，声音低沉真挚，听得淳于昱心乱如麻，又是难过又是悲楚，泪水忍不住滚滚涌出。

有一刹那，她多么想奔入那人的怀中，放声大哭，就像自小她常常做的那个梦一样。在梦里，阳光灿烂，碧树红花，她坐在龙马上，靠在他的怀里，不知为什么，她哭了，哭得那么伤心。旁边，母亲回过头来，美丽的笑脸容光焕发，凝视着他们，嘴唇翕张，像是在温柔地说着些什么，但是她却听不真切。

在那个此生一遍又一遍重复着的梦里，她忘记了所有的一切，只记得春风吹过树梢，鸟儿在耳边欢唱，云朵高高地飘浮在蓝天上，仿佛随着时间一起凝固了。只记得母亲笑靥如阳光般灿烂，鼻息间尽是那泥土和花草的清香，还有那温暖而又缥缈的父亲的气息……

而此刻，相距数丈，那张熟悉而又陌生的脸容渐渐模糊了，像水光似的轻轻摇荡着，仿佛在梦里，又仿佛在梦外。滚烫的泪水滑过脸颊，滴落在剑锋上，那声音就像自己的心在刹那间撕裂成了碎瓣。

见她怔怔凝视着短剑，泪水如断线珍珠般滚落，众人都是一阵难过，寂寂无声，就连那万千凶兽、尸鬼也木愣愣地呆立着，偶尔发出两声低沉的哀鸣。

流沙仙子原想说些讥嘲挖苦的风凉话，但不知为何，心中却莫名地一阵刺痛，突然想到了自己，想到了一些久远得早已不愿想起的往事，喉咙若堵，再难说出口来。

姬远玄咳嗽一声，上前道："淳于姑娘，炎帝说得不错，当年南荒连年战事全因烈碧光晟而起。家仇也罢，国恨也罢，你的敌人都是烈碧光晟，而不是祝火神，更不该是火族百姓。烈碧光晟野心勃勃，一心并吞各邦，成就霸业，无所不用其极。这几十年来所欠的，又何止是南荒各族的血债？"

陆吾等人纷纷点头附和。

拓拔野温言道："淳于姑娘，当世炎帝深明大义，为了天下苍生，毅然与烈老贼斩断叔侄之情，誓与之死战到底。有这等明君，是火族之福，更是南荒各族的福气。只要大家同仇敌忾，齐心协力，假以时日，定可还天下太平。那时厌火国中兴，还不是指日可待吗？"

淳于昱脸色苍白，默然不语，被众人这般七嘴八舌地劝说，心中更是烦乱至极，蓦地朝后退了几步，柳眉一蹙，欲言又止。

烈炎见状，知道她心意已然摇动，当下朗声道："炎天在上，赤土在下，我烈炎对着这剡山发誓，他日平定叛党，还复太平之后，若不与厌火国等南荒九族四十八国世代交好，和平共处，则永受地火煎熬，不得超脱，有如此石！"

说着，他伸出右掌，凌空抓起一块石头，掌心烈火真气"哧哧"激响，顷刻烧化为石粉，簌簌掉落。

众人悚然动容，淳于昱大震，猛地抬起头来，目光灼灼地凝视着烈炎，见他坦荡相对，殊不退缩，心底惊疑犹豫之意渐渐退去，眯起眼，半晌才一字字地冷冷道："就算你不怕天谴，违逆此事，我也会让你毒火灼身，万蛊攻心，求生不得，求死不能！"

众人闻言大喜，她的话虽说得阴冷狠毒，但言外之意却是默认了烈炎等人结为同盟的邀请。

烈炎、拓拔野、姬远玄三人相视而笑，齐声道："一言为定！"有这善驭毒兽的南蛮妖女相助，对付烈碧光晟无疑又多了一分胜算。

祝融松了口长气，脸上露出一丝悲喜交集的笑容，身子一晃，再也支撑不住，坐倒在地。两旁的火族卫士大惊，急忙奔上前来，聚气于掌，将他胸膛的伤口封住。

魅魂又是失望又是恼恨，远远地哑声厉笑道："祝火神，恭贺你父女团圆，前嫌尽弃！嘿嘿，想不到数万条性命的血海深仇，竟被一支短剑就给抵消啦。厌火国这三十多年来培养的国主，原来不过是个胆小如鼠的叛徒！"

淳于昱俏脸飞红，羞怒交加，"哼"了一声，正待说话，烈炎业已高声喝道："梁嘉炽！若不是你当年煽风点火，在南荒大肆屠戮劫掠，欠下无数血债，今日火族与南荒各族之间，又怎会有如此隔阂仇怨？你不分是非正义，不知思过悔改，是以当年被烈碧光晟陷害之时，才没有一人肯为你求情！时至今日，还不懂得觉醒吗？"

魅魂碧眼中怒火欲喷，哑声狂笑道："黄毛小儿，也敢大放厥词！你当我像这小丫头一般愚蠢可笑，受人摆布吗？似海深仇，不共戴天，凭你这花言巧语，也想就此平息？"

蓦地顿住笑声，凝视着姬远玄，森然道："黄帝陛下，既然主公与你立誓在先，今晚我就暂且放过他们。但你若决意反悔，三日之内，九万里中州，定然变作人间鬼域！"

说到最后一个字时，"轰"的一声，红光炸舞，竟如轻烟似的消散不见了。

烈炎等人想要追救烈雪八刀，已然不及，山坡上空空荡荡，哪里还有半个人影？众人又惊又怒，不知他使了什么妖法，破口大骂不止。

远远地，仿佛从天边传来那凄厉诡异的骨笛声，虚无缥缈，越去越远。那近万鬼兵凄号怪叫，纷纷冲入大河之中，波涛汹涌，霎时间便消失得干干净净。

「第十二章」

皮母地丘

此时细雨已停，漫山遍谷的火焰也渐渐转小。夜风吹来，乌云离散，露出一角深蓝的夜空，星子寥廓，淡淡闪耀。

鬼兵既去，就连空气似乎都变得清新起来。众人欢呼高歌，心情大为放松。倒是那万千南荒凶兽听不见巴乌之声，星罗棋布地散立在草坡上，茫然四顾，不知所从。

飞兽军训练有素，纷纷俯冲而下，将众游侠围护起来，以防群兽再度发狂。

淳于昱冷笑一声，吹奏蛮笛，众凶兽顿时呜呜怪吼，穿插奔掠，排列成几个整整齐齐的方队，随其节奏有条不紊地缓步徐行，夜色中瞧来，颇有几分沐猴而冠的感觉，说不出地诡异、滑稽。

众人好笑之余，大感佩服，能将猛兽训练得如此“军容整肃”，普天之下只怕也只有这南蛮妖女了。暗暗又有些庆幸，倘若这妖女非友而敌，他日沙场相逢，要和这些凶暴守纪的兽军交起战来，那也是大大地头疼。

拓拔野与烈炎、姬远玄等人不期而遇，都颇为欢喜，当下一边帮助祝融以及其他受伤游侠疗伤驱蛊，一边围坐而谈，将近日来发生之事都细细地交流了一遍。

东海之战，众人虽已得知大概，但此番听拓拔野亲口说来，倒像是自己亲身经历了一般，更觉惊心动魄，时而义愤填膺，时而击节叫好，时而黯然扼腕。

烈炎听得气怒难平，心下愧责，摇头叹道：“三弟，二哥对不住你。倘若那日我亲自前往汤谷贺礼，多添几个帮手，公孙婴侯也未必能够得逞啦。”

拓拔野一愣，心中大暖，笑道：“二哥说的哪里话？南荒、中土的战事都极为吃紧，你们又怎能擅自脱身？再说，无论是烛老妖，还是那公孙婴侯，都是处心积虑，志在必得，就算大家全都赶来了，他们也必定有对应之策。”

姬远玄沉声道："不错。那几日之间，燕北鲜、八大天王全力进攻中土，烈碧光晟又大举北犯，便是为了牵制我们的兵力，让我们无暇东顾。水妖此次倾巢而出，部署得可谓天衣无缝，若非龙族、汤谷上下一心，拼力死战，东海眼下只怕已被水族盘踞了。"

众人心下凛然，都觉得一阵后怕。东海一旦被水族所控，则北水、木、南火三族势力连成一片，对金、土、北火、南水俨然形成包抄围夹之势，大荒格局、未来胜负基本可以定论。

陆吾沉吟片刻，皱眉道："奇怪，烛真神一向计谋深远，倒也罢了，那公孙婴侯从皮母地丘中出来不过两三日，又怎会对太子及龙族的情形如此了如指掌？而且看他的所作所为，每一步又都与水族的计划隐隐契合，倒像是事先安排好了一般……"

拓拔野心中一凛，旋又摇头道："公孙婴侯是黑帝的外甥，当初波母怀孕之时，便是被烛老妖所陷害，一家三口被驱逐到土族地壑之中，生不如死。以他狭隘自负、睚眦必报的性子，必定会向烛老妖索仇，断断不会与他联手。"

姬远玄点头道："不错，皮母地丘重现之日，便一气吞埋了两万北鲜军团，适才的鬼兵大多都是这些水妖尸身所化。公孙婴侯与我族盟誓互不相侵时，更直言不讳，说要以这些尸兵讨伐水族，为黑帝、波母报仇雪恨。"

当下又将此事的经过对拓拔野详细地述说了一遍。

原来真陵之战前，土族巫祝便已卜算到若与水妖决战于真陵之野，必有大捷。应验之后，欣喜若狂的土族长老会竟将皮母地丘奉为圣地，开坛祭祀。

公孙婴侯便在祭祀时突然出现，声称愿与土族结成同盟，共讨水妖。他原本就是土族从前最有威望的长老公孙长泰之子，加之又是大荒十神之一，修为超绝，当世罕有匹敌，对于土族中人而言，自有一番亲切感。

大敌压境，土族长老会均想拉拢他为己用，让这皮母地丘变成水族大军难以逾越的鸿沟要塞，于是不顾姬远玄的反对，立议结盟，彼此以真陵山为界，互不侵扰，共同对抗水妖。

不想一日之后，便传来公孙婴侯掳掠龙女，欲在皮母地丘中大婚的消息。姬远玄惊愕震怒，却苦于盟誓之累，不能出兵干涉，当下飞鸟传信，联络了烈炎等人，一齐赶往皮母地丘，等待拓拔野，共商对策。

昨夜，烈炎方率部赶到，却遭鬼兵突袭围攻，激战中，烈雪八刀被魅魂下蛊控制，变作鬼奴。烈炎与姬远玄、陆吾各部会合后，追踪至此，却意外地邂逅了拓拔野和淳于昱一行。

听到这里，拓拔野方才了解来龙去脉。听说各族为了帮助自己解救雨师妾，都抽调了不少高手赶来，心潮汹涌，大为感激，一时竟不知该如何答谢。

姬远玄道："公孙婴侯原本便罕有敌手，得了黑帝余孽，势力大张，皮母地丘中的奇蛊凶兽更是数不胜数，不在灵山之下。他夺取龙妃，除了想羞辱三弟，以雪神帝之耻外，多半还想借她驭兽之能，好好利用壑内的妖兽，像淳于姑娘这般组建兽军，以争霸天下……"

流沙仙子原只是笑吟吟地在一旁瞧热闹，闻言突然咯咯大笑："这可真叫'盘古门前耍大斧，伏羲府里算八卦了'！龙女也罢，姓淳于的老妖精也罢，你知道她们的驯兽本领是向谁学来的？"

众人一凛，听她言下之意，这二女的驯兽之能竟似是公孙婴侯所授。

淳于昱脸色一变，眯起弯眼，冷笑道："小妖精，你的子母针和百香囊又是从谁那里偷来的？当日又是谁死乞白赖地求着他传授蛊毒？只可惜人家怎么也瞧不上你，只是把你当作猴儿耍，耍成现在这副模样啦。"

流沙仙子大怒，嫣然笑道："是呀，我不过是学不成艺，偷偷师而已，那又怎的？可不像有些人自甘下贱，把自己都搭进去啦。现在听说人要娶龙女为妻，又气得肝肺齐裂，眼巴巴地赶来做弃女怨妇，羞也不羞？"

淳于昱俏脸飞霞，厉声道："住口！"紫光爆射，两支心血短剑急电似的朝她心口冲去。

"嘭"的一声，气浪鼓舞，拓拔野抄身将双剑抢下，苦笑道："二位仙子，既然大家同仇敌忾，又何必自相残杀，让亲者痛、仇者快？"

二女"哼"了一声，齐齐冷笑道："谁和这妖精同仇敌忾了？"

众人见状，心下已知大概，一时都不敢插话。

祝融在一旁盘坐调息，听见这番话，心里更是痛如针扎。以淳于昱刚烈如火的性子，当年必是为了报仇复国，不惜以色引诱正如日中天的公孙婴侯，结果反被其所惑，陷入情网，不能自拔。

淳于昱双靥如火，蹙着眉尖，忽然冷冷道："不错！我今夜领着群兽到此，就是为了去搅乱公孙婴侯的婚礼的。这薄情寡义的狗贼，欠了我十八年，也该还我啦。"顿了顿，瞥了满地的鬼尸一眼，"哼"了一声，道，"就凭这些鬼兵，也想挡住我吗？”

众人恍然，这才知道适才魅魂领着万千鬼兵到此，竟是为了狙击她的兽军。如此说来，她施放三昧离火烧山，倒也不全是为了困阻五族游侠，更主要的目的多半还是布置火阵，逼出尸兵来。

淳于昱转过头，弯月似的妙目灼灼地凝视着拓拔野，挑眉道：“拓拔小子，除了那薄情寡义的狗贼，皮母地丘再没人比我熟悉啦，闭着眼睛都能来去自如。你若想救出龙妃，便和我联手，各取所需……”

话音未落，流沙仙子又咯咯笑道：“哎哟，龙鲸打喷嚏——好大的口气！当初我在皮母地丘里待着的时候，你还在南荒的树林里和长右一起荡秋千呢！”说罢故意紧紧地挽住拓拔野的手臂，笑吟吟地在他耳边吐气如兰，蚊吟似的道，“臭小子，你若敢带着这老妖精去，瞧姐姐以后还理不理你……”

拓拔野被她吹得耳根酥麻，脸上烧烫，除了雨师妾和纤纤之外，他就是对这妖女最没辙了，当下苦笑传音道：“多一个帮手，又有什么不好？有她陪着，你不也轻松了几分吗……”蓦地，手臂被她拧了一下，疼得龇牙咧嘴，后面的话登时说不出来了。

姬远玄咳嗽一声，道：“两位仙子，皮母地丘在地底掩埋了十六年，这十六年间到底有多少变化，想必二位也无把握。况且公孙婴侯计划周详，必有所备，倘若贸然轻进，只怕正中其道。倒不如互通有无，携手合作。”

烈炎等人点头称是，纷纷劝道：“大敌当前，两位仙子理应尽释前嫌才是。”

流沙仙子眉尖一扬，笑道：“好啊，倘若她能答应我一个条件，我便勉为其难，只当瞧她不见。”

大风鼓舞，千山倒退，夜色苍茫无边。众人骑乘飞兽，朝着真陵山方向飞去。巴乌声悠扬响彻，转头俯瞰，远远地还能瞧见那狂奔如潮的兽群。

拓拔野瞟了一眼骑坐在敞凫神鸟上吹奏蛮笛的淳于昱，心下好奇，低声道：“好姐姐，你对她说的究竟是什么条件？怎么她听了脸色那么难看，像是要吃了你一般？”

流沙仙子抿嘴微笑，嫣然道：“到时你自然就知道啦。”

此时祝融的伤口已无大碍，只是失血太多，脸色苍白，骑在双龙之上摇摆不定，直如纸鸢飘飘欲飞，几次想要与淳于昱说话，她却立即冷冷地转过头去，吹奏巴乌笛，御使众兽集结远随。

他心中黯然，知道女儿虽然已同意与拓拔野、烈炎结盟，只是为了复国报仇，并不意味着已经原谅了自己这个父亲。三十余年所累积形成的看法，绝非一朝一夕所能完全扭转，只有循序渐进，日后慢慢再说了。

飞兽军速度极快，清晨时分，已到了真陵山一带。

东方朝阳初升，霞光万道，照耀得万里山野金灿灿一片。远远地便瞧见雄伟的真陵断山迤逦如城郭，崩岩碎石遍野都是，草原上布满了巨大的裂缝，如蜘蛛网般纵横交错。

北侧更远处，霓光万丈，霞云滚滚翻腾，一个巨大的地壑绵延二十余里，横跨千余丈，峭壁环立，雄伟险峻，隐隐可以瞧见壑中霞雾之中，一座山峰若隐若现，飞鸟盘旋，想必就是传说中的皮母地丘了。

流沙仙子清澈的大眼中闪过一丝古怪的神色，在朝阳的照耀下，双眸映照着远处的霓霞虹彩，仿佛两团火焰，跳跃燃烧。

忽听下方传来阵阵欢呼声，拓拔野低头望去，又惊又喜，越过山崖，只见真陵河湍急奔流，两岸的树林、草野上星罗棋布着数千个帐篷，无数人密密麻麻地站立在朝晖里，仰头挥手欢呼，服装各异，有五族游侠，也有金、土、火三族赶来助战的骑兵。

飞兽军急速俯冲而下，在平原上大步奔突，前方树枝扑面，裂缝横亘，直冲出数百丈，才渐渐放慢速度。四周人潮围涌而来，欢呼不已。

拓拔野从太阳乌上翻身跃下，眼光扫处，瞧见一个身着虎皮大衣、气宇轩昂的男子，正朝自己飞奔而来，大喜笑道："拔将军！"正是新近升为寒荒国大将军的拔祀汉。

跟随拔祀汉身旁奔来的，左边是一个身着豹皮斜襟长衣的瘦削少年，斜挎一弓一弩，腰间摇摇晃晃地悬挂着琥珀色野牛角，正是箭术寒荒第一的天箭；右边是一个毛裘长衣的少年，脸容俊俏，浑身虽无华服玉饰，却掩抑不住高贵之气，淡蓝色的双眼凝视着拓拔野，红晕遍颊，笑容明艳动人。

拓拔野一怔，蓦地认将出来，也不知是惊是喜："楚国主？你怎么也来了！"身旁的流沙仙子咯咯一笑，揶揄道："傻小子，这还用问吗？"

拔祀汉奔到身前，和拓拔野互相拥抱致意，道："楚国主听说龙妃被奸贼所掳，寝食难安，特让末将率领八百寒荒骑兵，到这里听候太子差遣！"

拓拔野心中激荡，拍了拍他的后背，转头望去，楚芙丽叶在十余步外站定，嫣然微笑地望着自己，喜悦羞怯而又矜持。一路奔得甚急，胸脯起伏，俏脸如霞，更添丽色。

对于这寒荒公主的暧昧情意，拓拔野早已知悉，但听从龙神之劝，此心既已有所系，不敢再有非分之想，因此始终保持距离。此刻见她千里迢迢赶到这里，心中感激、感动，又夹涌着阵阵温柔之意，当下敛神微笑道："多谢楚国主。"

楚芙丽叶脸上更红，摇了摇头，柔声道："拓拔太子于我寒荒八族恩德深厚，孤家纵是粉身碎骨，也难报万一。只要能对太子有所助益，救出龙妃，孤家就欢喜不尽啦。"

此时其他各族的豪雄、游侠也纷纷奔了过来，七嘴八舌地附和道："没错！只要能救出龙妃，拓拔太子有何吩咐尽管说！辣他奶奶的，大不了上趟刀山、下回火海！"怒吼、欢呼声交杂翻涌，震耳如雷。

拓拔野心中感激不已，正想说话，却听"轰"的一声巨响，一道霞光从远处皮母地丘中冲天飞起，霓光四射，天地尽染，又听一个沙磁雄厚的声音哈哈笑道："想不到我公孙婴侯大婚，竟有这么多贵宾高朋不请自来，情意深重，可真叫人授受不起呀。"

众人哗然，转头望去，只见空中彩云滚滚奔腾，霓光摇舞，如水光晃荡，渐渐形成一个巨大的海市蜃楼似的图像。

但见那空中图景中，一个黑袍高冠的年轻男子傲然而立，脸容苍白如雪，俊美绝俗，目光灼灼地俯瞰着众人，笑容倨傲，又带了几分风流自赏的轻薄味道，赫然正是阳极真神公孙婴侯。

在他身边的床椅上，端然坐着一个凤冠霞帔的新娘，红发如火，肌肤胜雪，秋水明眸中泪光莹莹，嘴角却挂着从容淡定的微笑，显得如此娇媚动人，风华绝世。

拓拔野心中剧震，呼吸几已停窒。短短三日未见，竟像是已经隔了十年。

群雄惊呼大骂声，不绝于耳，纷纷弯弓怒射，箭矢如雨，朝那空中幻象中的公孙婴侯射去。但相隔太远，冲不到一半便已力竭抛落，唯有天箭的电弩箭、白六儿的银光矢破空激舞，堪堪从"公孙婴侯"的口中穿射而过。

光波晃荡，"公孙婴侯"扭曲着仰头大笑道："如此贺礼，倒也别开生面！只是有来无往，我这主人岂不失礼？各位嘉宾，多谢了！"

话音未落，“轰隆”连声，天摇地动，整个大地陡然向下塌落！

众人脚下一空，失声惊呼，踉跄奔跌，又听一阵如雷震响，土石迸爆，红光冲舞，四周纵横交错的地缝中竟喷出数十丈高的冲天火焰！

众兽惊嘶，十几个游侠猝不及防，登时被火焰烧着，惨叫着胡乱拍打全身，满地打滚，很快便再不动弹了。周围众人惶乱骇异，急忙围冲上前将火势扑灭，但为时已晚，仅有两人气若游丝，一息尚存。

拓拔野惊怒欲爆，纵声喝道：“公孙婴侯，这是你我之间的事，要想报仇雪恨，尽管冲着我来，又何必伤及无辜！”声浪滚滚，压过四周轰隆之声，遍野回荡。

听见他的声音，海市蜃楼中的雨师妾登时眼圈一红，珠泪滚滚而落，但笑靥却如鲜花怒放，美得让人难以逼视。樱唇翕张，仿佛在说些什么，却没人能够听见。

“公孙婴侯”哈哈大笑道：“人不犯我，我不犯人。今日是我大喜之日，自然不愿伤人性命，但你这些朋友放着甜蜜蜜的喜酒不喝，非要喝穿肠毒药，我又有什么法子？”

顿了顿，目中精光闪耀，昂头嘿然笑道：“黄帝陛下、炎帝陛下，怎么两位也在这里呢？莫非昨夜魅魂将军还没将我的话带到吗？今日为止，我的敌人仍只是烛老贼，两位若不想让族人百姓备受地火煎熬、瘟疫肆虐之苦，还是安安静静地坐下来，喝上一杯喜酒吧……”

烈炎怒极，截口喝道：“枉你还是大荒十神，两族贵胄，竟然做出这等小人行径，也不怕给先人蒙羞吗……”被姬远玄轻轻地拉了几回衣袖，这才强忍怒火，哼了一声，朗声道，“火族百姓都是磊落坦荡、视死如归的好儿郎，阁下想做什么，尽管来吧！”

火族群雄哄然怒吼，纷纷拔刀呼应。

“公孙婴侯”哈哈长笑道：“烈家男儿，果然有种！”话音方落，四周轰隆巨震，地火喷涌，整个大地仿佛全都燃烧起来，不远处的半截真陵山剧烈震荡，山壁陡然崩炸，万千巨石滚滚冲落，朝着人群飞蹿砸来。

“住手！”拓拔野纵声大喝，骑着太阳乌冲天飞起，高声道，“公孙婴侯，倘若你还算是一条汉子，立刻放了雨师龙妃，出来和我光明正大地决一生死！”

地火顿敛，震动少止。

“公孙婴侯”哈哈笑道：“拓拔小子，那夜扶桑树顶，是你自己选择了姑射仙子，雨师妹子伤心之下，看穿了你的面目，这才心甘情愿地嫁我为妻。你又怪得谁来？”

说着故意伸出手，托起雨师妾的香腮，低头吻去。雨师妾似是被封住了经脉，绵软无力，奋力挣扎不得脱，被他亲在耳根，满脸娇嗔羞怒，泪水纵横。

群雄大骂声不绝。

拓拔野怒火填膺，几欲爆裂，狂风吹来，霓光摇荡，海市蜃楼渐渐变得迷蒙起来，两人的身影都瞧不清楚了，只听公孙婴侯纵声狂笑：“拓拔小子，你连自己的女人都保护不了，还做什么龙神？还平什么天下？若有胆子，就到这地壑之中，抢回你的新娘子，否则趁早滚回东海，做你的缩头乌龟去吧！”

一字字如根根尖针，扎入拓拔野的心底，疼得他连气都喘不过来了。

当是时，笑声回荡，霓光云彩突然鼓舞收缩，冲入地壑之中，炸散为七彩艳光。蓝天万里，白云飞扬，仿佛什么也没发生过一般。

拓拔野心意已决，朝着群雄当空抱拳行礼，朗声道：“各位好朋友，多谢大家牵挂关怀，但此事不过私人恩怨，无须牵扯各族。大家放心，明天日出之前，我必定会带着龙妃安然返回。他日重办婚宴之时，再与各位好朋友一醉方休！”说罢，不等众人回话，驾鸟电冲而去。

流沙仙子、淳于昱齐声叫道：“拓拔小子，等等我！”双双骑鸟飞追，紧随其后。

群雄大哗，群情激愤，议论纷纷，都要跟随拓拔野，一齐冲入皮母地丘，搅他个天翻地覆。

姬远玄朗声道：“各位朋友，少安毋躁！”等到喧哗声渐渐止歇，才又沉声道，“公孙婴侯虽是我土族贵胄之后，又助我大军消灭了数万水妖。但其狼子野心，卑劣无耻，从地底出来数日，便做了众多恶事，我姬远玄又岂能因私废公，与虎谋皮？不趁着今日诛灭此獠，又何以向瘟疫惨死的各族百姓交代？”

众人齐声喝彩，几个性急的游侠叫道：“既是如此，还等什么？不如大家一起跟着拓拔太子冲进去，杀他个痛快！”附应声登时哄然一片。

姬远玄摇头道：“皮母地丘犹如烈火地狱，毒虫凶兽数不胜数，公孙婴侯新近又收了数万尸兵……我们这般贸然地冲进去，和扑火飞蛾又有什么差别？”

楚芙丽叶眉尖一蹙，心中大恼，淡淡道：“黄帝陛下既知凶险，又怎能坐视拓拔太子而不顾？”

姬远玄微微一笑，道：“楚国主放心，且不说拓拔太子早已是百毒不侵之身，现在跟随他身边的两位仙子，都是蛊虫毒兽的祖宗，他们三人加在一起，一天半日之内，公孙婴侯也决计奈何不得。”

他顿了顿，从袖中取出一颗龙眼大的珠子，绚光闪耀，环顾群雄，道：“这颗珠子叫‘鬼影珠’，西海‘鬼影鱼’肝中所生，两两一双。两人分执一颗，无论到哪里，都可以彼此照影成像，看得一清二楚。寡人知道拓拔太子的性子，定然不愿连累旁人，所以昨夜趁他不备之时，特意在他身上藏了一颗……”

话音未落，“鬼影珠”上彩光乍吐，蓦地当空化成一轮影像。只见三人骑乘飞鸟，正往皮母地丘中冲落，当先一人俊秀挺拔，赫然正是拓拔野。

众人哄然，大感有趣。

姬远玄目中光芒闪动，微笑道：“只要拓拔太子身上的珠子不掉落，我们就能清清楚楚地瞧见皮母地丘中的所有景象，知己知彼，静候良机。此外，寡人已经调集了所有飞兽军往这里赶来，一旦拓拔太子稍有凶险，我们立即尽数出动，杀公孙婴侯一个措手不及！”

拓拔野三人盘旋飞舞，俯瞰下方那壮丽奇诡的景象，心中大凛。

地壑辽阔迤逦，东西绵延二十余里，望不到边际，南北宽达千余丈，两侧悬崖峭壁，深不可测，仿佛一张森森巨口，择人而噬。

下方寒气、热浪交相喷涌，云蒸霞蔚，变幻出万千形状。深壑当中仿佛矗立着一座峻伟险峰，神龙见首不见尾，狂风吹来时，云彩飞散，奇峰怪石若隐若现，像是无数仙人、怪兽藏在云雾之间。

忽听一阵尖声怪鸣，一群五彩缤纷的巨鸟从下方云霞中冲天飞起，呼啸着朝拓拔野三人撞来。相隔数十丈，听见流沙仙子的号角声与火仇仙子吹奏的巴乌，顿时惊啼冲散，远远地盘旋避开。

流沙仙子俯瞰下方，嘴角露出一丝悲喜讥嘲的微笑，低声道：“想不到相隔十八年，还是回到了这里。”蓦地高吹玉兕角，碧光冲射，一只巨大的怪物振翅盘旋，发出“那七那七”的刺耳怪声。

那怪物周身碧绿，光滑透亮，头顶三只尖角，仿佛一只巨大的昆虫。六足凌空乱蹬，一双大如车轮的碧眼直愣愣地瞪着拓拔野，若有所思。正是许久不见的那七只怪兽。

拓拔野见到它，颇感亲切，伸手拍了拍它的脑袋，笑道：“那歧兄别来无恙？我还道你主人找到新坐骑，不要你啦。”

流沙仙子呸了一声，道：“你以为天下人都像你这般喜新厌旧吗？那歧的老家便是这皮母地丘，有它带路，可比你这傲慢无礼的鸟儿强多啦。”

太阳乌见他二人与这丑陋怪物如此亲昵，也不知是呷醋还是不屑，嗷嗷鸣叫，巨翅轰然横扫，想将它赶开。不想“那歧”庞躯被它拍中，竟岿然不动，懒洋洋地扑扇扑扇翅膀，大眼依旧直愣愣地瞪着拓拔野，也不生气。

拓拔野摸了摸太阳乌的脑袋，笑道：“乌兄，委屈你了。”和流沙仙子一齐翻身跃到那歧背上，抽出断剑，将太阳乌封印其中，朝深壑中冲去。

敞皃神鸟尖声长啼，张开巨翅，滑翔紧随。火仇仙子骑乘其上，默默不语，弯弯的妙目凝神四扫，神色警惕，俏脸上酡红如醉，在四周云霞的映衬下，更显娇艳。

三人驾兽急速俯冲，风声猎猎，云霞崩散。

左侧崖壁如削，光滑陡峭；右边便是那从地壑深处拔地而起的神秘“地丘”，虽已冲入数百丈深，仍难以看清全貌。偶尔彩霞离散，才能看见突兀嶙峋的巨石、横空碧翠的青松。

兽吼鸟鸣之声震耳欲聋，不断地有见所未见的怪兽飞冲猛撞而来，或是被二女的号角声、蛮笛声惊得肝胆欲裂，狼狈飞退；或是被拓拔野顺手一掌，打得四仰八叉，撞在崖壁上，怪叫着一路摔跌。

倒是一群群毒虫怪鸟颇为难缠，始终嗡嗡地盘旋于头顶，时而急扑而下，时而环绕身旁，三人少有举动，立即嗡嗡飞散，但过不片刻，又纠集了更多，彩云似的尾追不绝。

好在拓拔野三人俱是百毒不侵之体，偶尔不慎，被这些毒虫撞中，也只如被蚊子叮了一口，顺手拍死就是。

二女凝神聚意，转眸四处扫探，仿佛在寻找着什么。拓拔野问了几回，她们或充耳不闻，殊不回应；或白他一眼，说声讨厌，就不再搭理。拓拔野当下也只好苦笑作罢，随她们去了。

说也奇怪，越往下飞，光线反而越发明亮，云雾渐渐稀薄，那连绵蜿蜒的崖壁、尖利险峻的山石、数之不尽的奇花异草……一一从身边疾闪而过。仰头望去，上方早已被重重彩霞遮盖，连一角蓝天也看不见了。

拓拔野想到雨师妾被囚禁在这地底，不见天日，心中又是一阵大痛，焦虑如焚，恨不能立时飞到她的身旁。

他们冲到了千丈深处，风声凛冽，热浪从下方汹汹扑来，湿热难耐，汗水不断地顺着拓拔野的眉睫滴下，流到眼里，酸疼刺目。周身衣服全都湿透了，黏糊糊的，难受至极。

二女罗裳尽湿，曲线毕露，拓拔野心中一荡，不敢多看，体香、汗味……夹杂着周围浓郁的花香与青草气息，洇化成一股奇异的香气，仿佛芥末在口鼻间泛开，直炸头顶，一颗心莫名地怦怦狂跳。

火仇仙子回眸瞟了他一眼，蹙眉低声道："拓拔小子小心了！这些花草本身虽无毒性，但全是催情之物，在这地火烘烤之下，更是效力倍增，幻象万千，你就算是辟易百毒也不能克制，只能看你自己的念力啦。"

拓拔野大凛，凝神聚意，屏除杂念。但一闭上眼睛，全是雨师妾的音容笑貌，那娇媚的眼波、温柔的笑靥、热辣狂野的唇舌……心中突突狂跳，急忙一咬舌尖，将那些幻象全从脑海里驱除而出。

但那浓郁奇异的香气却丝丝缕缕，扑鼻而来，如春风轻拂，暖洋洋地扫遍他的全身，周身毛孔尽张，浑身舒泰，丹田中那股热火随之越烧越旺，热血如沸。

迷迷糊糊中，眼前忽然又出现了一张脸容，清丽绝俗，一尘不染，那双澄澈清亮的眸子默默地凝视着自己，又是凄婉，又是悲凉。

"仙子姐姐！"拓拔野心中陡然一阵剧痛，泪水莫名地涌上眼眶，伸手想要去拉她，她却忽然泪水涔涔，双臂软绵绵地搂住了自己的脖子，那花瓣般湿润香软的嘴唇轻轻地印在了自己嘴上。

拓拔野脑中嗡然一震，如遭电击。霎时间，玉屏山顶的月夜初逢、密山冰洞的如火缠绵、章莪天湖那恍如梦幻的蜜吻、扶桑树顶那哀婉悲伤的眼神……如洪水狂潮，汹涌冲垮了他那苦苦垒筑的堤坝。

他心中裂痛如绞，强行深埋的情火陡然喷薄，直冲头顶，忍不住便想伸手抱去，恣情亲吻，但忽然又是一震，眼前闪过雨师妾含泪微笑的脸容，"啊"的一声大叫，猛地睁开眼来。

流沙仙子、淳于昱齐齐回头看了他一眼，娇靥如火，妙目水汪汪地媚态横流，想要说话，却又脸上飞红，掉过头去，显然也备受这地火情毒之苦。

拓拔野心中怦怦狂跳，想起方才的幻觉，又是羞惭又是愧疚，正暗暗自责，忽听一声惊天动地的怒吼，"轰"的一声，前方云霞如爆，火光狂舞，一个巨大的黑色怪物如狂飙似的朝他们冲来！

「第十三章」地火凶兽

炎风狂舞，拓拔野呼吸一窒，绮念尽消，口鼻、咽喉仿佛突然灌入了熊熊烈火，热辣辣地直冲肚内，心中一凛，下意识地急旋腹内辟火珠，“嘭”的一声，紫光大炽，遍体清凉；几在同时，丹田内真气轰然狂卷，绕臂飞舞，碧光如长刀迎风怒斩。

火仇仙子失声叫道：“慢着！”

话音未落，“轰！”橙黄气浪炸射喷涌，只听一声如雷怪吼，拓拔野掌心一麻，仿佛被巨力猛推，竟身不由己地从那歧兽背倒飞而出，重重地撞在崖壁上，骨骼欲散，脏腑如翻，心中大骇：什么怪物，竟如此了得！

凝神望去，只见云霞如织，霓光耀眼，一只巨大的黑犬当空伏身低首，作势欲扑，龇着獠牙，喉中低吼，一双赤目红睛，如火球灼灼地瞪视。下颌上那撮淡金色的细绒毛轻轻摆动，口涎涔涔滴落，瞧来凶暴至极。

敞凫鸟三翅迭拍，尖声怪叫，火仇仙子月牙般的妙目中噙满了泪水，惊异、狂喜、悲戚、恨怒……纷迭闪耀，樱唇颤抖，半晌才低声叫道：“如意！如意！”也不知是否那春毒作祟，声音竟是从未有过地低婉温柔。

那黑犬巨兽耳郭一动，凶睛猛地朝她瞪去，火红蓬松的尾巴分叉如炸，仿佛熊熊火焰，低吼不已。

拓拔野大奇，难道这怪兽竟是她的豢宠？心中一动，顿即恍然：这妖兽必定是厌火国的“祸斗”神兽！

祸斗原是九百年前的大荒十大凶兽之一，雌雄同体，凶狂难当，被赤帝收服驯化，赐予厌火国主，成为厌火国镇国神兽，繁衍至今。

数十年前，烈碧光晟七次南征，最终平定南蛮，厌火国的四大祸斗被烈碧光晟、刑天、吴回、各斩其一，剩下一只护卫着淳于柔逃入深山，下落不明。想不到竟藏在了这皮母地丘之中。

祸斗被驯化了九百多年，其凶暴野性较之祖宗早已大为不如，但以方才那一击来看，这妖兽的威力虽不及赤炎金猊、珊瑚独角兽，却也相差不远了。想必它在这神秘的皮母地丘里吃了十八年的烈火毒兽，凶性大增。

听着火仇仙子不住地柔声呼唤，祸斗凶焰稍敛，歪着头，瞪着眼，低吼如雷，火尾渐渐收拢，又陡然炸开，似乎颇为困惑，进退维谷。

被这妖兽突袭，三人反倒从适才的淫香中警醒，流沙仙子苹果脸蛋上的红潮渐渐消散，咯咯笑道："老妖精省省吧，你变得又老又丑，它早就不认得你啦……"

话音未落，祸斗突然朝她转头咆哮，狂飙扑来，"呼！"青焰爆舞，竟比适才的火浪狂猛了三倍有余！

那歧兽飞冲而起，巨翅狂扇，火浪冲天倒卷，刺耳尖叫声中，不顾一切地朝祸斗的血盆大口撞去，"嘭"的一声巨震，头上三角结结实实地刺入妖兽上颚，将它死死抵住。

"住手！"淳于昱又惊又怒，心疼之极，喝道，"小妖精，若敢伤了它，我叫你死无葬身之地！"说罢抓起巴乌，悠悠吹将起来。

祸斗吃痛狂吼，团团乱转，听到笛声，青炎烈火狂飙似的从喉中喷卷而出，将那歧兽的巨头烧得红中发紫，火尾顺势怒扫，重重地猛击在那歧兽的腹部，登时将它打得翻身飞转，绿浆横飞。

流沙仙子大怒，眯眼笑道："老妖精，瞧瞧是你的小狗了得，还是我的那歧兽厉害！"玉兕号呜呜吹奏，那歧兽碧眼光芒大作，振翅疾飞，尾部蓦地弹出一支四尺来长的毒针，碧油油的闪闪发亮。

拓拔野抄足跃起，凌空挡在二女中间，叫道："两位仙子罢手！大敌当前，自相残杀，岂不是让那公孙婴侯瞧了笑话？有何恩怨，等出了这皮母地丘再作了断……"

忽听背后震天狂吼，热浪迸卷，祸斗咆哮着朝他猛扑而来，霎时间那火尾已当头扫到！

二女惊呼声中，拓拔野旋身飞冲而起，有惊无险地从漫天火光中穿过，翻身落在那妖兽背上。任凭它如何发狂跳跃、翻转回旋，双腿始终紧紧地夹住其肋腹，纹丝不动。

祸斗无计可施，蓦地扭颈昂首怒吼，“轰！”周身火焰狂舞，仿佛一个巨大的青紫色火球，炎风火舌直喷出数十丈远，崖壁与地丘上的草木登时被烧为黑末。

二女呼吸窒堵，纷纷驭兽退避开来。

拓拔野有辟火珠护体，殊不畏惧，默念“心心相印诀”，感应妖兽魂魄。远远望去，丹田内紫光急旋飞转，如涟漪四舞，像是蚕茧似的将他团团织绕其中，四周火舌乱舞，始终不得破入。

“辟火珠！”火仇仙子花容微变，一颗心陡然收紧了，也不知是妒怒，还是悲楚。

辟火珠是祸斗神兽火化之后剩余的骨珠，极为珍罕，九百年来，也不过区区六颗，是厌火国的三种至宝之一。经年战乱，更是仅余两颗，想不到其中一颗竟流落到这小子的腹中！

当是时，下方寒热之气越来越盛，白雾、云霞朝上层层翻滚奔腾，幻丽多端，伴随着阵阵“轰隆”之声。崖壁、地丘瞬间被漫漫霞雾所笼罩，三人凝空盘旋，影影绰绰，很快便伸手不见五指。

流沙仙子双耳的赤链蛇突然齐齐收缩，朝着下方嘶嘶吐信，她心中一凛，叫道：“拓拔小子，地火就快喷薄了，快找个岩洞藏起来……”

话音未落，只听“轰隆”一声，云霞如炸，天摇地动，万千道霞霓虹光冲天怒射，四周变得赤红如血。

拓拔野大凛，眼角扫处，只见崖壁与地丘所夹的狭长地壑涌起了滚滚红光，如惊涛骇浪似的朝上喷薄翻滚，还不等他回过神来，那炽热得足以熔化铜铁的烈火气浪已轰然扑面，将他瞬间吞噬其中！

巨爆声轰然回荡，惊天彻地，红光火蛇从皮母地丘、大地裂缝中喷涌而出，直冲起数十丈高。

众人惊哗，数千双眼睛瞬也不瞬地凝视着那光芒尽赤的鬼影珠，紧张得心都要从喉咙里跳出来了。

神珠浮悬空中，嗡嗡乱振，半晌，依然只能瞧见一片刺目红光。

楚芙丽叶蓦地闭上双眼，屏息暗暗祈祷：“寒荒大神在上，只要你保佑拓拔太子平安，我楚芙丽叶，愿意年年岁岁……”原想说“愿意年年岁岁，祭祀以千牲百畜”，但转念又想：以拓拔野的性命，以他挽救寒荒八族数十万人的恩德，又岂止值“千牲百畜”？

思绪飞闪，一时间竟找不到合适的献祭誓词。眼前晃过他的音容笑貌，心乱如麻，蓦地一咬牙，继续默祷道：“……我楚芙丽叶，愿意年年岁岁陪伴大神左右，终身不嫁，至死方休！”

祷词未已，忽听众人纵声欢呼，睁眼望去，只见鬼影珠光中，拓拔野骑乘着祸斗跳跃飞冲，安然无恙，芳心登时大松，又惊又喜，暗想：多谢寒荒大神保佑！

但想到誓词成真，从今往后孤家寡人，与伊人再无半分可能，心中陡地一痛，接着又是一阵莫名的凄楚快意。痴痴地凝视着那幻光中的人影，脸烧如烫，泪水在眼眶中晃动，险些便要流出。

眼见火浪过后，拓拔野、流沙仙子淳于昱三人安然无恙，烈炎、祝融、拔祀汉等人无不大喜。

姬远玄微笑道：“拓拔兄弟有辟火珠护体，又有两大仙子相助，这地火、凶兽暂时都奈何他不得。我们还是姑且按兵不动，等看清皮母地丘内的态势，再作打算……”

远处天空中忽然传来一阵激越的号角声，抬头望去，万里碧虚黑云翻腾，竟是数千飞骑军汹汹冲来。

旌旗在阳光与晨风中猎猎翻卷，赫然是土族应龙真神亲自率领的“阳虚飞兽军”。

几在同时，西南方烟尘滚滚，鼓号齐鸣，黄色、白色、黑色大旗交杂纷叠，当是土族、金族与乌丝兰玛的南水族联军赶至。粗略一数，几有四五万之众。

众人欢声雷动，纷纷摩拳擦掌。强援既到，就算那公孙婴侯当真调遣出僵尸鬼兵、毒兽凶禽，也不足为惧了。

姬远玄嘴角微笑，目光闪动，大风刮来，衣裳猎猎鼓舞，影子投射在身后的草地上，就像天上的浮云一般变幻不定。

地火喷薄之后，云霞尽散，蓝天如洗，壑内视野登时变得历历分明，全貌尽收眼底。

但见地丘山脉险峻巍峨，南北绵延十余里，奇峰兀立，怪石嶙峋，有的山壁赤红如火，有的山壁乌黑如炭，有的山壁银白如雪，大荒九州各种奇山怪石，此处竟一应俱全。

遍山长满了各种见所未见的奇花异草，以拓拔野三人之眼力见识，能认出的也不过百之一二。

放眼望去，绿的郁郁葱葱，仿佛碧涛翠云；红的彤彤艳艳，犹如织锦烟霞。此外，橙、黄、蓝、紫、青……绚丽纷杂，五彩缤纷，就像是空中突然打翻了一个大染缸，泼满了这地丘奇山。

最为出奇的是，那些被炽烈地火烧灼过的黑漆漆的山壁，片刻之间便泛起一层淡淡的新绿，犹如苔藓一般急速生长蔓延，越来越多，越来越长，很快便生长为丛丛灌木、密密绿草，在狂风中摇曳起伏。

速度之快，竟更甚于灵山上所见的“刹那芳华”。

拓拔野此时一心降伏祸斗，凝神默念法诀，戚戚感应，无暇细看这番奇景。倒是流沙仙子二女乘机骑兽盘旋，仔细探扫，像在寻找着什么标志物。

地壑群山之间，怪兽怒吼，凶禽尖啼，嘈杂的声浪震得三人耳中嗡嗡作响，说不出地烦闷。

离得最近的半山险峰上，数十只人头虎尾的巨鸟正密密麻麻地悬尾倒挂在断崖横松上，听见淳于昱的巴乌之声，纷纷振翅尖叫，朝她扫来，碧眼凶光大作，蛇信跳跃，形貌狰狞无比。

流沙仙子拍手笑道：“天作孽，犹可恕；自作孽，不可活。老妖精，你的巴乌声忒动听，看来这些‘虎尾人雕’十八年来竟念念不忘呢。”

火仇仙子柳眉一挑，冷笑一声，继续横吹蛮笛，声音突变急促狞厉。

那些人头巨鸟殊不畏惧，反倒发出凄厉怒号，双翼横张，虎尾抛扬，猛地朝她轰然电冲而下，口中喷出道道毒火。

冲到十丈开外时，光波荡漾，当先的两只怪鸟突然“嘭”地炸裂，像被什么无形火弹击中了一般，周身猛地蹿起熊熊火焰。

紧接着，其后的众怪鸟一一爆裂着火，惨叫着扑翅乱舞，纵横乱撞在崖壁、山岩上，朝下摔去。

山壑中忽然响起公孙婴侯的大笑声：“好一个‘无形三昧火’！淳于公主一别十八载，还是这么热情似火，幸何如哉！”顿了顿，笑道，“贵客临门，我这做主人的又怎能不吹上一首迎宾曲，聊以助兴？”

话音刚落，一阵箫声，清旷舒雅，如松林清风、明月山泉。

地丘群峰之间轰然冲起万千凶禽，随着那箫声节奏，漫天盘旋，尖啼呼应，顷刻之间，宛如乌云奔泻，朝着三人汹汹围冲而来。

拓拔野心中大凛，他精擅音律，又了悟驭兽心法，单听这箫声气韵，这厮竟似不在祝融、百里春秋诸人之下！

流沙仙子妙目中杀机大作，扬眉咯咯笑道："既知贵客临门，还不倒屣相迎，躲躲藏藏的算是什么主人？"大敌当前，再无心取笑淳于昱，仰头高吹玉兕角。

火仇仙子俏脸晕红，冷笑不语，巴乌笛声越来越急，和玉兕角交相并奏，凄寒诡厉。

那俯冲而下的凶鸟或是被无形三昧火击中，火焰熊熊，惨叫着被抛飞；或是被蛮笛、号角声直接震得发狂，横冲乱舞，和后方冲来的鸟禽撞作一团。

骨箫声却始终不急不缓，悠扬自如，在高厉急促的蛮笛与兕角声中听来，疏淡错落，带着一种说不出的韵律与魔魅之力，便是拓拔野听了，心也不由得怦怦一阵大跳，念力涣乱。

稍一分心，祸斗嗷嗷怒吼，疯狂地跳跃冲撞，险些将他从背上掀落，当下急忙凝神聚念，将那箫声从脑中屏除而出。

公孙婴侯潜居地丘数十年，终日与大荒中至为凶毒的虫豸鸟兽为伍，对彼等心性了如指掌，若论资辈，雨师妾、流沙仙子、淳于昱这些驭兽高手都只算得上他的弟子。

这支骨箫更是以太古凶兽"地火麒麟"的脊骨所制，此刻吹将起来，真可谓万禽丧胆，诸兽归心。

数不尽的凶禽尖啸围冲，前赴后继，震耳欲聋，四面八方黑压压的什么也瞧不见了。

蛮笛、兕角之声渐渐地都被那箫声压下去，流沙仙子、火仇仙子的脸色越来越白，香汗淋漓，就连紧握乐器的手都开始微微发抖，心中惊怒至极。

这些年来，二女苦练驭兽蛊毒之法，为的便是今日。虽已料到单打独斗，决计不是此獠的对手，所以彼此才甘愿抛弃前嫌，联袂并斗；但想不到公孙婴侯修为激增，远在想象之上，片刻之间胜负已分！

四周羽翼纷叠，腥风狂舞，鸟尸、污血纵横乱飞，激撞在三人的护体气罩上，"噗噗"连声，气光摇荡。岩壁、山崖上，更是喷溅得斑斑点点，触目惊心。

二女苦苦强撑，蛮笛、兕角声音渐小，节奏渐乱，几次更是险些被骨箫所控。稍有不慎，便要全线崩溃，万劫不复。

拓拔野大凛，原想降伏祸斗之后，再以珊瑚笛全力反击，眼下情势危急，只有一心两用，冒险而为了。

抽出珊瑚笛，凝神横吹，却听蛮笛声突然变调，火仇仙子“哇”地鲜血狂喷，娇躯摇曳，险些从敞凫鸟上仰身翻落。

拓拔野急忙聚气吹笛，笛声清越高亮，登时将骨箫声重新压了下去。流沙仙子松了一口气，脸上泛起淡淡的红晕，无暇多想，继续凝神吹角。

骨箫声陡然一变，急促阴诡，周围凶禽怪叫盘旋，朝着火仇仙子轰然电冲而去。

敞凫神鸟尖啼拍翅，喷出熊熊烈火，将飞冲前来的几只虎尾人雕烧成焦骨，但势单力孤，霎时间便被狂潮似的鸟群淹没，“砰砰”连声，顿时被撕扯成了万千断羽碎肉，淳于昱亦被震得翻身抛起，断线风筝似的朝后飘去。

拓拔野心中一沉，正欲施以援手，却听胯下祸斗神兽突然爆发出惊天狂吼，不顾一切地载着自己猛冲而去，烈焰喷舞，火尾横扫，登时将众鸟打得血肉横飞、焦臭四溢。

在这生死攸关的时刻，它终于认出了自己的旧主，摆脱了骨箫的控制。

拓拔野又惊又喜，笑道：“好畜生，不枉你主人疼你一场！”他左手气刀飞舞，将鸟群轰然杀散，一把拽起火仇仙子，拉入怀中。

淳于昱经脉伤损，脸色煞白，一时不能动弹，嘴角眉梢却尽是盈盈笑意，轻轻地抚摩着祸斗颈上的黑毛，低声呼唤道：“如意，如意……”悲喜交集，泪珠忍不住掉了下来。

祸斗转头呜呜，赤红双目蒙了一层湿漉漉的水雾，长舌跳跃，温柔地舔舐着她的手指，火尾摇摆，极是亲昵。

此时魔障既除，人兽心意相通，威力大增。

祸斗神兽浑身烈火跳跃，咆哮如雷，随着拓拔野意念飞冲奔突，所到之处如狼入羊群，势不可当。纵有凶禽冲到身侧，被它喷发的烈焰卷着，登时烧成了烤鸡火禽，惨叫跌落。

拓拔野有辟火珠护体，抱着淳于昱坐在火焰中，毫发无伤，在火光映照下，凛凛如天神。笛声峭厉险拔，和玉兕角声并奏呼应，更是破空裂云，气势如虹，与骨箫声相互纠缠，一时难分高下。

火仇仙子调息片刻，真气业已重转顺畅，听着笛角激昂合奏，心潮如沸，当下凝神聚气，重又吹奏起巴乌蛮笛。祸斗纵声欢鸣。

拓拔野心无旁骛，全力横吹《金石裂浪曲》，笛声攀到至高处，忽然如狂涛裂岸，险峰崩云，陡然炸裂开来，只听一声震雷狂吼，珊瑚独角兽冲天破空。

凶禽尖啼，惊飞辟易。

霎时间，祸斗、珊瑚独角兽、那歧三大凶兽交相逞威，杀得万鸟断羽缤纷，血肉横飞。

公孙婴侯虽然位列大荒十神，凶威盖世，但要想以一己之力，对抗这当世三大驭兽高手，却不可能。

只听他哈哈大笑道："礼乐既毕，贵宾入席。三位若再找不着入口，可就喝不上我和雨师国主的喜酒啦。"

箫声忽止，万禽冲天飞散。

自与此獠相逢以来，拓拔野此时方初尝胜绩，心中喜怒振奋，封印神兽，纵声长啸。隐隐听见皮母地丘外的各族群雄爆发出如潮欢呼，遍野回荡。

流沙仙子与淳于昱相视嫣然一笑，经此一战，彼此的仇憎之意消减了许多。秋波扫处，发觉山壑内云霞渐起，弥漫卷舞，心中一凛，道："拓拔小子，快走吧。这地壑里每日只有半个时辰能瞧清视野，再不抓紧时间，真就找不着阳极宫的入口啦。"

三人再不迟疑，继续骑兽俯冲。

狂风扑面，彩雾弥散，凶兽妖禽望风披靡。

左侧崖壁绵延不绝，和右面的地丘群峰交夹成狭长曲折的深壑，隐隐可见水光摇荡，似有若无，宛如直通地狱九泉，深不可测。

越往下飞，寒气越盛，而热浪也随之越发猛烈，彼此层叠交涌，像是刚从火山飞过，又到了雪峰上空，忽而极热，忽而极冷。若是常人早已抵受不住，饶是拓拔野修为惊人，亦觉仿佛得了疟疾一般，难受至极。

二女脸颜、肌肤上结了一层淡淡的霜雪，被热风刮舞，又化作晶莹水露，蒸腾飞散，景象颇为奇丽。

但她们似乎对地壑中的地理气候颇为适应，一言不发，凝神四扫，寻找着阳极宫的入口。

如此往下疾飞了一阵，忽然听见“隆隆”巨响，转眸望去，群鸟惊飞，右前方的地丘险峰冒起滚滚黑烟。

既而红光乱舞，山石飞炸，轰然喷出一道百丈来高的火焰，那险峻奇峰顷刻间便崩塌了近半。

几在同时，附近的几座山峰也剧烈震动起来，轰然喷出冲天烈火，此消彼长，蔚为壮观。四周的浓荫花草顿时变为一片火海，猎猎狂卷。

地壑深处恰好寒风鼓舞，冲卷过三人周侧，在上空迅速凝为白蒙蒙的漫天雾气，既而奔腾翻卷，瞬间变作暗紫、金红的瑰丽云霞，又变成乌黑如墨的滚滚阴云。

接着，电闪雷鸣，暴雨倾盆，夹杂着拳头大小的冰雹，密集地撞击在山岩崖壁上，冰屑激射，水花纵横。那熊熊烈火很快便被浇灭，只剩下漫山白烟腾舞，异香缭绕。

俄顷，云开雨收，焦黑的山崖、峰石上又迅速泛起一层新绿，草长树生，开花结果。原本狼藉枯败的景象，又被浓浓绿荫、漫漫花海所替代。

漫天盘旋的凶禽飞兽也重新俯冲飞落，怡然自得，仿佛什么事也没发生过一般。

拓拔野心下骇然，暗想：这地壑内气象瞬息万变，加之地火喷薄，雨水丰沛，难怪片刻之间便能生长出大荒见所未见的花草鸟兽来。谷外的一个昼夜，到了这谷内，倒漫长如一个春秋了……

心念一动，又想：八千年玉老，一夜枯荣……光阴短长，又岂有标尺可量？长留仙子的“一寸光阴”能在瞬息之间纵横百丈，莫非秘密就在此间？

他心中怦怦剧跳，又惊又喜，若有所悟，但一时间又难以描述。待要思忖细辨，却听祸斗“嗷嗷”怒吼，火仇仙子低声道：“到啦！”

拓拔野一凛，凝神望去，但见下方壑深千丈处，水光潋滟，如银带蜿蜒，在半空云霞映照下，七彩变幻，瑰丽多端。

皮母地丘终于见底了。

往下冲去，热浪渐消，寒气益甚，扑面狂风如冰刀刺骨，夹带着蒙蒙雪花。两侧的山崖、峰岭不知何时已被漫漫白雪覆盖，银装素裹，就连空中盘旋飞舞的，也全都变成了雪鹫、冰翼龙等寒荒极地才有的凶禽飞兽。

到了距离那地河百丈之遥时，四周已是冰天雪地，阴寒彻骨，饶是三人真气雄沛，也不免牙关咯咯乱撞，身上更是霜雪凝结，稍一动弹，便“哗啦啦”地掉下一片冰块来。

但奇怪的是，那地河却殊不结冰。河水宽达三百余丈，环绕着地丘迤逦蜿蜒，湛蓝的水波涟漪荡漾，蒸腾出丝丝白雾，散发着幽冥般的可怕寒气。

隐隐可见一具具惨白的尸体悬浮于水中，或仰或俯，浮肿如水鬼，连绵不绝，有数万之众。

“尸兵！”

拓拔野心中大凛，尸蛊畏热喜寒，公孙婴侯必是将这冰河当作了驯养鬼兵的大本营。而水、土两族大战于真陵之野时，燕长歌的北鲜八部被突然迸裂的地壑所吞，又恰好落进了这冰河之中，成了数万鬼兵。

流沙仙子纤指一弹，银针破入一具浮尸之中，沁出黄绿色的浆液，不到片刻，便孵化成几十只七彩小虫，攒集蠕动。

她“哼”了一声，挑眉冷笑道：“我道公孙婴侯有什么能耐，原来也不过是将九彩尸虫、九冥尸蛊交合配种，产下新蛊来。放心吧，这些尸兵要到落日之后才会醒来，我们还有足足四个时辰……”

话音未落，祸斗又是一阵嗷嗷怒吼，带着三人朝北面雪峰冲去。

火仇仙子又惊又喜，失声笑道：“是了，在这里！想不到十八年间地丘震动，竟将这‘指南山’挪成了‘指北山’！”

只见那座山峰陡峭高峻，半山突崛，仿佛一个仙人侧身指路。

拓拔野陡然一凛，觉得这景象好生熟悉，好像在哪里见过一般。脑海中蓦地闪过一些纷乱的画面，稍纵即逝，心中怦怦狂跳，呼吸如窒，也不知是惊是骇，是喜是惧。

流沙仙子见他脸色剧变，怔怔出神，只道他将近阳极宫，太过激动，“呸”了一声，笑道：“臭小子好没出息！在这儿发什么呆？还不跟着姐姐抢亲去！”那歧兽拍翅怪鸣，深以为然。

大雪纷飞，三人骑兽横空，转瞬间便到了那“指南山”上。山崖如刀削斧斫，壁立千仞，唯有半山巨石突兀，横空延伸出数十丈来。

三人驭兽盘旋，在横峰上落定，积雪皑皑，九株苍劲虬松亭亭如盖，此外别无一物。

拓拔野环顾片刻，奇道：“阳极宫的入口在哪里？”

流沙仙子一掌拍出，雪浪奔卷，紧贴崖壁处顿时现出一个两丈来深的雪坑，其中赫然有一个高近两丈的石坟。黑石垒筑，石缝紧密，宛如一只巨大的玄龟。

坟前立了一个玄石墓碑，上面以指力刻写了八个大字：亡夫公孙长泰之墓。

公孙长泰？拓拔野一凛，难道这厮竟将阳极地宫建在了自己父亲的墓底？

流沙仙子似是瞧出他心中所思，道："你猜对啦！阳极宫原本就是波母为亡夫所建的冥宫。上接炎火，下临玄水，背依金石，前栽碧木，中央是一抔黄土……五行皆备，也算是这地壑里的风水宝地了。"

祸斗嗷嗷乱吼，火焰轰然喷舞，冲撞在黑石坟上，气雾迸扬，残雪融化，那石墓却岿然不动。

拓拔野走上前，叩指轻弹，"当当"脆响，那黑黝黝的石块竟比玄冰铁还要坚硬，凝神探扫，却又瞧不出任何机关玄秘，大感奇怪。

火仇仙子淡淡道："拓拔小子，不用看了。这石坟即便拿你的天元逆刃，也要三天三夜才能劈开。要想立即进入阳极宫，只消跪在墓前，叩上九个响头便是……"

"慢着！"流沙仙子抢身挡在她身前，截口冷笑道，"昨夜你亲口答应，由你来跪叩这九个响头，我才勉为其难带你来的。怎么，现在想反悔吗？"

火仇仙子柳眉一挑，悠然道："我只说开启墓门之事交由我来负责，可没答应要自己叩头。这小子要是不愿磕头，那也成啊，我就找块石头慢慢地敲。敲上十年八载的，多半也能进去了。只是等到那时，也不知新娘还健不健在？"

"好一个厚颜狡赖的老妖精！"流沙仙子又气又恼，咯咯大笑道，"也好！再过片刻，公孙婴侯便要取龙女为妻啦，你可千万别打破醋坛子往肚里吞……"

拓拔野听着二女唇枪舌剑，心乱如麻，凝神扫望，果然瞧见墓前的石地上隐隐有几个凹坑，当是长年有人跪拜所致。

心想："只要能救出雨师姐姐，就算向天下人叩拜又有何妨！"热血上涌，大步上前拜倒，"咚咚咚"接连磕了九个响头。

二女齐齐一怔，想不到他竟二话不说，当真便朝仇敌之父叩拜。流沙仙子心中莫名地一酸，旋即涌起一阵温柔怜意。

拓拔野叩完第九个头，只听"轰"的一声，山摇地动，积雪迸飞，那石墓正中陡然开裂，红光爆舞，冲起一道百丈来高的熊熊烈焰！

三人呼吸一窒，衣袂猎猎鼓舞，险些被那气浪刮得站立不住，那歧兽、祸斗尖叫怪吼，像是兴奋，又像是恐惧。

过了片刻，火光收敛，落雪飘摇，横峰上又恢复了宁静。

那石墓则已裂开一个半丈来宽、一丈来高的洞门，红光吞吐闪耀，像是一个伏地蹲踞的凶兽，张开血盆大口，择人而噬。

拓拔野此刻已殊无畏惧，就算明知下方是龙潭虎穴、火海刀山，也要拼死闯上一闯。当下昂然起身，大步踏入墓中。

热风扑面，口干舌燥。甬道狭窄斜长，蜿蜒而下，石壁上悬挂着一盏盏暗紫色的“龙石涎灯”，红光跳跃，异香扑鼻，显得静谧而又诡异。

流沙仙子叫道：“拓拔小子，小心脚下的蛊虫！”生怕他有所闪失，领着那歧兽，抢身尾随其后。

甫一进入，身后“嘭”的一声闷响，墓室业已紧紧闭拢。

流沙仙子一凛，忽觉不妙，回头望去，哪里有火仇仙子的身影？惊怒交迸，顿足失声道：“糟糕！中了这老妖精的计了！”

话音未落，一阵炽烈狂风迎面冲涌，灯火摇曳，明暗不定，耳边只听见公孙婴侯的笑声嗡嗡乱震道：“小妖精，现在才知道中计，不嫌太晚了吗？十六年前我便告诉过你，终有一日，我要让你葬身谷底，永世不能超脱！”

鬼影珠幻光闪耀，映照出拓拔野、流沙仙子恼恨懊悔的神色，各族群雄虽听不见声音，但辨其唇语，也猜到了大概，一时惊怒交加，纷纷破口大骂，悔不该轻信淳于昱。

一些性急的火族游侠更是怒斥南蛮妖女奸狡狠毒、背信弃义，被旁边的人接连肘击，想起火神在侧，这才急忙将问候其祖宗的话语吞回肚内。

祝融面色惨白，一言不发，原以为昨夜之后，父女之情、家国之恨都能渐渐弥合，不想这一切竟只是女儿为报私仇、勾结公孙婴侯所设的圈套！心中悲沮苦痛无以言表，霎时间竟像是老了十岁一般。

烈炎心中黯然，朗声道：“火族、南蛮数十年来仇隙太深，绝非一朝一夕所能弥补，大家也不必苛责淳于公主了。当务之急，是速速设法救出龙神太子与流沙仙子，再一起讨伐公孙婴侯，解救龙妃。”

众人哄然附应，义愤填膺，寒荒国的众勇士最为激愤，纷纷翻身上马，就欲向皮母地丘冲去。

当是时，忽听骨箫高吹，凄厉入云，皮母地丘上空轰然冲起黑压压的一大片凶禽飞兽，尖吼怪嚎，如滚滚乌云，朝着众人压卷而来。

几在同时，又响起一阵似有若无的吹奏巴乌蛮笛的声音，大地微震，隆隆作响，似有千军万马正朝此地狂奔而来。

盘旋上空的飞兽军齐声惊呼，纷纷叫道："陛下，南边来了好多南荒凶兽！"

姬远玄抓起千里镜，朝南望去，烟尘滚卷，如狂潮推进，隐隐听见兽吼声如浪，越来越响。略一推算，有数万凶兽，奔在最前的，赫然是昨夜所见的长右、合窳、猾褢等妖兽。

众人大凛，霍然醒悟。火仇仙子驱使这些兽群，绝非为了与公孙婴侯的鬼军交战，而是为了从后方突袭各族援军，形成包夹合围之势！惊怒之下，纷纷大骂，弯弓拔刀，便欲与这些妖兽决一死战。

姬远玄骑乘三眼麒麟冲天飞起，高声道："各部听令！飞兽军凌空北向，狙击所有从皮母地丘飞来的妖禽；兽骑军排为三角阵，保护好各族游侠，不得号令，不许擅自出击！"

土族大军哄然应诺，声浪如雷。

霎时间，八千飞兽军冲天飞卷，分列三层，在空中排成梯形战阵。

三万土族兽骑旌旗猎猎，迅疾有序地排布成巨大的三角战阵，箭上弦，矛朝外，动也不动，气势森然。

群雄士气大振，当下也在各族首领的指挥下，有条不紊地列阵迎敌。呐喊如潮，鼓号齐鸣，大战一触即发。

狂风猎猎，祝融骑乘双龙凝立空中，听着那悠扬婉转的巴乌声，心中裂痛悲楚，宛如刀绞。想不到三十多年的祈祷悔责，仍然不能避免父女疆场相决！

然而此时此地，纵然他有千思万虑，也无从选择了。当下徐徐从怀中取出"赤龙骨笛"，斜倚唇边，只等兽群再近一里，便吹奏抗衡。

凶禽席卷，万兽狂奔，一南一北，朝着群雄急速逼近。

到了距离战阵四里处，突听骨箫声顿挫，巴乌吹奏声低回，兽群轰鸣怒吼，纷纷顿住。漫天妖禽也随之尖啼上冲，盘旋不前。

只听公孙婴侯的声音哈哈大笑道："今日是公孙某人大喜之日，各位又何必一而再、再而三地逼我大开杀戒？冤有头，债有主，我与拓拔小子的私怨，干卿等何事？乖乖地在一旁看热闹，我保你们长命百岁；若越过界线，自寻死路，那也只好由得你了！”

“轰！”“轰！”北边平原火光冲舞，蹿起数十丈高，宛如赤龙蜿蜒，自东而西，横亘于各族群雄与皮母地丘之间。

几在同时，皮母地丘内再度冲起绚丽霞光，当空摇荡，形成巨大的蜃景幻象，只见一男一女并立在狭窄的甬道里，奋力轰击着漆黑的墓石，赫然正是拓拔野与流沙仙子。

众人大凛，不由自主地屏住呼吸，凝神仰望，心中暗暗祷告，只盼着他们能尽快破壁而出……

第十四章

海誓山盟

银光怒舞，气浪迸飞。拓拔野接连数十记“裂天诀”，震得手臂酥麻，几乎连天元逆刃都拿握不稳，那乌黑的墓石却只添了几道白痕，纹丝不动。

心中又怒又骇，不知这黑石究竟是什么太古奇物，竟连天下至利的神兵都不能奈何之！

那歧兽尖叫连声，振翅低头，往甬道左侧接连猛撞，尘土飞扬，“嘭”地落下一大块石片来，露出的石壁青幽幽的，光亮可鉴。

流沙仙子心中一沉，俏脸煞白，咬牙道：“别砍啦！这是‘阴阳冥火壶’，就算是你有盘古斧，也未必凿得开来。”

“阴阳冥火壶？”拓拔野一凛，忽然想起从前在汤谷之时，曾听金族流囚提及此物。

传说上古某年天崩地裂，凶魔横行，女娲以金族五色神石补住天裂，剩余的五色石不足以填补地缝，就索性将残石混合三十六种奇铁，铸造成“阴阳冥火壶”，封收了所有凶魔妖兽，镇在地缝之底。

斗转星移，当年的地缝变成了大荒第一奇山皮母地丘，而阴阳冥火壶则化作了地丘的某一座山峰。

想不到阴差阳错，自己二人竟被火仇仙子诱入了这太古神壶！

想起适才见着这阴阳冥火壶所化的山峰时，所产生的强烈的似曾相识之感，拓拔野心中蓦地一动：难道古元坎当年也曾来过此处？旧地重游，故而唤醒了自己的前生神识吗？

流沙仙子怒道：“这奸贼处心积虑，将这火壶山改造成指南山形貌，就连这壶嘴峰也被他乔化得惟妙惟肖……”

她脸色忽地一变，顿足道："是了！其实我早该想到啦，皮母地丘形貌多变，日新月异，过了十六年，那指南山又怎会和从前一模一样？"越想越是懊恼，恨恨不已。

忽然又听见公孙婴侯的声音嗡嗡笑道："伏羲事后算八卦——空说大话！拓拔小子，这'阴阳冥火壶'阴阳和合，水火相济，实是地丘风水最佳之处。公孙某高堂的合欢墓便建于此处，你们今日能死在这里，也算是造化了！"

拓拔野心中又是一动："这奸贼既将父母合葬此处，必有因由。若能洞悉其中玄机，或许就有法子出去了！"

惊怒躁乱之意稍平，一边凝神四扫，一边哈哈笑道："原来你是将我和流沙仙子当作你爹娘了吗？乖儿子一片孝心，很好很好。"

流沙仙子苹果脸上莫名地一红，"呸"了一声，冷笑道："我要是有这么一个不成器的孽子，早就一头撞死了，还有脸面躲在这地缝里苟活于世？"

公孙婴侯森然笑道："死到临头，还敢嘴硬。神农老贼与我仇深似海，你这小贱人又害死了我兄弟，原想让你和老贼一齐死在我父母棺前，让他们九泉之下也好瞑目，可惜那老贼短命，先走一步，那就只有师债徒偿了！"

话音未落，炎风怒卷，眼前一红，整个甬道突然鼓起赤艳的火光！

拓拔野急旋辟火珠，一掌拍出，气浪迸炸，灯火摇曳，甬道四壁的土石瞬间寸寸龟裂，"哗啦啦"地掉了满地，露出光滑铁青的壶嘴内壁，隐隐可见众多刻痕，纵横交错，密密麻麻。

公孙婴侯大笑道："小子，莫怪我没提醒你。壶内以半个时辰为一周天，冷热交替，冰火相济。再过片刻，地火透过壶底，形成'青冥紫火'，且看你的辟火珠能支撑多久！"

拓拔野心中大凛，《五行谱》中记载了所谓的"青冥紫火"，相传由九冥地府而生，炽烈更胜熔岩，无坚不摧，就算是玄冰铁，也要被烧为铁浆。一直以为在南荒某地，想不到竟在这皮母地丘之中。

流沙仙子冷笑一声，传音道："那奸贼的声音从壶洞中传来，壶底又能透入火焰，必定有气孔暗洞，与外部相通。"说罢拽着他的袖子，朝内走去。

红光扑面，酷热难耐。触目所及，四周火焰飞舞，雾气蒸腾，朦朦胧胧的，瞧不真切。

凝神扫探了片刻，才看清前方是一个高达百丈、直径近八十丈的巨大洞窟，洞壁尖石嶙峋，五色斑斓，顶壁上有一圈裂痕，想必就是这“阴阳冥火壶”的顶盖了。

往下望去，洞底距离壶嘴甬道约有十丈深，红彤彤的烧得滚烫，果然有数十个圆孔，星罗棋布，赤焰飞腾。只是每一个圆孔都不过寸许大小，他们就算把脑袋削成竹尖，也钻不出去。

正中有一个八角高台，从南而西，分别刻了“离”“坤”“兑”“乾”“坎”“艮”“震”“巽”八种图案，正是《五行谱》中所列的伏羲八卦图。

相传太古之时，伏羲在图河中斩杀凶兽赤翼龙马，从它腹中取出一幅秘图。伏羲大有所悟，从此仰观天象，俯察地法，参透天地万物的玄机，练就通神彻鬼的法术。

然而伏羲八卦图究竟有何玄妙，《五行谱》中亦语焉不详。

拓拔野在这神壶中瞧见此图，心中顿时一阵怦怦狂跳，隐隐之中觉得似有所悟，却难以言明。

凝神再看，那八角高台上赫然有一个巨大的太极图案，中央横放着一个石棺，在四周狂舞火舌的舔舐下，闪耀着青紫色的光芒。

流沙仙子发辫飞舞，赤链蛇在她耳边“嗖嗖”轻响，仿佛在低语着什么。她脸上晕红如霞，嫣然笑道：“小情郎，既然此处是他爹娘的合欢墓，我们又怎能不去拜祭一番？”

于是拉着他骑上那歧兽，展翅朝八卦高台飞去。

烈火喷涌，两人骑兽冲落。只见那具石棺碧翠如玉，幻光迷离，隐隐可见两个人影躺在其中，念力探扫，当是尸骸无疑。

流沙仙子妙目微眯，笑吟吟地伸出手，道：“小情郎，借你天元逆刃一用。”

拓拔野听她语气，已明其意，还不等说话，她已夺过天元逆刃，朝着那石棺棺盖的缝隙劈去。

“嘭！”气浪四溢，棺盖登时往上一震。

只听公孙婴侯的声音怒笑道：“小贱人，这种掘人棺坟的事情，你也做得出来！也不怕天打雷劈，遭报应吗？”

壶底火光轰然冲涌，在八卦台四周蹿起数十丈高的烈焰，狰狞狂舞，热浪迫得两人眼都睁不开来。

流沙仙子心下大快，咯咯笑道：“你既敢将人囚在父母墓室里，还怕人撬你祖坟吗？波母当年对我的大恩大德，没齿难忘，今日正好来答谢一番！”说罢银光电斩，接连劈入棺盖缝隙。

公孙婴侯越是怒骂，她便越是快慰，大笑不绝，只听轰然连震，棺盖一寸寸地向上移去，拓拔野隐隐觉得似有不妥，心念一动，叫道：“慢着！”

正欲伸手拦住流沙仙子，只听“轰”的一声，棺盖冲天飞起，绚光炸射，“嗡嗡”之声陡然大作，无数彩虫惊涛狂潮似的喷涌而出，扑面冲来！

拓拔野、洛姬雅大凛，下意识地鼓舞气浪，轰然外冲。

“砰砰”连声，那万千彩虫登时炸散成漫空沙糜，被火焰舔卷，“哧哧”之声大作，霓烟四散，弥漫着刺鼻的怪味。

两人大觉不妙，屏息翻身飞退，却听公孙婴侯哈哈狂笑道：“小贱人，这是我为你和神农老贼准备的棺材。你自掘坟墓，怪得谁来？”

笑声轰鸣，流沙仙子“啊”的一声，俏脸潮红如醉，像是突然失去了所有的力气，陡然从半空中笔直摔落。

拓拔野抢身翻冲，抄手将她抱住，触手滚烫如火，柔若无骨，正觉惊异，她“嘤咛”一声，双臂软绵绵地钩住他的脖子，眼似春水，脸如桃花，便向他亲来。

拓拔野大惊，想要推开，却觉得脑中轰然一响，丹田内热浪炸涌，周身如焚，霎时间什么也看不清、听不见了。

迷迷糊糊中，她那柔媚沙哑的呻吟，像春风似的拂动耳梢，刮过脸颊，又如利电似的穿过双唇，劈入心底……

他周身陡然弓起，天旋地转，五脏如烧，喉中直欲喷出火来，张开口，想要大口地呼吸，却被那温软潮湿的唇瓣紧紧封住了，柔软丁香轻轻地舔过他的上颌，裹卷着他的舌尖，如此温柔、贪婪而又狂暴，每一次吮吸，都带给他酥麻欲死的战栗……

各族群雄哄然低呼，怔怔地仰望着蜃景中那紧紧拥吻的两人，瞠目结舌，一时竟不知该说什么。

楚芙丽叶耳根烧烫，别过脸去，只听公孙婴侯纵声狂笑道：“都说拓拔太子情深义重，为了我雨师爱妃甘舍金族驸马，甚至不惜与天下为敌，今日看来，原也不过是个好色无厌的虚伪小人！以为在这墓室之中，孤男寡女，遮人眼目，便放着胆子做出这等苟且丑事吗？各位千里迢迢赶到这里，冒死相助，敢情就是为了这等浮华浪子？”

陆吾高声道：“大家不必听他妖言蛊惑，拓拔太子义薄云天、情深似海，决计做不出这等行径。若不是这妖人使了什么障眼邪法，便是下了春蛊淫毒，累他一时迷失本性。”

被他这般一喝，众人如梦初醒，当下纷纷哄然附和，大骂不绝。

但眼见姬远玄手中的“鬼影珠”所照的影像与蜃景浑然一致，群雄心中难免有些忐忑怀疑：别人倒也罢了，流沙仙子蛊毒之术出神入化，大荒中又有谁能害她中蛊？

况且以洛姬雅与拓拔野的交情来看，颇为暧昧莫测，此刻两人困于墓室，同生共死，一时情难自禁，倒也大有可能。是以斥骂之时，不免有些理不直、气不壮。

楚芙丽叶瞧在眼里，眉尖轻蹙，朝姬远玄、烈炎盈盈行了一礼，低声道：“炎帝陛下、黄帝陛下，陆虎神说得极是，公孙妖人必定是使了什么淫邪法术，想在天下人眼前，整得拓拔太子身败名裂、威望尽失。现在再不发兵相救，只怕就来不及啦。”

烈炎、祝融等人相视颔首，拔祀汉、天箭众将更是径直挺身请缨，跃跃欲战。

姬远玄沉吟片刻，剑眉一扬，似是下定了决心，高声道：“土族三军将士听令！公孙婴侯犯我友邦，肆虐瘟疫，涂炭生灵，罪大恶极，早已将三日前的盟约毁坏殆尽。今日誓必诛杀此獠，救出龙神太子！”

群雄哄然呼应，号角、战鼓激昂高奏，大军如潮水似的向皮母地丘涌去。

大战终于开始。

恍惚中，听见公孙婴侯的狂笑声如雷回荡，拓拔野心中蓦地一震，神志登醒，惊骇羞惭，反手将流沙仙子推开，真气绵绵输入她的体内，沉声道：“仙子！仙子！我们中了这奸贼的淫蛊了！”

连喝了几声，流沙仙子微微一颤，涣乱迷离的眼神才渐转清明，想起方才发生之事，“啊”的一声，脸蛋红得如同熟透的苹果，羞怒恼恨。她颤声道：“公孙狗贼，你自称大荒十神，却使这等下三烂的春蛊，羞也不羞！”

公孙婴侯的声音哈哈笑道：“欲从情起，情由心生。情蛊又非春虫，有什么羞不羞的？若不是你们彼此心心相印，适才又怎会亲得这么甜，抱得这般紧？拓拔小子，小妖精的舌头，是不是比你雨师姐姐来得更甜？”

拓拔野怒火填膺，起身喝道：“无耻！若有本事，直接来杀来剐。只敢躲在一旁，偷袭暗算，算得什么东西！”

丹田内真气方一鼓舞，立时又觉得情火中烧，难以遏止，眼角瞥见流沙仙子那甜美的脸蛋，一颗心登时怦怦狂跳，直欲从喉中跳将出来，急忙转过头去。

公孙婴侯森然大笑道：“直接杀了你们？哪有这么便宜的事？我要让你们受尽折磨屈辱，求生不得，求死不能！”

话音方落，壶底“隆隆”连声，拓拔野眼前一红，火浪冲涌，整个八卦高台已被青紫色的火焰吞噬了，他下意识地探手将洛姬雅拉入怀中，御气抵挡。

虽有辟火珠护体，但那炙热的气浪排山倒海，兜头迫面，衣服、头发、皮肤……都似乎瞬间焦枯了，口干舌燥，体内的情火欲焰随之陡然高蹿，越烧越烈，意识又渐渐变得模糊。

瞧见怀中那活色生香的童颜美人，拓拔野心旌摇荡，几次忍不住想要低下头去，轻怜蜜爱。但两人四唇方一交接，又立即触电似的惊醒，互相推开对方，面红耳赤，不敢对视。

心中惊怒、羞赧、悲恨、懊恼……如烈火焚烧，几欲迸爆，凝神苦苦支撑，怒骂不已。

越是如此，公孙婴侯的笑声便越是嚣狂恣肆。

那歧兽尖声怪叫，扑扇着巨翅，朝那声音传来处猛扑飞冲，有如水中捞月，反复了数十次后，疲惫不堪，又险些被那青冥紫火烧着，只好悻悻地冲落到两人身边，拍打火焰，发出“那七那七”的悲怒怪叫。

拓拔野凝神内视，心中惊怒莫名。直到此刻，才发现在自己的心、肝、血液之中，不知何时竟钻入了万千小如尘糜的奇特乌蚕，越是想要御气将它们逼出，那些怪虫反倒越是紧紧相接，繁衍更速，令他血脉偾张，意乱情迷。

咫尺之距，流沙仙子盘腿凝坐，俏脸红透，香汗淋漓，双眼紧闭，苦苦默念着驱蛊法诀，心中之惊骇更远胜于他。

饶是她遍历大荒奇山，识尽天下毒蛊，一时间竟不能辨别体内这些蛊虫为何物，更莫能奈之何！

只听公孙婴侯悠然笑道：“天雷勾地火，海誓复山盟，阴阳水火济，乾坤交媾生。小贱人，你跟随神农老贼那么久，连这‘山海神虫’也不识得吗？人生苦短，与其垂死挣扎，倒不如尽情享受……”

听到“山海神虫”四字，流沙仙子的俏脸登时变得煞白，蓦地睁开眼睛，咬牙颤声道：“原来如此！难怪你要将我们诓入这阴阳冥火壶！你这狗……狗贼……”樱唇颤动，什么话都说不出来了。瞟了拓拔野一眼，脸颊突然又酡红如醉，双眼水汪汪的如春水横流，闭上眼，两行泪水倏地滑落。

拓拔野念头飞闪，心中陡然一沉，记起在神农《大荒经》中的记述：西海有一种海蚕，生长在极寒的海底，吐出的丝可以捕杀巨鲸。男女同食此海蚕，不但可以益寿延年，还能让彼此倾心，至死不渝，所以这种海蚕名曰“海誓”。

此外，在南海仙山“火烧岛”上，还有一种怪虫，形如极小的婴儿，生长在火山熔岩之中。男女食之，必定白头偕老，子孙满堂，所以又叫“山盟”。

九百年前，火族妖女赤烟罗因爱慕木族长老楚连城，屡遭其拒，妒怒之下，将“海誓”“山盟”这两种神虫合养为一种奇蛊，投入楚连城体内，终于成功好合，共度春风。

不想这情蛊过于妖诡霸烈，两人一经开始，便无法自控，整整交合了七日七夜，最终被体内喷吐出的蚕丝双双紧缚，窒息而死。

这种“山海神虫”只有在极寒而又极热的特定环境中，才能破卵孵化，织茧成蛾。其卵一旦进入人体，立即孵化繁衍，生成万千幼虫，激使男女交媾和合，至死方休，因此又被称为“殉情虫”。

天下情蛊效力之猛，无出其右，而中蛊后果之惨烈，更无可相提并论者。

赤烟罗死后，此蛊秘方即告失传。而大荒之中，更罕有同具极冷、极热两种气象之地，是以剩余的那些蛊虫亦无一存活。

谁想九百年后，竟被公孙婴侯成功配出此蛊，而在这皮母地丘之内，又恰好有冷热两极、水火共济的阴阳冥火壶！

是以流沙仙子虽然通晓千蛊，辟易万毒，此时此地遭遇这“山海神虫”，终究也不能幸免。

公孙婴侯得意至极，哈哈大笑道：“小贱人，我在这合欢石棺中养了数万只‘海誓山盟’，原是想留给你和神农老贼慢慢享用的，谁想这老贼命薄福浅，只好便宜拓拔小子了。今夜我与雨师爱妃阴阳交泰，你们也陪着一起洞房花烛，普天同庆，四海共睹，不亦快哉！”

听到“四海共睹”，拓拔野突然想起先前在皮母地丘之外时，所见空中蜃景，心中大震，登时明白这厮的险恶用心了！心中悲怒恼恨，想要纵声大骂，喉咙中却像被烈火焚烧，难受已极。

此时青冥紫火越来越猛烈，四周姹紫嫣红，什么也瞧不见了，唯有那碧绿的石棺闪耀着柔和的光晕。拓拔野心中一动，传音道：“仙子，我们到石棺中去！”

流沙仙子双颊登时一阵烧烫，羞恼慌乱，见他目光坦然，旋即明白他的意思了，隐隐之中，暗骂自己胡思乱想，但隐隐之中，又有些莫名的失望。

那公孙狗贼越是想要看着他们出乖露丑，越是不能让他顺心如意。这具石棺既能在阴阳冥火壶中安然存放，必有神效。

藏在这石棺中，不但可以让那狗贼瞧不见他们，更可以辟挡青冥紫火，减缓体内“山海神虫”发作的效力。

当下点头应诺，封印了那歧兽，与拓拔野一齐跃入石棺，只听公孙婴侯“咦”了一声，颇感意外，怒笑道：“妙极妙极！两位这就等不及同棺共穴，颠鸾倒凤了吗？”

两人毫不理会，平肩躺好，将棺盖平移封上。

石棺两侧留了许多气孔，炎风热火仍可汹汹涌入，但比之外面的滔滔火海，毕竟好得多了。

但一进棺内，拓拔野立时有些后悔。两人肌肤相贴，鼻息互闻，并躺在这狭小的空间里，仿佛整个世界只剩下了他们两人，生生死死，都没任何人再能打搅了……一念及此，丹田内更是情火如焚，烧得他几欲发狂。

眼角扫处，流沙仙子紧闭着双眼，睫毛轻颤。周身都已被汗水浸透，罗裳紧贴着肌肤，曲线毕露，玲珑浮凸，胸脯更随着呼吸急剧起伏。

拓拔野心中一阵狂跳，立即屏除绮念，转头不敢看她，凝神默念“辟火真诀”。

却不知流沙仙子更是心如乱麻，意念纷摇。赤链蛇屈成一团，钻入她的耳中，嘶嘶作响，仿佛在怂恿劝诱一般。

好几次悄悄地从睫毛缝隙间，凝视他的俊秀侧脸，那团烈焰在她小腹之间熊熊焚烧，野火似的蔓延全身，带给她从未有过的痛楚欲念……

脸颊、耳根、周身的每一处，都热辣辣地烧烫着，有一刹那，多么想不顾一切地投入他的怀里，让他箍紧自己、粉碎自己，一起在这熊熊烈焰里熔化，管它生，管它死，管它山盟海誓……

忽然又闪过一个奇异的念头，欲从情起，情由心生，在她的心底，是不是真的对这小子有着难以言喻的感情呢？又或者，仅仅是因为爱屋及乌，他与那人有着生死相连的缘分？

一念及此，流沙仙子眼前又闪过神农那清俊温暖的笑脸，剧跳的心陡然抽紧了，疼痛、悲伤、酸苦、愤怒……如针扎刀绞，登时让她迷乱的神智为之一醒。

她蓦地睁开眼，大口大口地喘着气，泪水汹涌地流入她的嘴里，咸涩冰冷，那滋味就如同二十一年前，那颗深秋晨晖里的九彩橘……

霎时间，炽烈的地火、如焚的情欲全都淡了下去。

她心念一动，深吸了一口气，咯咯笑道："小情郎，你不是总想问我与那人之间的事情吗？今日我便告诉你吧。"

拓拔野迷糊中听见，微微一怔，才醒悟她说的"那人"便是神农，蓦地明白其意："是了！这'海誓山盟'既是情蛊，倘若我们只想着彼此心中的至爱，或许便能固本清源，遏止情欲了。"说罢精神一振，点头答应。

流沙仙子道："你可知道那公孙狗贼是我什么人吗？"不等他回答，便又冷笑一声，自行接道，"他就是我的亲堂哥！"

拓拔野"啊"的一声，大感意外。

土族公孙世家极为显赫，千年来共出了三位黄帝。当朝长老会中最有权势的三位亦系出此门，此外，另有六名将军、十位城主都是公孙子弟。

想不到这令各族闻之色变的大荒第二妖女，竟也是公孙后裔。

流沙仙子张口欲言，眼圈微微一红，咬牙道："说起来，我和这狗贼的身世倒有诸多相似之处。他的父亲是二十年前的土族大长老公孙长泰，而我爹便是公孙长泰的弟弟公孙长安。他的母亲是水族黑帝的妹妹波母，而我娘亲却是水族长老洛无疾的女儿。所不同之处，在于他父母尚算是两情相悦，而我娘，却是公孙长安抢掠来的俘虏……"

二十年来，她从未与任何人倾吐过自己的身世，此刻提及，心潮激涌，一时竟有些凝咽，又顿了片刻，才冷冷道："那时水土两族战火频仍，公孙长安是大将军，更是个残暴奸狡的无耻狂人，为了邀领战功，不断地在边域制造冲突，然后以复仇为由，大肆屠城劫掠，人畜不留。

“大荒559年，他攻破兰泽城，杀死了我外公，抢走了我娘亲。从我出生的那一天起，他就欠我洛家上上下下四十七条人命……

“我娘名义上是他的妃妾，实则连奴婢也不如。每日除了受他的凌虐，还要受他十六个妻妾的奴役打骂，甚至就连他家中的婢女、仆从，也敢恣意侮辱。有一日，他的一个姓卫的仆从，趁他不在，将我娘……将我娘强暴了。娘亲悲痛伤心，忍不住向公孙长安哭诉，谁想那老贼不但没有任何同情、安慰，反倒大骂我娘是人尽可夫的水族娼妇，掌掴鞭挞，险些将我娘活活打死。”

听她语气森寒，述说时牙关咯咯轻撞，悲恨难忍，拓拔野又是惊诧又是难过，想不到她的身世竟是如此凄苦，忍不住轻轻握住她的手，以示安慰。

流沙仙子微微一颤，脸上红晕如醉，想要抽出，却终于还是由他握住，眼中泪光闪耀，咬牙道：“我娘羞愤悲苦，几次想要寻死自尽，但看我幼弱可怜，终于还是舍不得抛下我，只有忍辱负重地继续活着。白天，像猪狗一样地受那些贱人的奴役；晚上，还要去饱受公孙老贼的凌辱……

“整个公孙府里，所有的人都瞧不起我们母女，就连喂养兽骑的仆从，也敢对着我娘辱骂呵斥，骂我是水族的贱种，长大了也是犬豚不如……

“那时我虽然不过六岁，却已经看透了人心险恶、世态炎凉。每天夜里，当我娘抱着我悄悄哭泣的时候，我心里就暗暗发誓，终有一日，我要让所有害我娘哭的狗贼，流干所有的血泪。”

拓拔野一凛，想不到她如此年幼之时，竟已是满心的痛苦与仇恨，也难怪后来会杀人如麻，冷酷无情了。听着她述说往事，心中激荡，一时间，身上的情蛊、欲焰竟淡薄了许多。

流沙仙子又道：“公孙老贼所有的姬妾中，火族的烈兰花最为歹毒阴狠，她仗着其父是火族长老，与土族关系极好，便在公孙府中胡作非为。她嫉妒我娘的美貌，恼恨公孙老贼常常让我娘侍寝，就想方设法地凌虐娘亲，每日都要借故毒打、辱骂责罚。当日那姓卫的仆从，就是得了她的暗中帮助，才玷辱了我娘……

“我对这贱人恨之入骨，每日瞧见她打骂娘亲，心底恨不能食其肉、寝其皮。过了两年，我终于找到了机会。有一天，我从府中巫医那里偷来‘断肠草’，悄悄研成粉末，投在烈贱人喝的药茶里……”

拓拔野“啊”的一声，大感惊愕。但想起大荒传言，这妖女十岁之时便毒杀了全家老小，这也不足为奇了。

流沙仙子脸上晕红，挑眉冷笑道："那贱人喝了之后，当即便疼得死去活来，公孙老贼惊怒交集，急忙找来了土族最有名的巫医，居然将她的狗命救了回来。烈贱人的父亲闻讯，大为光火，亲自赶到土族，要老贼三日之内找出凶手。老贼查来查去，终于发觉是我拿走了断肠草，狂怒之下，便要亲手将我杀死。

"我娘苦苦哀求，也不能挽回公孙老贼的心意。在他心里，我根本不是他的女儿，只不过是一个讨人嫌憎的野种。娘亲恐惧绝望之下，竟不顾一切地招认，说'断肠草'是她逼我去偷来的，也是她研碎了投毒，报复贱人。

"老贼信以为真，就将她整整毒打了三天三夜，打得她遍体鳞伤、奄奄一息，然后又捆绑送往火族，听任姓烈的长老发落。

"娘亲被押走的时候，我哭着追了十里，脚磨破了，血流了一地，最后被公孙老贼提着衣领抓了回来。娘从囚车里含着泪看我，一言不发，脸上却始终是温柔的笑容……

"看着她越来越远，终于消失在山的那一边，我在公孙老贼的肩膀上号啕大哭，求他救回我娘。那是我生平第一次，也是最后一次求人，可是他只狠狠地抽了我一巴掌，恶狠狠地告诉我，是我害死了我娘。

"三天后，传来了消息，我娘被那姓烈的长老折磨死了，头颅悬挂在城门，尸体则丢进了荒山，被野狗豺狼吃得精光……"

说到这里，她声音轻颤，突然噎住了，泪水倏然滑落，洇湿了耳垂。

拓拔野心中难过，紧紧地握住她的手，想要劝慰，却说不出一句话来。忽然想起幼年时，父母相继病死，自己形只影单，对着尸体害怕痛哭的场景。

那种伤心、恐惧、茫然、孤单的感觉，已经好久没有记起，而此刻，突然又潮水似的涌入心头，让他难以呼吸。

流沙仙子身子微微发抖，过了半晌，才继续说道："那老贼说得不错，是我害死了我娘。这二十多年，每天夜里，我常常会梦见我娘最后的笑容，每次醒来，心里都痛如刀绞，说不出地后悔悲痛。但越是如此，我对这些狗贼的仇恨便越发深切，我发誓，总有一日，要让他们用百倍、千倍的痛苦来偿还。

"娘亲死了，我在公孙府中更加孤单卑贱。那三天，我哭干了所有的泪水，第四天清晨醒来的时候，脸上只剩下了最甜美的笑容。

"说也奇怪，看着我任他们打骂，始终笑吟吟的一言不发，那些狗贼反而开始害怕了，就连公孙老贼也渐渐不敢再对我如何。那姓烈的贱人更一反常态，主动地开始巴结我，甚至时不时地小恩小惠，赏赐我衣食玩物。”

她双颊火红，眼波汪汪，说不出地甜美娇媚，但嘴角却噙着一丝阴冷彻骨的笑意，淡淡道：“时光一晃便过去了两年，我十岁了，长得也越来越像我娘了。两年中，我绝口不提娘亲，每日笑嘻嘻的就像傻了一般，但无时无刻不在寻找着时机，将这些狗贼杀绝斩尽。

“有一天，我在花园里遇见那姓卫的仆从，他那时已经升为将军啦，瞧见我，他颇为紧张，赔着笑脸想要讨好我，说了许多虚伪恶心的好话。见我始终笑吟吟的不回答，他的脸色是越来越难看，慌乱无措，找个借口匆匆溜掉了。

“我以为他心虚害怕，不敢再来见我，不想这狗贼惧怕我报仇，竟先下手为强，跑去勾结烈贱人，说我心计深远，必须斩草除根。

“那天夜里，我睡得迷迷糊糊，突然被人封住了经脉，睁开眼一看，那姓卫的狗贼和烈贱人赫然站在眼前，手里提着明晃晃的刀子，想要刺下，手腕却在不住地发抖……

“我心底全明白啦，悲愤恨怒，脸上却仍是笑吟吟的，只是柔声说了一句：‘两位放心，就算我到了地府里，也绝不会放过你们的。’那两人的脸色顿时变得惨白，烈贱人喝道：‘卫犺！把她眼睛刺瞎了，先奸后杀，丢到荒郊去喂狗！’卫犺也像是豁出去了，撕开了我的衣裳，便想上来玷辱我……”

“这个畜生！”拓拔野大怒，想不到天下竟有这等卑劣小人，连十岁的女童也不放过，普天之下，也只有那变态残暴的西海老祖才可比拟了。

流沙仙子的柔荑被他握得甚紧，心中一跳，知他关切自己，脸上、身上登时又是一阵热辣辣的烧烫，咯咯一笑，握紧他的手，柔声道：“小情郎你放心，姐姐福大命大，从来只有我克人，哪有人克我？就凭那姓卫的狗贼，又怎能奈何得了我？”

她声音沙甜柔媚，吹在耳边，麻痒难耐，手掌更是柔若无骨，温软滑腻，拓拔野心旌剧荡，体内情火登时又轰然席卷，心中一凛，急忙凝神聚念，道：“后来呢？”

流沙仙子道：“就在那时，窗外突然闪起冲天火光，人声嘈乱，叫道：‘走水了，走水了！’卫犺一怔，正想开窗看个究竟，一个人影却从窗口跃了进来，只一掌，便将他打得鲜血狂喷，飞撞墙角，半天爬不起来……”

拓拔野大喜，微笑道：“来的那人是神农陛下吗？”

流沙仙子脸上闪过古怪的神色，摇了摇头，又是凄楚又是恨怒，冷笑道："倘若当时来的是他，我也不会受那么多的苦楚罪孽了。"

她顿了顿，道："月光、火光穿过窗子，斜斜地照在那人身上，高冠黑衣，脸色苍白如雪，俊美得就像精美绝伦的玉器，嘴角眉梢带着轻狂倨傲的神色，但笑起来的时候，却是说不出地风流倜傥……"

拓拔野微微一震，失声道："公孙婴侯？"

流沙仙子妙目微眯，怒火闪烁，冷笑道："不错，就是这狗贼。只是那夜初见他时，半点也没想到他所怀的叵测居心，只道他是上苍派来解救我的天神。那一刻，瞧见他对着我微笑，我几乎连呼吸也停顿啦，竟然悲从心来，莫名地哭了起来，仿佛积累了十年的委屈、苦恨都在这一刻宣泄爆发……"

她脸上酡红，似是颇为羞恼，瞟了拓拔野一眼，似笑非笑道："小情郎，你可别笑话我。这狗贼从前年少轻狂，风流倜傥，也不知迷倒了多少大荒女子，就连你的雨师姐姐、土族的武罗仙子，还有那奸狡无信的淳于昱，全都不能幸免。比起你这拓拔磁石，风头丝毫不减。那时我不过是一个没见过世面的十岁女童，又哪能看得出他的真面目？"

拓拔野微微一笑，心中却是说不出地黯然酸苦。想到眼下雨师妾尚陷他手，生死相隔，前途难料，一颗心更是剧痛如绞，难以呼吸。

「第十五章」

銘心刻骨

阳极宫内，红幔低垂，烛火如昼，一派喜气洋洋的景象。

当中的玉石案上，斜立着一个三面铜棱镜，碧光闪耀，投映在屋内的三个墙面，影像浮动，栩栩如生。

第一块镜面里，万兽奔腾，群禽飞舞，正与各族群雄奔突激战。大地震裂，烈火不断喷涌而出，不断有猛兽和战士被火焰吞噬，战况极其惨烈。

第二个镜面中，火焰熊熊飞蹿，翠绿的石棺烟气缭绕，隐隐可见两个人影并躺其中。

第三个镜面映照出雨师妾明艳娇媚的脸容。

她凤冠霞帔，软绵绵地斜坐在玉案边的床椅上，经脉俱封，丝毫动弹不得。螓首微抬，泪痕犹在，秋波瞬也不瞬地凝视着第二个镜面，嘴角微笑，心中却是忧恐、悲怒、难过、焦虑……交相翻涌，仿佛万剑齐绞，烈火焚烧。

公孙婴侯负手站在一旁，苍白的俊脸在烛光映照下，泛着妖异的嫣红，双眸光芒闪耀，又是狂喜又是快意，哈哈笑道："洞房花烛夜，棺穴共枕时，我倒要看看你的这位心上人还能坚持多久！"

他低下头，伸手轻轻地钩起她的下巴，柔声道："好妹子，今晚是我们大喜之日，你若是好好地伺候我，从今往后只惦念着我，看在咱们的夫妻情分上，我或许便会大发慈悲，放了拓拔小子……"

雨师妾知他阴狠脾性，说这些话不过是为了故意折辱自己，想要诱使自己放弃尊严，哀求讨好，然后再以更狠辣百倍的手段折磨拓拔野，以报仇取乐。自己越是表现得伤心、忧惧，他便越是得意、快活。

当下任他如何劝诱，她始终微笑自若，一言不发。心中念头飞闪，苦苦想着如何脱身，解救拓拔野。

只听“吱呀”一声，一个彩衣蛮女推门而入，瞧见雨师妾，月牙妙目中登时闪过妒怒厌恨的神色，冷冷道：“鱼都已经上钩啦，饵还留着做什么？难不成你还真想和她洞房吗？”

赫然正是多年未见的火仇仙子。

公孙婴侯哈哈一笑，伸手将她拖入怀中，哂然道：“我有了你这如花似玉的娘子，还要这婊奴作甚？留着她，不过是为了要弄那拓拔小贼。等那小贼和小妖精双双毙命，再把她一并丢进去陪葬便是。”

雨师妾听他盘算狠毒，却说得如此轻描淡写，心下悲怒益甚，咯咯大笑道：“淳于妹子，你和他相识十八九年，还不了解他的性子吗？若论寡恩薄情，冷血善变，天下再没人比得过他啦。今日枕边人，明日棺中尸……”

火仇仙子俏脸陡沉，喝道：“住口！”仰头凝视着公孙婴侯，冷冷道：“当日我费尽千辛万苦，从阴阳冥火壶中放你出来，你所立的誓言可还记得吗？”

公孙婴侯笑道：“自然记得。我发誓今生今世永远只喜欢你一个，只听你的话，绝不再伤你分毫。如若违反，天诛地灭，永世不得超脱。”

雨师妾闻言大凛，她冰雪聪明，适才从三棱铜镜中瞧见火仇仙子将拓拔野二人诱入神壶山时，便已猜到这南蛮妖女必定与公孙婴侯重现大荒有着隐秘联系，此刻果然印证。

普天之下，能将公孙婴侯封入阴阳冥火壶的，恐怕只有神农帝了。难怪这厮费尽心机，也要将拓拔野骗入这神壶之中报仇雪恨。只是以火仇仙子的真气、法力，又怎能解得开神农所设的封印？隐隐之中，觉得其中必定另有玄机。

火仇仙子冷冷地凝视着公孙婴侯的眼睛，像是要洞穿到他的心底去，眼圈忽地一红，伸出手，一字字道：“你那日发誓之时，说只要能出得神壶，愿将‘混沌环’交与我保管，以表真心，永不辜负。‘混沌环’呢？”

公孙婴侯脸色微变，哈哈一笑，道：“我说的话，何时反悔过？‘天地之初，万物混沌’，你我之间，便如混沌一般密不可分。”他从怀中取出一个橙黄色的玉石环，套入淳于昱的皓腕，光芒闪耀。

雨师妾“啊”的一声，惊怒交加，心中寒意大起。

混沌神兽是太古土族的第一凶兽，与水族的鲲鱼、火族的大金鹏鸟并称“三大凶魔”。数千年前，这三大凶兽肆虐九州，搅得天崩地裂、洪水连连。

女娲大神采石补天，又以剩余五色石炼制神兵，与三兽激战了七天七夜，才将它们一一封印镇伏。而收纳混沌神兽的，正是“混沌环”。

谁想时过境迁，这太古神器竟落入了公孙婴侯的手中！一旦混沌妖兽被他重新解印放出，眼下这风雨飘摇的大荒，又不知要遭受怎样的劫难了。

火仇仙子抚摩着那玉环，示威似的朝雨师妾横了一眼，粲然展颜，轻轻地偎入他的怀里，柔声道：“公孙大哥，只要你永远记得这个誓言，我为你吃多少苦、受多少累，都不怕啦。”

公孙婴侯目光闪烁，凝视着铜棱镜中的景象，嘴角勾起森然的微笑，傲然道：“你放心，当今之世，舍我其谁？顺我者昌，逆我者亡。管他烈碧光晟，还是祝融刑天，我要火族上下，全部跪在你我面前称臣！”

阴阳冥火壶内烈火熊熊，拓拔野二人并躺在棺内，意守丹田，动也不动。

流沙仙子接着说道：“那烈贱人吓得脸都白了，刚想大声呼救，便被公孙婴侯封住了经脉，抛在我的面前。看着那贱人和卫犰满脸惊怖地蜷在地上，像癞皮狗似的簌簌发抖，我哭着哭着，又忍不住笑了起来。

“公孙婴侯弯下腰，将刀子递给我，笑嘻嘻地问，想不想亲手杀了这两个仇人？我接过刀子，浑身发抖，走到烈贱人的跟前，想起我娘，想起这些年受的种种苦楚，心里像是被火烧着，一刀就扎了下去，鲜血喷了出来，热乎乎地溅了一脸。

“那贱人张着嘴叫不出声，筛糠似的颤抖着，泪水涟涟，眼里都是痛楚、恐惧、哀求的神色。我心里痛快极了，用手指从她胸口蘸了些鲜血，放在嘴里尝了尝，腥腥甜甜，竟比我这辈子吃过的所有佳肴都要美味。这是我第一次尝到报仇的滋味，从此再也不能忘记……”

拓拔野又是惊愕又是难过，颇有些不忍。但转念又想，倘若是自己，面对双头老祖、公孙婴侯、水伯天吴这些卑劣无耻的仇敌，也未见得会有多么仁慈。

流沙仙子眯着眼，嘴角微笑，像是在回味那时的情景一般，柔声道：“我接连在她的肚子、大腿、双臂、双足上刺了十几刀，又在她的脸上划了几十道口子，偏偏不刺她的心口，看着她鲜血流了一地，浑身抽搐，过了半晌才断气，心里又是欢喜又是恍惚，就像在做梦一般。

“公孙婴侯笑嘻嘻地拍着我的头，夸奖我，说对待仇敌，便要这般让他生不如死。于是我又照着他说的法子，将卫犰的手脚全部挑了筋，刺瞎了眼睛，割断了舌头，最后再将他的孽根一刀一刀地切成了细条……唉，可惜他不经疼，才切了一半，就断气啦。

“那时候屋外火焰乱舞，所有人都忙着救火，没人想到要来救我这水族的贱种。公孙婴侯问我，想不想跟着他学蛊毒法术，将所有讨厌的人全都整得求生不得，求死不能？我那时早已将他当作上天派来救我的大英雄，欢喜不迭地答应了。嘿嘿，我又哪知道，我不过是他报仇雪恨的工具罢了。”

拓拔野一凛，忍不住道：“公孙婴侯不是你爹……不是公孙长安的侄子吗？又为何要上门索仇？”

流沙仙子冷笑道：“公孙长泰是当时土族最具人望的大长老，族中甚至有传言，姬少典想把黄帝之位禅让给他。公孙长安这老贼表面上与他大哥情深义重，暗地里却是说不出地妒恨他，时时刻刻想要取而代之。

“当年波母之事，便是他悄悄告发的。公孙长泰被逐到这皮母地丘后，他仍觉得不解恨，几次三番地设计陷害，我年纪虽小，却也听见了好多次。

“就在那一年春天，公孙长泰与波母汁玄青又生了一个儿子，取名公孙青阳。公孙长安借口庆贺，将他骗了出来，又故意把消息走漏给了水族的仇敌。结果公孙长泰到了支离山下，便被水族四名仙级高手伏击，剁得支离破碎……”

拓拔野心中莫名地一阵黯然，又想起黄帝来。为了争权夺利，各族显贵骨肉相残，亲朋反目，实是数不胜数。权位荣华，不过水月镜花，世人偏偏如此恋战，舍本逐末，可悲复可叹！

但愿终有一日，大荒各族能和平共处，再无半点野心私欲；人人相亲相爱，自由快乐，就像那蜃楼城一般。到了那一天，自己便可了无牵挂，和雨师妾一起并肩携手，浪迹天涯。想到龙女，不由得呼吸如窒，周身烧烫如焚。

流沙仙子续道：“我杀了烈贱人和卫犰，心里说不出地快活。一心跟着公孙婴侯学习蛊毒之术，便随他回到了皮母地丘。刚到这里的时候，瘴气弥漫，到处都是凶兽毒虫，就连不小心踩到花草，也有中毒送命的危险。我很快便生了一场大病，奄奄一息。

“汁玄青那老妖女惺惺作态地照料我，每日煎熬了药水给我喝。我瞧她端庄可人，对我又亲切，竟傻乎乎地把她当成了至亲之人，有一次，竟情不自禁地搂着她的脖子，哭着喊她娘亲。她也笑吟吟地答应了，还说当女儿不能长久，要我做她小儿子的媳妇。我又是害羞又是欢喜，心想只要能有这样一个妈妈，有一个不足一岁的丈夫又有什么打紧？

“病好了之后，我开始跟着汁玄青学习蛊毒，修炼粗浅的法术。我学得很快，不到一年，便已将皮母地丘的各种奇花异草、毒虫凶兽分辨得差不多了，驭兽驱蛊的本领也有了很大长进。

“每天帮着她们母子采集草药、蛊种，烧饭做菜，甚至照料公孙青阳……虽然很累，却是从未有过地快活，心底里，真的将这里当作了自己的家。”

她的嘴角勾起一丝冷笑，道：“那时候，公孙婴侯刚刚自称阳极真神，只身独闯土族、水族十二城，打败了数十个高手，声名鹊起。每次回来，都会抓回一两个仇人，送给我当作药罐，教我如何用最阴毒的蛊虫将他们整得人鬼难分。

“除此之外，还常常有些女子不顾危险，冒险闯入皮母地丘里找他，其中就有你的雨师姐姐……”

拓拔野心中如被尖刀猛刺，陡然一阵抽搐似的剧痛。想要问明究竟，喉中却又像被什么堵住了，酸酸麻麻，直贯心底。

流沙仙子瞟了他一眼，微微一笑，道：“当年龙女不过十六七岁的年纪，还是水族的亚圣女，清纯俏丽，腼腆温婉。第一次向我打听公孙婴侯的时候，羞红了脸，声音小得宛如蚊蚋一般，和现在相比，简直就像是两个人……”

拓拔野越听越是难过，呼吸窒堵，蓦地截口喝道：“别说了！直接说你自己的事情便是。”

“臭小子吃醋了吗？”流沙仙子咯咯一笑，握紧他的手，像是在安慰他一般，又道，“那时孤身闯来地丘，寻找公孙婴侯的，几乎全是对他痴恋的女子，尤以水、土两族的贵族为多。

“这狗贼狂妄骄纵、自私阴毒，对这些女子都是始乱终弃，除了其薄幸无情的秉性外，更重要的，是故意借此复仇，打击水、土两族。我瞧着他身边的女人走马灯似的更换着，看着那些女人伤心欲绝，心里也有些莫名的快意。

“有一天清晨，我早早地赶往落霞峰，采集九彩橘笼花的秋露，调制‘辟毒神水’。刚采了两小袋，就看见一个人影斜斜地横在我的眼前。

“我以为又是跑来寻找公孙婴侯的女人，心里没好气，头也不回，不耐烦地说：‘他不在，你快滚吧。’却听见一个低沉而好听的男人声音，说道：‘小姑娘，九彩橘笼花性寒、剧毒，花上的秋露寒毒更甚，你采了这么多，是

用作什么的？’

“汁玄青那老妖女告诉我，吃了九彩橘笼花可以驱避地丘毒火，喝了花上的秋露更能辟易百毒，我听此人这么说，心下大恼，喝道：‘胡说八道！想骗你洛奶奶的神水吗？’转头望去，那人一身紫衣，银发如雪，年纪虽然很大了，却是……却是从未见过地好看。”

拓拔野一震，道：“是神帝吗？”

流沙仙子苹果脸上一阵晕红，眼波温柔，微笑道：“不错，那便是我第一次遇见他。他笑着说：‘洛奶奶？这么说来，我岂不成了老不死的妖怪了吗？’清晨的阳光照在他的脸上，笑容金灿灿的，我的心底也忽然像被阳光照亮了，莫名地一阵温暖。

“但想起他诋毁波母所说的话，心里有气，叉着腰，凶巴巴地说：‘少废话，想活得更长一点，就快快从本姑娘面前消失！’说也奇怪，若换了别人，我早就下蛊让他变成药罐子啦，但看着他，竟像觉得认识了许久似的，说不出地亲切。”

她顿了顿，水汪汪的眼睛凝视着拓拔野，嫣然一笑，道：“小情郎，那感觉就和第一次瞧见你的时候一样。可是他要比你俊得多啦。”

拓拔野脸上一烫，体内的情蛊欲火顿时又一阵蠢动，凝神敛念，想起自己初见神帝之时的情景，心潮激荡，悲喜交合。

流沙仙子柔声道：“他从袖中取出一个三尺来长的褐色七节鞭，在那九彩橘笼花上轻轻一点，七节鞭顿时变成了黑紫色，光芒诡异。他笑着对我说：‘瞧见了吗？赭鞭变成了这等颜色，便是说此花五行属水，性寒，有剧毒。’

“我又惊又疑，才猜到他竟是当今神帝。但那时对汁玄青那老妖女敬若神明，要想让自己承认她故意害我，实是比杀了我还要难过。当下一把抓下九彩橘，怒道：‘这些神果我吃了都快一年啦，倘若当真有毒，早该死了千百遍了！’说着，便将橘果连皮塞入口中，酸涩辛辣，直冲脑顶。

“他吃了一惊，凌空弹指，将我任脉封住，接着在我背上轻轻一拍，我‘哇’的一声，顿时将早上吃的所有花果全都吐了出来。他把住我的脉，凝神察探了片刻，脸色越来越凝肃，沉声问我：‘这些花果都是谁给你吃的？采药的要诀又是谁教你的？是汁玄青母子吗？’

“我心中森寒害怕，就像是突然掉进了一个冰冷的深渊，不断地哭叫挣扎。

他从腰间葫芦里取出几颗丹丸，不容分说，全都塞入我的口中。霎时间，我周身暖洋洋的，说不出地舒服。

“他背起我，飞也似的冲入地底的阳极宫，对这皮母地丘竟似极为熟悉，所凶兽毒虫见了他，无不辟易慑服。

“方一见着公孙母子，他便沉声喝问：‘我教你们《百草注》，是让你们自保、救人的。这女娃儿和你们有什么深仇大恨，竟要如此害她？’

“汁玄青的脸色顿时变了，公孙婴侯却若无其事地笑道：‘神帝陛下多虑啦，这女孩儿是我救回来的，她体内的这些剧毒全都是仇家早就下好的，我和娘不过是以毒攻毒，想帮她清除体内的余毒罢了。”

拓拔野一凛，想起当日神农将《百草注》传给他时，曾正色叮嘱：《百草注》乃是救人之书，万万不可用于害人。想必便是有了这前车之鉴，才有此言。

流沙仙子道：“我将信将疑，心想或许烈贱人果真早下了剧毒害我，也未可知。但瞧着汁玄青母子，生平第一次感到了椎心彻骨的恐惧。

“神农见他神色坦然自若，也信了几分，温言问我，要不要随他一起到神帝山去？他自会帮我清除体内所有的积毒。我心里乱极了，在皮母地丘待了一年，早已将这里当作了自己的家，想了许久，终于还是摇头。

“神农颇为失望，悄悄地塞给我一块碧玉，叫我今后服食所有的草药时，都将这‘辟邪玉’含在舌下，倘若感觉到刺痹涩麻，就立即吐出，断不可吞下。

“他走了以后，汁玄青母子就像什么事也没发生过一般，对我反而更加体贴关怀了。但我却渐渐觉得很不自在，那种感觉就像从前娘死了以后，在公孙府里，众人对我的虚伪客套一样。

“从那天起，我时时刻刻将‘辟邪玉’含在嘴里，睡觉的时候就藏在枕下。有一天早晨起来，我发现‘辟邪玉’不见了，又惊又怕，找遍了所有的地方却都没有找到。

“那一天我一滴水也没敢喝，一口饭也没有吃。到了夜里睡觉的时候，才忽然从床缝里发现那块碧玉，又是激动又是后怕，握着‘辟邪玉’，泪水涟涟，将枕头都浸湿了。”

拓拔野心中一动，道：“莫非那‘辟邪玉’已经被公孙婴侯换过了吗？”

流沙仙子妙目怒火闪烁，咯咯笑道：“不错！那狗贼也不知从哪里找来一块一模一样的碧玉，质地、大小，就连上面雕刻的每一道纹理都毫无二致。起初，我毫不怀疑，只道是自己粗心着急，没有在床缝里发现。

“但过了半个多月，含着那碧玉，无论吃什么花草，都没有刺痹涩麻之感，我心里渐渐起疑。是药三分毒，天下花草又哪有半点毒性全无的道理？

“于是我趁着他们不备，悄悄地采了一些断肠草放在嘴里咀嚼，结果除了酸苦之外，也无其他异味。我的心登时沉了下去，就像置身于梦魇，偏偏却不能醒来……”

此时，青冥紫火已渐渐转为青绿色，在石棺四周燃烧得越发猛烈，“噼啪”作响，棺内的温度也越来越热，像是蒸笼一般。

两人汗水淋漓，衣服全都湿漉漉地紧贴着肌肤，宛如透明。拓拔野不敢侧望，但闻着她身上的奇异幽香，心中仍是怦怦狂跳，燥热如焚，欲念越来越炽烈。

流沙仙子喉中干渴难耐，咳嗽了几声，继续道：“那时汁玄青早已不让我照看公孙青阳了，就连我采回的草药、虫种，也要先放在地火宫里，由她亲自一一验证过后，再收入药房。

“我知道他们对我早已有所戒备，几次想要逃离皮母地丘，全都被汁玄青撞见。我们彼此心知肚明，互相防范，但表面上仍要装得像往常一样亲密无间。但每每想到我将他们视若亲人，他们却如此算计我、下毒害我，我就说不出地伤心、愤怒、浑身发抖……”

她眉尖一挑，冷笑道：“都说天下至毒的花草虫兽全在皮母地丘。但纵然是地丘所有的花草加在一处，又毒得过世间人心吗？从那时起，我再也不敢相信任何人，哪怕是我自己。”

听她的笑声激愤悲苦，拓拔野又是怜悯，又是难过，叹道：“世间花草果实何止万千，有辛涩剧毒的，自然也有清甜裨益的，仙子又何必一棍子打死？”

流沙仙子咯咯大笑道：“花草剧毒，尚有赭鞭可以试探。人心险恶，又有什么棍子能甄别？倒不如一竿子打死，落个清净。”

她顿了顿，又道：“如此过了半个多月，公孙婴侯突然笑着对我说：‘恭喜恭喜！你的大仇今日可以报啦。’见我惊讶迷惘，汁玄青又说：‘今天是你爹的寿诞，公孙府上上下下都要摆酒庆祝，你这一年多究竟学到多少本事，今夜就能瞧个究竟了。’

“我心中怦怦狂跳，又惊又喜，不仅是因为终于等到了报仇的一天，更觉得这是我逃出皮母地丘的绝好良机。我将数千种蛊毒一股脑儿地装进百香囊，带上玉兕角，随着公孙婴侯出了地丘，御风急行。傍晚时分，终于回到了至为痛恨的公孙府。

“天边的晚霞像烈火一样焚烧着，夕阳照在琉璃瓦上，金灿灿的，那么刺眼。想起我娘，想起这些年在这里受的种种苦楚，我浑身颤抖，一步步地向大门走去。公孙婴侯则靠在门外的大树上，笑嘻嘻地看着我。

“门口的卫士认出了我，脸色顿时变了，一个赔着笑上前招呼我，另一个则慌慌张张地跑进去报信。但刚奔出几步，就被我的‘蜜蝶香’熏得七窍流血，双双踉跄摔倒，浑身抽搐。

“我穿过大门，走进厅堂，绕过花园，向内宅慢慢地走去。所过之处，那些曾经嘲笑辱骂过我的奴仆、贱婢，全都烂泥似的瘫倒在地，双手扼住自己的咽喉，瞪着眼睛，大口大口地喘气，全身渐渐地变成青紫色。就连悬挂在檐角的画眉、趴伏在窗台的小猫，甚至从花园里飞过的鸟儿，全都不能幸免……”

拓拔野心下凛然，流沙仙子脸上晕红，眯着双眼，嘴角勾起森冷的微笑，柔声道：“走到内宅大堂时，里面歌舞翩翩，觥筹交错，正热闹得紧，所有的人都忙着给公孙长安敬酒祝寿，谁也没瞧见我正站在梅花树下。那株梅花是我娘生我的那年冬天，她亲手栽种的，满树繁花，灼灼艳红，在黄昏里开得绚烂。

“闻着那淡淡的梅香，就像是闻着了她衣襟的味道。那一刻，眼泪流过我的脸颊，滚烫得像是地丘里的烈火。我浑身颤抖着，却哭不出声，我取出玉兕角，呜呜地吹了起来。心里想：娘，这是我给你吹的最后一首曲子。

“听见号角声，大堂里顿时安静了下来，所有的目光都集中在我身上，又是惊愕又是讶异。公孙长安那老贼脸色涨红，‘啪’的一声，将杯子摔得粉碎，指着我喝道：‘你这个小贱人，杀了三娘，还敢回来搅乱！’

“那时，我突然一点也不害怕了，只觉得怒火在胸腔里燃烧，这些年的仇恨全都涌上了心头，我放声大笑，用玉兕角吹奏着我娘生平最爱听的‘春水谣’。几百种蛊虫随风飞散，迷迷蒙蒙，像花粉似的落到那些人的身上，随着号角，钻入他们的体内……

“看着他们嘶声惨叫，挠得满脸鲜血，跌跌撞撞地摔了一地，我的心里有一种从未有过的畅快。这些狗贼，朝着我磕头求饶的时候，全都忘记了当年是怎么对待我们母女的啦。一刀杀了他们也忒便宜他们了，只有让他们被万虫噬咬，生不如死，才能泄我心头之恨！”

她一边柔声述说，左手情不自禁地越握越紧，指甲深深地陷入拓拔野的手掌，鲜血汩流，刺疼椎心。

拓拔野听得入神，五味杂陈，一时竟忘了疼痛，那炽烈的情欲也感觉不到了。

流沙仙子道："唯有公孙老贼真气浑厚，又会些法术，中蛊之后仍能苦苦强撑。他踉跄奔出，咬牙切齿地骂着我，接连打来几记气刀。我绕着梅树飘忽躲闪，像猫逮耗子似的戏耍着他，直到他周身血肉激破，爬满了蛊虫，再也不能动弹，才停了下来。

"太阳落山了，寒风呼啸，到处是刺鼻腥臭，我形单影只地站在暮色里，突然觉得说不出地寂寞。从那一刻起，在这世上，我再没有任何亲人，就连仇人，也少得可怜了。

"确认所有的人都已死绝，我飞快地穿过后堂，钻入一个极为隐秘的地道。地道朝南蜿蜒六里，直通流沙河。出了地道，我顺流南漂，过了两个多时辰，来到了荒无人烟的流沙山。

"月亮升上来了，圆盘似的悬挂在山顶，连绵的银色沙丘像雪山，又像凝固的波浪。流沙从山顶汹汹冲下，卷着蒙蒙白烟，在河边堆积成沙滩。

"我坐在沙滩上，浑身湿淋淋的，冻得发抖，看着飞鱼从粼粼的河水里破浪冲起，听着寒风在对岸的树林里呼啸，落叶纷飞，我突然觉得有一种从未有过的自由。"

她叹了口气，淡淡地道："天下之大，我似乎哪里都可以去，但却哪里都不想去。于是我就在那流沙山住了下来，渴了就喝河里的水，饿了就吃肥硕的飞鱼，困了就睡在漫天飞舞的流沙里。

"那一年，我不过十一岁，可是却觉得自己已经很老了。有时候照见河里的倒影，突然会记不起自己是谁，想不起自己从哪里来，要到哪里去……"

听着她那甜美、倦怠而又苍凉的声音，拓拔野心中隐隐刺痛，又想起了童年孤身一人，漂泊流浪的日子。

忽然觉得和这妖女之间，竟有着如此多的相似与共鸣。一时热血如沸，也不知是蛊虫作祟，还是情难自禁，竟鬼使神差地转过头，在她耳垂上轻轻地一吻。

流沙仙子微微一颤，像是陡然僵住，呼吸顿止。

拓拔野嘴唇方一碰到她滚烫的耳垂，登时醒过神来，心中怦怦狂跳，不敢抬眼看她，大是羞惭后悔，对自己如此孟浪暗骂不已。又不好意思立即缩回头来，进退两难，尴尬至极。

所幸流沙仙子动也不动，没有进一步的反应，过了片刻，又继续柔声道："如此又过了半个多月，一天夜里，我突然肚痛如绞，接着身上又长出了许多红斑，时而恶寒，浑身冷战，时而酷热，大汗淋漓，难受得恨不能跳入流沙河淹死。

"我忽然想起从皮母地丘出来的前一天，汁玄青曾神色古怪地告诉我，她新培植了一种奇毒花草，服用后半个月发作，症状便与此一模一样。如若得不到她的独门解药，就会浑身溃烂，过上七日，便只剩下一堆白骨……"

拓拔野大凛，失声道："铭心刻骨花！"

《百草注》中记载了这种南荒特有的珍罕毒草，只能生长在腐骨烂肉之中，所开的花朵莹白奇香，一旦误服，血肉糜烂，无药可救。不知汁玄青所谓的独门解药又是什么？

流沙仙子道："我又惊又怒又怕，知道千防万防，终于还是着了她的道。那天夜里，我强忍着剧痛，连夜赶回皮母地丘，趁着天尚未亮，悄悄地潜入照影峰，藏在碧虚潭里。

"每个月的十五月圆之夜，公孙婴侯都会离开皮母地丘，去私会当下的情人。而当夜子时，汁玄青也必定要到阳极宫的地火洞里，修炼半个时辰的'地火大法'。整个阳极宫里，守卫公孙青阳的，便只有七只地火凶兽。"

拓拔野一震，才知道她原来竟打算挟持波母一岁大的幼儿，来向对方换取解药！但以公孙母子阴狠毒辣、酷爱折辱仇人的脾性，除此之外，只怕要找不到其他良策了。

正自黯然，忽听"轰"的一声震响，石棺微震，炽烈飞舞的火焰陡然熄灭。

从气孔朝外望去，道道霜风从神壶上方白蒙蒙地怒卷而下，洞内鹅毛大雪纷飞飘舞，一片又一片地覆盖在石棺上。

霎时间，方才还滚烫如火的石棺"哗啦啦"地结起一层层厚冰，神壶四壁更是银装素裹，茫茫苍苍。

狂风卷舞，呜呜如狼嚎，森寒彻骨。两人像是忽然从蒸炉掉进了冰窟，激灵灵地打了几个寒噤，牙关咯咯乱撞，不由自主地朝彼此靠去。

「第十六章」不老之药

壶洞内大雪纷飞，温度骤降，石棺的缝隙、气孔转瞬间都已被冰雪封凝，两人肌肤上的汗水也迅速凝结成冰，就连口中呵出的白汽附在棺盖上，也成了片片银霜。

不过片刻，适才还酷热如烤的“火炉”，竟已变成了胜似西海寒荒的冰窟。

拓拔野心中大凛，知道公孙婴侯所言非虚，这阴阳冥火壶果然以半个时辰为一周天，冷热两极交替。

“山海神虫”性喜极寒极热之地，被这相去极大的温差刺激，势必比先前繁衍得更快，活动得更为猛烈。

更为糟糕的是，情蛊只能以意念克制，一旦动用真气，只能适得其反。

方才烈火如炙，尚有辟火珠护体，可以不妄动真气；但眼下冰寒彻骨，倘若不御气抵抗，只怕等不到半个时辰，便已被冻僵毙命了。然而一旦调动真气，“海誓山盟”势必催化得更快，后果更加不堪设想。

这可真叫进退维谷，左右两难了！

流沙仙子的俏脸冻得通红，浑身轻颤，不由自主地往他怀中靠来，心中凄楚、悲怒、绝望，她咯咯笑道：“小情郎，看来我们是当真要一起死在这里啦。从前那姓烈的贱人天天咒骂我们母女，说我是天煞孤星，喜欢上谁，谁便注定不得好死……”

说到最后一句，忽然觉得似有语病，急忙顿住，脸上热辣辣的一阵烧烫。

眼角扫处，见拓拔野正皱眉苦苦思忖应对之策，没有留意，她心中一松，羞赧稍减，又想：“倘若他现在是与龙女同棺共穴，又或是与木丫头一起困在这里，只怕就不会这般心不在焉，六神无主了。”

一念及此，莫名地又有些怅然失落，微微一笑，改口道："是了，拓拔小子，我的那份贺礼还没来得及送给新娘呢。现在就送给你吧，万一我们不能活着从这里出去，下辈子岂不是还要欠你人情吗？"

说着，她从怀中取出一个幻光流丽的黑玉指环，轻轻地套入拓拔野的小指，道："十指连心，环环相扣。这个'连心环'原本就是你雨师姐姐之物，两两一双，现在也算是物归原主了。"

拓拔野大奇，正待追问为何她竟会有此物，思绪飞闪，立时便又想明白了，心中陡然一阵酸痛，悲喜交集。

流沙仙子淡淡道："不错。这黑玉指环便是当年雨师妾送与公孙婴侯的定情之物，只可惜所托非人，被他弃之如敝屣，丢到了阳极宫的火窖中。我觉得好看，就悄悄保留了下来，想不到二十年后竟遇见正主啦。"

拓拔野勉强一笑，道："等出了此地，救了新娘，我们再一起答谢仙子的大礼。"

但想到被困在这神壶之中，死生难料，也不知是否还能再见龙女一面，这些话也不过是画饼充饥罢了，神色转为黯然。

流沙仙子见状，心中涌起温柔的母性爱怜之意，直想拍拍他的脸颊，抱在怀里好言劝慰……此念方起，体内情火登时又熊熊高蹿，双颊如烧，心中一阵刺扎酸疼。定了定神，抿嘴笑道："答谢就免啦。你这次大婚，想必收了好多宝贝，到时让姐姐我挑上一件，就当是礼尚往来……"

拓拔野心中一动，灵光霍闪，失笑道："是了！多谢仙子提醒！"急忙从怀中取出一个寸许长的赤铜小鼎，指尖真气轻轻一弹，"呼"的一声，小鼎中顿时蹿起青绿色的熊熊火焰。

"饕餮离火鼎！"流沙仙子又惊又喜，这才想起那日在汤谷夜宴上，火族使者代表烈炎，将此物送与拓拔野，当作大婚的贺礼。

拓拔野哈哈笑道："二哥的这件礼物，可真救了我们一命啦。"食指顶在铜鼎，真气绵绵输入，将那火焰扇得越来越旺。

那饕餮离火鼎毕竟是火族神器，虽远无法与阴阳冥火壶抗衡，但在这狭窄的石棺内，也足可奏显威力了。

过不片刻，两人冰霜消融，周身渐暖，体内蠢蠢欲动的情蛊也随之消停了许多。

流沙仙子亦松了口大气，心花怒放，咯咯笑道：“人算不如天算。公孙婴侯这狗贼自以为将一切布排得天衣无缝，又怎料到烈炎小子竟会送了你一个离火神鼎？可见天上神明，注定要帮助我们离开此地。”

拓拔野想起《大荒经》中所言，精神大振，笑道：“不错！有了这神器，只要将这棺内的温度维持不变，过上两三个时辰，管它是‘海誓’，还是‘山盟’，自然便会死绝啦。等到‘山海神虫’消除，咱们再设法离开此地。”

霎时间柳暗花明，生路陡现，两人心情大好，重又谈笑风生。

拓拔野当下一边凝神压制体内情蛊，一边以少量真气激化饕餮离火鼎的神火，保持棺内温度。

碧火跳跃，映照得翠玉棺流光溢彩，两人躺在其中，肌肤也被镀成了妖艳的青绿色。

流沙仙子继续说道：“那日清晨大雪纷飞，照影峰又在皮母地丘的最阴冷处，地火最弱，山上覆盖着茫茫白雪，我在结了冰的碧虚潭藏了整整一天，冻得就如此刻一般，周身发青。但唯有如此，才能压制体内的炎毒，避过公孙母子的眼线……

“入夜之后，云开雪霁，圆月在云层里穿梭，我贴着山崖，悄悄地往下奔掠。那时御风术虽然刚入门，飞行不快，好在对地丘早已了如指掌，闭着眼睛也不会走错，身上又涂了许多草汁，毒虫鸟兽闻见了便自行避开。不到半个时辰，便到了阳极宫外。

“我伏在草丛里，屏住呼吸，远远地瞧见汁玄青出了墓门，穿过回廊，下了地火宫，立即穿入墓室，从后门进入厨房，将七十二种无色无味的剧毒全都混入肉丸，然后奔入青阳宫。

“在皮母地丘的一年中，我常常负责照料公孙青阳的饮食起居，抱着他到处玩耍，对那里再熟悉不过。那七只地火凶兽瞧见是我，都大为欢喜亲昵，纷纷上前吞食我带来的肉丸。

“等那七只凶兽倒地横死，我立即蘸着兽血在墙上留言，让汁玄青两日之内，将解药送到婴梁山下的玄石洞里，否则我就杀了公孙青阳陪葬云云。而后立即抱起公孙青阳，封住他的口，藏到了下边的地窖里……

拓拔野大讶，不知她为何竟不立即逃走，但转念一想，顿时恍然。

最危险的地方往往是最安全的。试想其时间紧促，以她的御风术，只怕不等逃出十里，便被汁玄青抓回来了。与其冒险逃跑，倒不如藏在原处，等他们取了“铭心刻骨花”的解药离谷之后，再盗取解药，从容逃离。

之所以选择“婴梁山下的玄石洞”，一则是因为彼处在土族北疆，距离当时的皮母地丘极远，汁玄青母子仓促之下唯有立即赶路，不及多想；二则是声东击西，等他们朝北去后，她便能立即逃回南边的流沙山。

想到她当时不过十一岁，便如此心计缜密，远胜常人，更是佩服不已。

果听流沙仙子说道：“我穿上‘隐身甲’，躲藏在地窖中，等了小半个时辰，便听见脚步声远远响起。当下屏息凝神，将手掐在公孙青阳的脖子上，从小孔里朝外望去，不想进来的竟是公孙婴侯。他瞧见墙上的血字，脸色顿时大变，匆匆离去。过不片刻，领着汁玄青奔回来了。

“汁玄青那老妖女面如土色，全身发抖地看着血书，突然号啕大哭。我与她相处一年，她始终从容优雅、和颜悦色，从未如此失态过。我心里又是快意又有些难过，但当我听到她与公孙婴侯所说的话时，顿时周身冰凉，像是掉入了万劫不复的深渊……”

拓拔野一凛，道：“难道他们发现你了？”

“他们当时方寸大乱，哪里还能觉察？”流沙仙子摇了摇头，冷笑道，“那‘铭心刻骨花’根本无解，汁玄青当日故意告诉我有解药，不过是想诱骗我回来，向他们磕头求饶，任由他们折磨耍弄。”

拓拔野“啊”的一声，又惊又怒，暗想：是了！这两母子必是恼恨她在神帝面前害他们难堪，既已利用她杀灭公孙长安全家报了仇，便想将她百般折磨，杀人灭口。恶人自有恶人磨，惹了这狡黠狠辣的妖女，也只能怪他们倒霉了。

流沙仙子道：“我听了这些话，直如五雷轰顶，全身都僵住了。等他们离开许久，才抱着公孙青阳，恍恍惚惚地从地窖里走了出来，心中恐惧、悲苦、愤恨……直想以牙还牙，将怀中那婴孩施以千毒万蛊，死得比我还要惨烈。

“但转念又想，既然我还有六天的寿命，岂能就此轻易放弃？倒不如去神帝山寻找神农，或许他还有解救之法。即便回天无力，我也要让公孙婴侯母子饱受六天提心吊胆的折磨，然后再承受亲人惨死的痛苦！

“当下我抱着公孙青阳，飞快地离开地丘，朝西而去。神帝山距离皮母地丘将近两千里，以我的御风术根本无法在六天内赶到。

“于是我生平第一次试着驾驭凶禽，几次险些摔死。到了第二天夜里，终于掌握了诀窍，骑乘碧羽鹫朝西疾飞，终于在第六天黄昏赶到了神帝山……”

神帝山又名天帝山，在西荒境内，山高千仞，积雪皑皑。自从神农帝以此为御苑之后，各族都不敢妄入，即便是绕道经过时，也要朝着雪峰遥遥叩首跪拜。

两百余年来，敢这么擅闯天帝山的，除了青帝灵威仰之外，恐怕也只有这时值十一岁的妖女了。

流沙仙子道：“夕阳西下，神帝山雪峰连绵，极为壮丽。寒风刮在身上，几次险些从鸟背上摔下，公孙青阳冻得哇哇大哭。我驾鸟落在天帝峰上，瞧不见一个人影。进了神帝宫，里面空空荡荡，蛛网四结，像是几百年没人居住过了。”

拓拔野听得出神，虽知流沙仙子后来必定无恙，却仍不免有些忐忑担心，心想：“神帝这两百多年来，一直远游天下，采集草药，解救苍生大众，你这般不请自到，自然见不着他了。”

流沙仙子道：“我找遍了神帝宫，也看不见他的身影。眼见着太阳就要落山了，今天便是最后一天，心中说不出地焦虑害怕，对着山谷放声呼喊，喊到嗓子都哑了，除了那滚滚回声，就只有惊飞鸣啼的群鸟。

“那时我全身都已经长满了红斑，奇痒难当，轻轻一抓，便连血带肉都扯了下来，钻心地疼。好在我从小吃惯了苦，这些痛楚还能挨受。鹰鹫嗅着血腥味，漫天盘旋，虎视眈眈。我不敢睡着，坐在神帝宫的台阶上，拿了冰雪一遍又一遍地敷着身体，以减轻那火烧火燎的剧痛……

“星星出来了，夜空蓝得就像娘亲所说的北海。我躺在雪地上，仰望着无边无际的星穹，泪水接连不断地流下，恐惧却反倒慢慢地消散了。心想，反正人都是要死的，这世界又无趣得很，到了天界，说不定就能见到娘亲了。想到这里，忽然对死亡还有着说不出的期待。

“到了半夜，身上越来越烧痒刺疼，恨不得将自己撕裂开来。公孙青阳醒了，饿得大哭。这六天里，我只给他喂过几次豹奶。听见他的哭声，心中更是烦乱厌憎，抓起他，便想朝山下抛去。

“他蓦地止住了哭声，湿漉漉的大眼神气活现地瞪着我，突然咯咯地笑了，胖乎乎的手臂、双腿悬空胡拍乱蹬，似乎想要扑到我的怀里来。

“这一年之中，我常常这么抱着他，哄他睡觉，心底里早已把他当成了自己的弟弟。瞧着他粉嫩可爱的脸蛋，纯真无邪的眼睛，我的心顿时软了，好生后悔将他带到这里来，紧紧地抱着他，泪水潸潸而下。但只要一想起汁玄青母子对我所做的一切，顿时又被仇恨狂怒所吞没，恨不能将他活活掐死……

“我就这么一会儿愤怒、一会儿伤心、一会儿怜悯，颠来倒去，几次想将他丢下悬崖，却又总是舍不得。他什么也不知道，只是抱着我的脖子，胖嘟嘟的手指好奇地摸着我脸上的红斑，口里咿咿呀呀地叫着，像是在和我说话一般。

“眼看着晨星疏淡，一夜便要过去，我心里说不出地苦楚烦乱，想到再也没机会朝汁玄青母子报仇了，不由得恨火熊熊，我狠下心，对他说：‘你别怪我，要怪就怪你娘和你哥吧。’闭上眼，用力地将他扔了出去……”

拓拔野“啊”的一声，满脸错愕，想不到她竟真的这么做了。

流沙仙子脸上晕红，秋波里莹光闪动，凄然笑道：“是啊，我终究还是将他丢出去啦。刚一抛出，我心里便像被刀扎了一般，又是后悔又是伤心，但是已经来不及了。睁开眼，见他飞过悬崖，还不等落下，已被几只苍鹫俯冲抓起，朝冰河谷中飞去。

“我哭了起来，叫着他的名字，用尽全身力气狂奔追赶，却只能眼睁睁地看着那几只苍鹫欢鸣着掠过雪峰，朝冰谷深处飞去。快要消失在山头时，两只雪鹫突然横冲抢夺，厮打于一处，那孩子顿时从鹰爪上摔了下去，掉入了茫茫的冰川峡谷……”

流沙仙子低声道：“这些年，我杀过的人不计其数，连眼都未曾眨过一下，但唯有……唯有这孩子的死，让我好生后悔、难过。倘若他没有死，现下也比你大三四岁，该长成一个英俊挺拔的少年了。”

说到最后一句时，她声音轻颤，泪水忍不住流了下来。

拓拔野心下难过，握了握她的手，劝道：“人非圣贤，孰能无过？你也不用太自责了。或许那孩子吉人天相，大难不死，也未可知。”

流沙仙子微微一笑，摇头道：“神帝山无人敢进，谁又救得了他？就算他从那么高的空中摔下不死，不出半天，不被鹰鹫、虎狼吃得精光，也被崩雪冰川活埋了。”

顿了片刻，又道：“看着他掉入茫茫冰谷，我像是失去了全身的力气，软绵绵地坐倒在地。身上的疮毒也开始发作了，黑紫色的脓血不断地流出，滴落在雪地里，腾散着热气，那些苍鹫接二连三地围冲而下，暴雨似的猛烈啄击着我的身体，我剧痛难忍，顿时昏死过去。

“迷迷糊糊地不知过了多久，我突然听到似有若无的笛声，就像银河里的流水，说不出地缥缈动听。我心想，我一定是到仙界了，想要睁开眼睛看个究竟，眼皮却沉重得像盖了千钧之物，只觉得浑身冰凉，说不出地舒坦。然后就又不知不觉地睡着了。

“恍恍惚惚地醒来几次，又恍恍惚惚地睡着了几次，终于，听见风儿拂动着树梢，流水在耳边淙淙地响着。我睁开眼，阳光灿烂，在摇曳的枝叶间闪耀着七彩的绚光，几只蝴蝶在我上方悠然地飞舞，花香和青草的气味，浓郁得就像软绵绵的云朵，将我虚浮地托在空气里。

“那一刹那，我又忘记了自己是谁，忘记了自己来自何方、去往哪里。我怔怔地凝望着那蓝靛的晴空中，一朵朵飘浮的白云，突然感到一阵莫名的心醉神迷般的幸福。

“忽然，听见一个低沉悦耳的声音，笑着说：‘你终于醒啦。’我吃了一惊，猛地坐起身，这才发现自己一丝不挂地枕着一张褐黄色的兽皮，半躺在溪流里。莹白光滑的身子浸泡在清澈的山溪中，在阳光下闪耀着刺眼的光。我看见自己的倒影，乌黑的长发披垂下来，湿漉漉地贴在嫣红的脸颊上，突然想起我是谁了。

“转头望去，那人站在溪流里，紫衣鼓舞，白发飞扬，微笑地看着我，周身镀满了阳光，就像在皮母地丘里的初见……”

“神帝！”拓拔野忍不住笑了起来，虽然早已猜到她必定会被神农所救，但听到此处，仍是松了一口长气，心底里充满了温暖和喜悦。

流沙仙子双眼闪闪发亮，嘴角漾着温柔的笑意：“我瞧见是他，又惊又喜，但突然意识到自己是赤身裸体，登时大羞，惊叫一声，急忙缩回水里。他愣了一愣，忍俊不禁，哈哈大笑起来：‘黄毛丫头也知道害羞吗？这半年里，我天天这么帮你擦洗身子，该看的早已看光啦。’”

拓拔野吃了一惊，失声道：“半年？难道你一昏迷便是半年吗？”

流沙仙子嫣然一笑，道：“不错。那夜我在天帝峰昏迷之时，他恰巧云游归来，驱散鹰鹫，救了我。但我体内的积毒太深，一年中被汁玄青下了三千多种蛊毒，再加上‘铭心刻骨花’……百毒并发，他虽然精通百草，医术无双，却也不能尽数救治。于是就封住我的经脉，逐一施药化解。

“就在我昏睡不醒的半年间，他背着我走遍千山万水，采撷草药解毒。唯有那‘铭心刻骨花’毒性太过灼烈，虽能以‘沉梦草’等奇药暂时封镇，但稍有不慎，便会立即复发。是以他每日都要将‘沉梦草’‘碧夜花’‘玉肌果’

等神草奇果研磨为浆汁，将我全身清洗过后，再仔细涂抹。一百八十多天，日日不辍。”

拓拔野百感交集，心想：滴水之恩，涌泉相报。神帝待她如此，也难怪她这四年来竟日日夜夜守着他的石像，想方设法让他复生了。

流沙仙子双颊晕红，道：“那时我什么也顾不着了，想着他天天帮我擦洗身子，什么都叫他瞧了去，又羞又恼，大发雷霆。见我哭闹，他也不着急，在一旁笑呵呵地瞧得有趣，还说什么他都算是我爷爷的爷爷的爷爷了，一个小女娃，让他看见了又有什么打紧。

“他越这么说，我便越是羞怒，着急之下，‘铭心刻骨花’顿时又发作了，原本洁白如玉的手臂上立即布满了红斑。他吃了一惊，上前抱起我，不由分说，摁在溪边的草地上，从葫芦里取出‘沉梦草’‘碧夜花’等神草研磨的药泥，仔仔细细地在我身上涂抹……”

说到这里，她脸上更红了，顿了顿，才又低声道：“我拼命挣扎，却不得甩脱，看着他蘸了碧绿药泥的手指轻轻地抹过我身上的每一寸肌肤，又麻又痒，如遭电击，我羞得几乎要哭出声来了。

“但他丝毫不以为意，只是抬头朝我笑笑。在他的眼里，从前也罢，后来也罢，我始终不过是个十岁的孩子。但他又怎么知道，就是在那一刻，那个十岁的孩子，已经无可救药地赖上了他……”

拓拔野心中一震，忽然又想起从前在古浪屿上，与纤纤朝夕相处的情景。

那时她也不过十岁，而自己也一直将她视作永远也长不大的孩子，嬉闹宠溺之时，常常忘记了男女之别，令她情根深种毫不自知。

此刻，想起那些曾让他觉得莫名其妙的少女情怀，想起从前她那楚楚可爱的娇嗔颦笑，再想起如今兄妹情绝，形同陌路，心中不由得一阵酸楚。

流沙仙子恍然不觉，低声道：“我挣扎了半晌，终于没力气动弹了，软绵绵地躺在溪水里，大口大口地喘着气，任由他的手指轻抚全身，一阵阵地酥麻战栗，胸口像被什么堵住了，全身火辣辣地烧烫着，眼泪却莫名地流了下来。

“他瞧见我哭了，有些不知所措，只好停下，苦笑着说：‘小丫头，不如我教你凝冰真气吧，等你学会了，就可以自己涂抹药泥啦。’我听了却反而哭得更加大声了。他是大荒神帝，几乎没有不通晓的事，却唯独不能了解一个小女孩的心事。

“那是我平生第一次，除了我娘之外，觉得有人如此真心实意地关心我；也是生平第一次，觉得和一个男人的关系如此亲昵。十一年的痛苦、孤独，全都在这一刻涌上心头，化作了汹涌泪水，再也无法克制。

“我哭了许久，方才抽抽搭搭地止住，红着脸说：‘我才不学什么凝冰真气呢。有人眼巴巴地要侍候我，高兴还来不及。’他愕然地看着我，哈哈大笑，又继续帮我涂抹药泥。

“看着他垂下的脸，一道道皱纹刀痕似的刻在他古铜色的额头上，衬着他如雪的白发、挺俊的鼻子、清澈闪亮的眼睛……我的心怦怦跳个不停，觉得他虽然老了，却长得这般好看。冰凉的药膏敷在身上，却像火焰似的在我体内燃烧。

“涂好了药，他又用那张褐黄色的兽皮将我裹了起来，清凉柔软，说不出地舒服。我问他这是什么皮，他说是天帝山一种无名妖犬的皮，包裹于身，可以辟易蛊毒。我说这妖犬的兽皮既是我在溪边瞧见的，它就叫作‘溪边’吧。从那时起，我们每见着一种罕见的花草、鸟兽，便由我来起名。就连‘那歧’也是如此。”

她柔声低述着，微笑，目光恍惚，像是忘记了拓拔野就在身旁，又回到了许多年前的那个春末下午。

“那天夜里，南荒的森林枝叶繁密，漏不下一颗星星，万籁无声，整个世界都像在沉睡着。我躺在厚厚的落叶上，听着他悠长的呼吸，悄悄地从眼缝里打量他的侧脸，心中是从未有过的幸福、喜悦、安宁。将近黎明的时候，鸟儿在林梢歌唱，蚂蚁爬过落叶，微风拂过发丝，而我终于睡着了。

“从小到大，从来未曾这么熟睡过，再没有半个梦魇，再没有丝毫的担惊受怕。一觉醒来时，阳光耀眼，风声呼啸，我趴在他的背上，下方是巍巍雪山、滚滚长河。我不知道身在何地，不知道去向哪里，但是心里却毫不在乎。从那一刻起，对我来说，那宽阔的脊背就是我全部的世界。

“那一天起，他又带着我去了许多地方，采撷了数之不尽的草药。每天，我都要捏着鼻子喝五味杂陈的药水，缠着他给我说大荒中的趣闻逸事，听他吹笛子，兴致勃勃地听他讲解奇花异草的神奇功效，甚至还从他那里学到了不少各族的神功与法术……但我最期待的，却是每天黄昏他亲手帮我涂抹药泥。

“我虽然不曾经历男女之事，但从小见过的、听过的，却已太多。他的手指抚摩在我身上，就像电击一般，让我酥麻痛楚，几乎无法呼吸。每当那时候，我体内就像有一团火，烧着我的肚子、烧着我的咽喉，烧遍他触摸过的每一寸肌肤，一日比一日烧得炽烈……”

拓拔野脸上一烫，微觉尴尬。

流沙仙子却毫不在意，双眼亮晶晶的，低声道：“而他依旧只把我当作了孩子，帮我涂抹药膏时，我故意做出一些撩人的姿势，他却总是忍俊不禁，哈哈大笑。我心里恚恼，赌气不理他，心想，终有一天，我要长成如花似玉的女人，让他为我神魂颠倒，不能自持。

“可是这么过了两年，我始终还是孩子的体态，就连一寸也未曾长高过。看着别的女人高挑浮凸的身子，我又是嫉妒又是焦急，多么想能早一日结蛹破茧，变成美丽的蝴蝶……

“有一天，在南际山龙湫峰下，我听他吹奏着笛子，翻来覆去，总是那一首《刹那芳华曲》。我忍不住问他，他却怔怔不答，神色落寞，像是有着满腹的心事。我隐隐之中，觉得有说不出的恐惧害怕，于是就借故大发雷霆，吵闹着回神帝山去。

“他脸色越来越难看，突然大喝了一声，我登时呆住了。两年多来，不管我如何胡闹，他从来不曾数落过我，更别说呵斥了。我心里又是害怕又是委屈，忍不住哭了起来。

“见我哭得哀切，他的脸色顿时和缓了，大为歉疚，不断地哄我，最后终于告诉我，两百多年前的这一天，他在此山的山顶，亲眼看着此生至爱的女人被渡送汤谷，心如刀绞，却无能为力。

“那一刻，我像是被雷电劈着，脑中轰隆作响，心仿佛被什么紧紧揪住，疼得几乎连呼吸也顿止了。也不知过了多久，才感觉到如潮水般翻涌的伤心妒怒，那个从未谋面的木族圣女，顷刻间超越汁玄青和公孙婴侯，成为此生我最恨的人。

“夜里，他睡着了。我痴痴地看着月光下他的脸，突然那么厌恨我曾经热爱过的道道皱纹。如果他能迟生两百多年，如果我能遇见他，当他正少年，如果我能快快长大，如果……我想了无数个‘如果’，但就像他所说的那般，心如刀绞，却无能为力。

“我越想越是痛楚，突然明白，他永远不会像我娘一样，今生今世只疼我一个。因为他的心底，早在两百年前已经被另一个女人占据了。想到这里，心像是要被撕裂开来，泪水汹汹地涌出，忍不住抱住他，放声大哭。

“他惊醒了，刚想问我出了什么事，我哭着紧紧地抱着他，就像从前看见那些女人勾引公孙婴侯一样，不顾一切地亲吻他的嘴，泪水流到我和他的唇舌之间，酸甜苦辣，就像‘苦乐花’的滋味。体内的火焰突然爆炸开来，痛楚地抽搐着，所有的肠子都仿佛揉到了一起……

“他呆了片刻，才回过神来，一把将我推开来，惊骇地看着我，像是从不认识一般。半天才干巴巴地说，他只是将我当成孩子，也以为我只是个孩子。

“我羞怒悲苦，坐在地上，哭得浑身颤抖，断断续续地问他既然只当我是个不相干的孩子，当日为什么要救我？为什么不让我孤零零地一个人死在雪山上，一了百了？又为什么要对我这么好？是不是想像公孙婴侯一样戏耍折磨我？”

听着洛姬雅低婉凄苦的声声追问，拓拔野脸颊如烧，仿佛又回到纤纤登位汤谷圣女前夜，仿佛又看见她握着雪鹤簪、伤心欲绝的眼神，心中更是一阵锥刺似的痛楚。

流沙仙子道：“神农听着我哭问，整个人像石头似的凝住了，缓缓地说，汁玄青母子的蛊毒之术是由他传授的，当日在皮母地丘里又没能救我，心里愧疚难过，所以才千方百计要将我彻底治好。又说他和我之间相差了将近三百岁，一个如朝霞，一个如暮日，是注定不可能遇在一起的。

“我听了更加伤心，哭得气都喘不过来了，说：‘太迟啦，我现在已经喜欢上你了！我才不管你多少岁，人都是会长大、都是会老的，等我也变老了，不就可以在一起了吗？’

“他的神色突然变得说不出的古怪，叹了口气，说：‘天下所有的人都会长大变老，唯独你不会。汁玄青除了给你下了几千种罕见的奇毒之外，还拿你当药罐，尝试‘不老之药’。药性入骨，无法解除。从一年多前起，你就再不能长大，更不会变老了。’”

拓拔野心中大凛，“不老之药”相传是女娲所创，数千年来早已失传。灵山十巫中的巫姑、巫真千方百计想要搜寻药方，也始终功亏一篑。想不到汁玄青竟能炼成此药，其蛊毒造诣之深，实是难以估量。

流沙仙子柳眉一挑，咯咯笑道：“若是别的女子听到这句话，多半早已心花怒放。但听在我的耳中，却像是焦雷并奏，怔怔地站着，连哭也哭不出来了。想到此生此世，永远不能变老，和他之间再无半点可能，心中恨不能将汁玄青那老妖女碎尸万段！”

拓拔野心下黯然。这容颜永驻的“不老之药”，一直是大荒女子梦寐以求的宝物，却偏偏阴差阳错，用在了普天之下最想变老的流沙仙子身上，真可谓世事无稽，造化弄人。

流沙仙子咬牙道："第二天，趁着神农往龙湫瀑布濯洗草药，我骑乘那歧兽，悄悄地离开南际山，飞往皮母地丘。春暖花开，地丘里斑斓如锦绣，汁玄青那老妖女正在照影峰上采撷花蜜，瞧见我，脸色顿时变了，想不到我竟然还活着，厉声喝问我公孙青阳的下落。

"我心中悲怒愤恨，故意笑着说，我将她儿子的肉合着骨头一起炖烂了，全吃到了肚子里，'铭心刻骨花'的毒性也就因此而解了。

"她信以为真，发疯似的朝我冲来。若当真和她动手，那时便有十个我，也抵不过她一根指头。但我早已抱了同归于尽之心，连死都不怕了，还怕她做什么？

"我被她的'地火刀'接连劈中，整个人像是要爆炸开来。但她也中了我的子母针和几十种蛊毒，全身青肿，双双摔落在镜湖边上。公孙婴侯闻声赶来，惊怒交集，一掌拍下，我想要还以颜色，却已来不及了。

"那一瞬间，经脉俱断，千辛万苦才压制住的'铭心刻骨'又尽数受激发作，全身像被烈火烧着，就像坠入了地狱，掉进了火海刀山……等我再醒来的时候，便听见叽叽喳喳吵闹之声，看见身边站了十个几寸高的古怪小人……"

拓拔野奇道："灵山十巫？难道是神帝将你救出，送到灵山救治了吗？"

流沙仙子微微一笑，道："不错。原来就在公孙婴侯想要杀我的时候，神农赶到了。公孙婴侯暴怒之下，撕去所有伪装，狂性大发，坦承这些年他用蛊毒所杀之人不计其数。既然天下人负他，他就要负天下人。

"还说他早已解开皮母地丘谷底的女娲封印，将'混沌神兽'驾驭己用，只要他愿意，随时都能让大崩地裂、地火喷薄……"

混沌神兽！拓拔野大凛，突然明白先前在谷外的平原上，公孙婴侯为何能随心所欲地操纵地缝与烈火了！

流沙仙子冷笑道："可惜公孙狗贼太小瞧他，高看自己啦。战了不过数百回合，神农便将他和混沌兽一齐制伏，重新封入阴阳冥火壶中。而后又从黄帝那里借来了'息壤神土'，将皮母地丘彻底封住。

"哼，这对贱人母子作恶多端，咎由自取，终于被封镇在了不见天日的地底！神农宅心仁厚，不愿散播他们的劣行，辱及公孙长泰的声誉，十六年，一直对此绝口不提。也不愿我再去寻仇，孤身涉险，所以施展'移天换地大法'，将皮母地丘的位置在地下横移了数百里。一夜之间，皮母地丘就像是突然消失了。”

顿了顿，她又道：“他带我来到灵山，是想向灵山十巫借取‘伏羲牙’，彻底解镇我体内的‘铭心刻骨’毒，谁想那十个老妖怪自大狂妄，对他素来甚为不服，这次有了机会，就吵吵嚷嚷着要与他比试，看看谁才是‘大荒第一药神’。唯有胜得过他们，才有资格借取‘伏羲牙’。

“那十个老妖怪哪是他的对手？轮番上阵，几天比试下来，输了个一塌糊涂。老妖怪气得哇哇乱叫，都说他是仗了‘赭鞭’的便宜，胜之不武。于是他又舍去赭鞭，重新比试，结果还是大胜。

“十个老妖怪气得吹胡子瞪眼，恼羞成怒，说既然神农是第一药神，干吗还要眼巴巴地借‘伏羲牙’来救人？竟然就此要赖不借。他无奈之下，只好又主动提出再进行最后一次正式比斗，这回故意顺着灵山十巫的意思，输了‘药神’之称，甚至故意输了赭鞭，终于使得那十个老妖怪心花怒放，甘心借‘伏羲牙’一用。”

听到此处，拓拔野才对这段大荒往事的来龙去脉知道了大概，也明白她当日为何千方百计也要杀十巫的锐气，将赭鞭赚回手中。

虽只听她寥寥数语，但遥想神帝当年，谈笑间降魔伏妖，风姿绝世，更将俗名神器视若草芥，拱手让人，不由得心驰神往，敬服不已。

流沙仙子神色凄然，低声道：“伏羲牙镇伏了我体内所有的蛊毒，却也切断了我和他之间的所有关联。自灵山下来，已是黄昏。晚霞漫天，蝙蝠纷飞，他微笑着说：‘夕阳再美，也不过是片刻光景。终有一天，你会明白的。’

“我想要说话，却什么也说不出来。看着他的背影越来越模糊，像我娘一样，终于消失在暮色里，我的泪水汹汹地涌出，我像是又变回了从前那无依无靠的女孩。从那儿以后，天遥地广，人海茫茫，我想要见他一面，都难如登天了……”

说到这里，她的喉咙像被噎住了，勉强一笑，不等说话，棺外又是“轰”的一声炸响，火焰冲天狂舞，冰雪消融，又过了一周天。

眼见青冥紫火又起，拓拔野急忙熄灭饕餮离火鼎，掖回袖中。指尖一凉，触到一个冰冷圆滑之物，取出一看，是个龙眼大小的珠子，光芒闪耀，冲映在棺盖上，幻影波荡。

只见千军万马正奔腾冲杀，四周凶兽如潮，战况激烈。赫然正是谷外情景。

“鬼影珠？”拓拔野心中一凛，既而又是灵光霍闪，又惊又喜，笑道，“仙子，我们有法子离开此地了！”

「第十七章」

息壤神土

烛光跳跃，铜棱镜所映射的景象在三面墙上变幻不定。

但见各族群雄已经冲破万兽围堵，急速逼近。姬远玄、烈炎、应龙、祝融等神仙级高手更已骑兽飞至皮母地丘上空，盘旋欲冲。

而那神壶之内，紫火狂舞，拓拔野二人已从石棺中坐起，浑身大汗淋漓，脸上双双露出惊喜欢悦的笑容。

雨师妾心中突突剧跳，紧张至极，脸上却浅笑吟吟，道："再过半个时辰，土、火、水三族的高手都将赶到神壶山外，我倒要瞧瞧你还能困住他多久。"

公孙婴侯与淳于昱对视一眼，一齐哈哈大笑，似是有恃无恐。

"雨师国主，你以为我们筹谋了这么多年，连这点应对之策也没有吗？"火仇仙子转过身，月牙似的妙目中光芒闪烁，柔声道，"你猜猜这些人加在一起，及不及得上女娲大神一成的法力？当年连女娲大神都险些降拿不住的凶兽，他们又能拿得住吗？"

说话间，右手玉葱似的指尖轻轻地抚摩着左腕上的混沌环，黄光闪耀，隐隐凸显起一圈上古篆文。

"轰！"整个地宫忽然剧烈震动起来，桌案倾摇，不知从哪里卷来一阵狂风，尘土乱舞，烛火明灭，隐隐听见地底传来隆隆怒吼之声。

雨师妾花容微变，难道这两人竟当真要将那混沌凶兽解印放出？她又惊又怒，咯咯笑道："混沌兽一出，就算他们拿不住，你们便能拿得住了吗？淳于姐姐好歹也是火族后裔，连玩火自焚的道理也不明白吗？"

公孙婴侯苍白的俊脸在光影里阴晴不定，搂着淳于昱的纤腰，笑嘻嘻地道："天地之初，原本就是一片混沌，今日不过是顺应天道，回归混沌罢了。我与这混沌本来便是一体，又何必要降拿它？”

听他言下之意，竟似已掌握了与混沌兽化同体的要诀！雨师妾心中大凛，这厮十六年前便已位列大荒十神，今日一旦与这太古凶兽并体，凶焰更炽，只怕连烛龙也未必是他的对手了！

火仇仙子笑吟吟地变幻指诀，抚摩着混沌环，樱唇翕动，口中念念有词。

阳极宫震动得越来越猛烈，几根巨柱摇摇欲倾，墙壁、石地更是“哗啦啦”地迸裂开许多长缝，尘烟土雾蒙蒙弥漫。

顷刻间，这固若金汤的地宫竟似要崩塌了。

火仇仙子容光焕发，又是喜悦又是得意，咯咯笑道：“走吧。这洞房花烛，就留着龙女妹子到九泉之下与拓拔太子享用吧。”说罢翩然朝外走去。

公孙婴侯捏了捏雨师妾的脸颊，似笑非笑地叹息道：“花颜玉貌，奈何却成了地底骷髅？”指尖一弹，“哧哧”激响，她周身顿时被地火蚕丝紧紧缠住，火烧火燎，呼吸窒堵。

在这生死存亡的紧要关头，雨师妾心中的悲骇惊怒反倒烟消云散了，她凝视着铜棱镜中的拓拔野，苦甜交杂，暗想：“只要他们一走，便以‘冰血大法’离开这里，就算魂飞魄散，也要将小野从神壶山救出。”

“冰血大法”是北海寒冰宫至为凶险的两伤法术。一旦施出，浑身血液如冰雪凝结，真气瞬时倍增暴涨；冰血消融之后，经脉尽断，神仙难救。不到万不得已，谁也不敢妄用。

但此时此刻，她已顾不得那么多了。计议已定，心中顿时变得一片澄明宁静，嘴角泛起一丝淡淡的微笑。烛光映照下，双靥晕红，眼波温柔澄澈，说不出地娇媚绝丽。

公孙婴侯转身欲行，心中一荡，又弯下腰，贴着她的耳朵，低声道：“好妹子，我当初许下的诺言，一日也没忘却。你若是现在出口央求，我一定带你离开地丘。等到天下臣服，我便封你做水族的国主，今生今世，共享富贵，永不分离……”

雨师妾嫣然一笑，摇了摇头，只顾凝神聚气，默念着冰血法诀，连应答他的兴致也没有了。

公孙婴侯自负嚣狂，对于越是无法到手的东西，越是渴切。自与她重逢以来，见她的一颗芳心全都萦系于拓拔野身上，好胜之心不禁大起，总想着让她回心转意，重新投怀送抱，才解心头之结。

眼见她死到临头，犹自笑吟吟的殊无懊悔畏惧之意，又妒又恨，怒火蓦地涌上心头，一把捏住她的脸颊，森然道："那小子三心二意，哪儿待你好了？值得你这般死心塌地？"

话音方落，"轰"的一声，远处一根巨柱陡然崩塌，土石四炸迸舞，火仇仙子见他还不肯走，顿足怒道："公孙婴侯！你想和她一起殉葬吗？"

公孙婴侯听若罔闻，苍白的脸泛着奇异的嫣红，似已扭曲变形了，双眸灼灼地盯视着雨师妾，怒火跳跃，指节越收越紧，恨不能将她这俏媚的容颜捏得粉碎。

见她微微一颤，凝视着铜棱镜，秋波中闪过惊愕狂喜的神色，公孙婴侯心中一沉，转头望去，脸色陡然大变，失声喝道："那小子呢？那小子和小贱人到哪里去了？"

火仇仙子凝神扫探，只见那镜中所映照的神壶内部烈火熊熊、空空荡荡，拓拔野二人早已经不知所终了！

雨师妾又是喜悦又是骄傲，咯咯大笑道："浅水岂能困蛟龙？就凭你们也想关得住他吗……"话音未落，"啪"的一声，被公孙婴侯重重抽了一耳光，她的脸颊火辣辣的肿起老高，气血翻涌，但仍是娇笑不止。

淳于昱惊怒交迸，反身冲上前来，不可置信地寸寸查寻，咬牙道："阴阳冥火壶坚不可摧，无处可逃，这小子定然还在壶内，用了什么隐身法术，藏起来啦。"

公孙婴侯脸色铁青，摇头森然道："青冥紫火光焰炽烈，就算是吞了'混沌无形珠'隐身，也定然能照出影子来！难道这神壶内还有什么机关玄秘，让这小子参透了吗？"

想到神农临终之时，将其毕生所学、几种奇书秘籍全都给了这小子，两人心中大凛，都觉颇有可能。

眼看煮熟了的鸭子就这么飞了，公孙婴侯狂怒得几欲爆炸，冷冷道："活要见人，死要见尸，我就不信他真能不翼而飞！"一把提起雨师妾，挟在臂下，朝地宫外冲去。

四周轰隆震响，天摇地动，巨石、泥土、木梁不断地往下崩塌，尘土簌簌。三人迤逦电掠，有惊无险地从地宫墓门飞冲而出。

地壑内寒气蒸腾，到处都是纷扬的雪花。地河蜿蜒，水光潋滟，群峰影影绰绰。抬头望去，霞雾弥漫，不断有火光冲天喷吐，划过一道又一道艳丽的彩虹，隐隐还能听见地丘上方传来的禽兽怒吼与斯杀呐喊之声。

各族援兵已然杀到。至多不过小半个时辰，便能冲到谷底了。

公孙婴侯无暇他顾，挟着雨师妾直冲神壶山，在壶嘴峰立定。积雪皑皑，青松傲岸，那伪装成石墓的壶嘴门依旧紧闭如初。

壶嘴峰又称“思过峰”，相传女娲大神心怀慈悲，将混沌神兽等凶魔收入这神壶之后，封镇以“思过诀”，并将法诀刻写在壶壁上。只要千年之后，有人在这壶嘴前倒诵此诀，便能将壶中所困的凶魔释放出来。

当年流沙仙子掳走公孙青阳之后，汁玄青四处寻之而不得，悲痛欲绝。公孙婴侯在地壑内反复寻找，无意中发现了镶嵌于神壶山顶的混沌环，这才知道脚下的险峰赫然竟是远古封镇凶魔的女娲神壶。于是解开了“思过封印”，将壶中的混沌兽放出。

数年之后，他驾驭此兽，与神农大战，妄想将其一举击杀，取而代之。

神农宽厚仁慈，又素来敬慕其父公孙长泰，不忍令之断后，是以再三劝他回头，见其凶顽不化，只得将他封印入壶中，令其思过反省。并将混沌神兽的兽身封镇于地谷深处，永绝后患。

神农效仿女娲，将“思过诀”重新改过，刻写在壶壁上。却被火仇仙子阴差阳错，依照此诀打开了神壶，放出公孙婴侯。

公孙婴侯为报仇雪恨，处心积虑，将神壶嘴乔化成阳极宫的墓门形状，为的便是有朝一日，将神农诱入其中，让他尝受这生不如死的苦头。

先前，拓拔野不知究底，跪在这“墓门”前叩拜时，淳于昱便站在一旁默诵解印诀，将壶嘴门打开。饶是流沙仙子心细如发，电眼如炬，竟也没瞧出此中玄妙，只道是拓拔野九叩之后，打开了阳极宫的墓门，终于中计困陷其中。

公孙婴侯被困在这神壶中十六年，对壶中的一尺一寸都了如指掌。十六年间也不知想了多少法子逃离，却始终不得而出，此时眼见拓拔野二人凭空消失，心中之惊骇困惑可想而知。无论如何，也要亲眼瞧个究竟。

当下长身昂立于壶嘴门前，左手锁扣住雨师妾的咽喉，右手紫光吞吐，聚气待发，森然道：“淳于妹子，你来解印开门，我进去探望探望拓拔小贼。他若还藏在里面，胆敢耍什么花样，我便叫他痛不欲生……”

说到最后一句时，左手微微一紧，雨师妾俏脸涨红，登时憋得喘不过气来，心中怦怦狂跳，说不出地紧张、期待。

火仇仙子脸罩寒霜，默念法诀，双手聚气，朝着那壶嘴凌空错分。

“轰！”墓门开启，红光喷吐而出。几在同一瞬间，公孙婴侯挟持着雨师妾，闪电似的冲入其中；右手紫光爆卷，化作炽艳光刀，朝里轰然劈入。

“砰砰”连声，光浪激爆，公孙婴侯呼吸一窒，只觉得两道气浪排山倒海似的迎面冲卷而来，心中又是惊怒又是狂喜，扬眉大笑道：“小贼，早知你会耍奸使诈！”左手将雨师妾朝前一送，当作人盾，右手地火阳极刀顺势狂扫。

果听拓拔野的声音惊呼道：“雨师姐姐！”左面那道凌厉无匹的气浪硬生生地朝外一分，擦着雨师妾的脸颊轰然撞击在洞壁上，光焰飞炸。

甬道狭窄，光芒炽烈，一时间瞧不真切。她心中一沉，泪水夺眶而出，悬吊了半晌的希望瞬时破灭了。想要呼唤他的名字，却被公孙婴侯扼住了喉咙，发不出声。

混乱中，右面那道气浪被地火阳极刀劈中，顿时迸爆开来，隐隐听见流沙仙子的一声闷哼，似是被气刀震得朝后飞退。

“小贼，继续和那小贱人在壶里好好待着吧……”公孙婴侯大笑声中，借着反震气浪闪电飞退，正想冲出神壶，却听背后“轰”的一声震响，那壶嘴门竟已牢牢锁上！

他心中一凛，大觉不妙，喝道：“淳于妹子，快开门！”

隐隐听见淳于昱的笑声如游丝似的从门缝中传来：“你不是说‘天地之初，原本就是一片混沌’吗？我今日也不过是顺应天道，让你回归混沌罢了。洞房花烛，阴阳交泰，两对新人尽情享受，本仙子恕不奉陪了。”声音越去越远，悄不可闻。

公孙婴侯惊怒欲爆，几乎不敢相信自己的耳朵，厉声喝道：“淳于妹子？淳于妹子？”除了那隆隆的回声，哪里还有回应。

黑暗中，只听见流沙仙子沙甜清脆的声音咯咯大笑道：“妙极妙极！公孙狗贼，想不到你也有今日！你耍弄了多少女子，今日总算被女人算计啦。这可真叫上苍开眼，报应不爽！”

公孙婴侯像是突然掉入了万丈深渊，浑身都是冷汗，彻骨冰寒，喃喃道：“不会的！不会的！她断断不会这般害我！她若要将我封入这阴阳冥火壶，当日又何必放我出来……”

心头一凛，失声道：“是了！混沌环！她要的是混沌环！”霎时间恍然大悟，咬牙切齿道，“这贱人兜了这么一大圈，原来是为了骗夺混沌环！”

又是惊怒又是懊悔，想到自己费尽心力才降伏的混沌神兽，就此落入这南蛮妖女手中，更是气得险些连肝都炸开了，纵声狂吼，地火阳极刀朝着那壶嘴门轰然怒斩。

地壑开裂处，霞云如海，群峰兀立，尖啸怪吼声如雷贯耳，万千凶禽妖兽从下方地丘冲涌而出，上下盘旋，将各族英豪团团围住，惨烈厮杀。

“咦？拓拔太子呢？”嘈杂呐喊声中，忽然听见有人失声惊呼。

群雄抬头望去，但见万丈霞光破空乱舞，映射于蓝天，形成了神壶中的图景。其中火焰熊熊，空无一人，拓拔野与流沙仙子都已不知去向。

姬远玄一凛，取出那鬼影珠一看，景象与空中幻境浑然一致。

烈炎微微一怔，大喜过望，笑道：“三弟也忒了得！想不到竟连这神壶也困他不住！”

祝融、应龙等人面面相觑，亦大感惊讶。阴阳冥火壶是女娲封印太古凶魔的神器，拓拔野竟能神不知鬼不觉地从中逃脱，实是太过匪夷所思。

群雄又惊又喜，虽不明就里，却仍忍不住一齐纵声欢呼。

唯有姬远玄隐隐觉得似有不妥，暗想：“奇怪，纵然神壶内另有出处，壶底的八卦台与石棺又何以凭空消失了？难道……”心中一动，已明其理，嘴角勾起一丝令人难以察觉的微笑。

当下将鬼影珠收入怀中，朗声道：“各位朋友，拓拔太子虽已脱困，龙妃却尚未获救。咱们一鼓作气，杀入谷底，诛灭公孙婴侯，为连日来枉死的各族百姓报仇雪恨！”

群雄欢呼附应，士气大振，骑乘猛禽飞兽，便欲往下冲去。

“轰隆隆！”

皮母地丘下方突然传来一阵闷雷似的震动，云雾崩散，群峰摇荡，无数凶禽妖兽惊啼尖叫，接连不断冲天飞起，从众人身边轰然卷过，高高盘旋。霎时间如黑云似的遮蔽了半片碧空。

空中霞光尽敛，幻景全无。群雄低头望去，壑内霞云滚滚，火光吞吐，如惊涛骇浪似的朝上翻腾，无数霓光破舞而出，仿佛道道利剑，晃得人眼都花了。

应龙一凛，沉声道：“陛下快走！地火又要喷涌了！”

话音未落，下方的七彩云海陡然朝上一鼓，“轰隆”一声巨响，缤纷炸射，万千火蛇红焰高蹿怒舞，炎风扑面，群雄大骇，纷纷惊呼冲散。

大地迸裂，火浪冲天，广袤的平原上飞冲起无数道百丈来高的火墙，纵横交错，众人骑兽迤逦闪避，直冲高空，稍有不慎，被火舌卷舐，登时惨叫着浑身着火，坠落地壑之中。

放眼望去，真陵之野竟似成了漫漫火海。南荒兽群受惊狂奔，或是被烈焰席卷，或是被不断纵横开裂的地缝所吞噬，悲鸣嘶吼之声不绝于耳。

轰鸣声中，皮母地丘的照影峰、玄武峰等七座最为高峻陡峭的山峰接连崩塌，烟尘滚滚。

大地剧震，裂缝急剧扩大，又是一阵雷鸣般的轰响，地丘方圆数里内的地面陡然朝下塌陷，形成一个巨大的盆地断层。

群雄驭兽直冲起近两百丈高，仍能感觉到那灼人的热风，当空盘旋俯瞰，惊魂未定。

土族的飞兽军将士更是瞠目结舌，惊骇莫名。此番爆发的火势之猛，不但远远胜过先前几次，甚至比起三日前那吞灭北鲜八部的地火还要猛烈！若逃得再晚一步，各族万余群雄，只怕便要与水妖僵鬼一同做伴谷底了。

陆吾皱眉奇道：“皮母地丘内的地火不是每隔一个时辰才喷发一次吗？怎的相隔不过片刻，便又喷薄？”

应龙干瘦的脸上闪过古怪的神色，像是恐惧，又像是狂喜，褐眼冷冷地凝视着那火浪喷涌的地壑，哂然道：“若是地火，又怎会有如此大的威力？女娲大神一念之差，慈悲为怀，却为今日留下了惊天浩劫……”

“嗷——呜！”话音未落，地壑内红光爆舞，忽地传来一声震天怒吼，众人脑中嗡地一响，气血乱涌，数十人骑坐不稳，眼前一黑，登时翻身朝下摔落。

“轰！”皮母地丘南侧的地面突然炸裂开来，巨石四射，火浪喷飞，只见一个赤红色的巨大触手冲天破舞，高高地抛过一道弧线，轰然砸在大地上，登时将半截断山击得粉碎！

“嘭！”“嘭！”“嘭！”

紫光叠爆，气浪汹涌，公孙婴侯发狂似地怒吼着，地火阳极刀纵横乱劈，恨不能立即斫开一条生路来，但那石门却始终岿然不动。

他被封印于壶中整整十六年，备受冰寒、炙烤之折磨，几近疯魔。好不容易重获自由，正想着要报仇雪恨，展雄图霸业，岂料竟又被当下最为信任的女人所陷害，再度受困于此。纵是铜心铁胆，这一刻也要狂乱崩溃了。

火焰乱舞，甬道明亮如昼，流沙仙子翩然立于数丈开外，倚着石壁，不断地冷嘲热讽，直笑得俏脸彤红，花枝乱颤，浑然忘记了自己亦被困在壶中。

唯有拓拔野对周遭一切视若不见，痴痴地凝视着雨师妾那泪痕闪烁的笑颜，胸喉若堵，悲喜交集，先前的焦急、恐惧……全都烟消云散了，只剩下了无边无尽的温柔、宁静与喜悦。

只要与她同在，身在何处、能否离开，一时间竟全都毫不紧要了。

公孙婴侯蓦地转过身，双眸怒火如焚，瞪着拓拔野两人，咬牙切齿道："你们这两个小贼，今日不将你们碎尸万段，难消我心头之恨！"左手蓦地扼紧雨师妾的咽喉，厉声道，"在此之前，我要你亲眼看着她死！"

拓拔野又惊又怒，喝道："放开她！"身形一矮，闪电似的朝他冲去，天元逆刃银光如电，疾斩其右肋。

几乎在同时，"嗖嗖"激响，流沙仙子的三十六根子母针亦破风激舞，朝着公孙婴侯的各处大穴怒射而去。

公孙婴侯森然大笑，避也不避，抓起雨师妾当作人盾，朝天元逆刃与银针挡去。

拓拔野斥道："无耻！"蓦地收刀下冲，反手一掌，碧光爆吐，如涡旋飞带，陡然将雨师妾紧紧缠住，刚想朝外分夺，眼前一红，气浪爆舞，地火阳极刀已然当胸劈到。

拓拔野心下一凛，只得回旋收掌，顺势反撩天元逆刃，与那炽烈气刀撞个正着。"嘭！"肌肤如灼，整个手臂酥麻如痹，身不由己地朝后跌退。

流沙仙子娇斥声中，银针冲舞翻飞，绕过他的头顶蓬然聚散，继续朝公孙婴侯电射而去。

这甬道甚为狭窄，仅容两人并肩而行，三人在此腾挪激斗，每一次交锋都堪差毫厘，惊险万状。

拓拔野真气、法力原本便都不敌公孙婴侯，体内"海誓山盟蛊"又未尽灭，真气一动，立时情欲如焚，加之此刻投鼠忌器，生怕误伤龙女，行动更是大受掣肘。顷刻间便被公孙婴侯逼得险象环生，肩上、臂上、腿上均被地火气刀扫中，鲜血淋漓，火烧火燎。

当下引着他且战且退，往宽阔的壶洞中掠去，伺机反击。

雨师妾芳心怦怦狂跳，若非喉咙被扼，早已惊呼失声。一时间，眼中耳中全是拓拔野的安危，竟忘了自己命在旦夕，比他更为凶险莫测。

“轰！”四人刚冲入壶洞中，脚下忽然一阵剧震，身形一晃，险些站立不稳，接着又是一阵猛烈震动，隆隆作响，偌大的神壶山竟似要倾倒一般。

四人大凛，纷纷罢手跃开，凝神聆听。

拓拔野右手虚空一探，“嗖”的一声，饕餮离火鼎从壶底火焰中凌空飞旋而起，不偏不倚地落入他的手中。

光芒闪耀，从鼎中缓缓升出一颗龙眼大小的珠子，散射出万千幻光，映照出地丘外的壮观景象。

雨师妾灵光一闪，突然明白先前拓拔野、流沙仙子为何会“消失无踪”了！她双颊晕红，嘴角噙笑，妙目温柔地凝视着拓拔野，又是赞许又是骄傲。

公孙婴侯之所以能瞧见拓拔野等人的一举一动，都是依赖那“潜天三棱镜”，反照出姬远玄手中“鬼影珠”的感应图景，正所谓“借影成形，两两相照”。

各族群雄原想靠此神珠，与拓拔野紧密相连，洞悉地丘内的地形地貌，不料却便宜了公孙婴侯，成了他的耳目。

拓拔野必是想明了此节，所以故意将“鬼影珠”收入饕餮离火鼎中，反扣在神壶底壁。被饕餮离火鼎所扣罩，“鬼影珠”所映照出的，自然便是鼎中的景象。

偏偏离火鼎的形状与阴阳冥火壶有些相似，鼎中亦充斥着青冥紫火，外人乍一看，又哪能想到此中奥妙？只道是人去壶空，将“鬼影珠”抛留在了原处。

公孙婴侯惊骇错愕之下，更无暇分辨究底，必定心急火燎地赶来看个究竟。拓拔野二人只须藏在壶嘴，趁其不备，便能突围冲出。

若不是螳螂捕蝉，黄雀在后，着了淳于昱之道，将公孙婴侯一齐反锁于壶中，拓拔野此刻多半已大功告成，逃出生天了。

眼见着拓拔野从饕餮离火鼎中取出神珠，公孙婴侯脸色陡变，亦想明了此节，又是惊恼又是懊悔，恨不能将他生吞活剥，以消心头怒火。

群雄惊呼声中，那只巨大的赤红触手曲弹抛舞，陡然缩入。接着又是一阵天摇地动的震响，原本塌陷的大地突然高高鼓起，地缝被撑得四下迸裂，火焰喷薄。

地面隆起如山，顿了片刻，突然土崩瓦解，万千巨石冲天怒射。

几在同时，数十只巨大的触手接二连三地破土冲舞，伴随着那雷鸣般的怒吼咆哮，四下抛舞横扫，霎时间，将惊惶狂奔的群兽、盘旋惊飞的凶禽……一一钩卷抓起，朝皮母地丘里塞去。

众人瞠目结舌，惊骇不已。从未见过如此大的触手，与之相比，西海的“吞天水母兽”竟小得有如蚂蚁了！

陆吾从袖中抓起一面白铜六角镜，当空斜照，金光怒舞，笔直地射入皮母地丘，顿时冲天弹射起一圈巨大的光晕，犹如水波一般凌空晃荡。

“那是什么怪物？”群雄大骇，惊呼声四起。

从那“九渊洞影镜”所映照的光波中，隐隐可见一个巨大的“圆球”自地壑深处急剧膨胀鼓起，地丘群峰被它拱得不断倾摇崩塌。

那圆滚滚的球体长满了巨大的龙鳞，像是无数只闪烁的眼睛，忽而明黄耀眼，忽而彤红如火，当中一道巨口似的长缝，无数艳红的触手便是从中伸出，招摇乱舞。

“混沌兽！”姬远玄脸色陡变，沉声道，“公孙婴侯就要将混沌兽放出来了！”

众人大哗，混沌神兽是古往今来至为残暴的妖兽之一，被封印了数千年，更是凶狂难当。伏羲羽化，女娲登仙，就连神农帝也已变成了一尊石人，当今天下，只怕再无人能伏其凶焰了！

若不能尽快制止公孙婴侯，这场浩劫势必给原已动荡不安的大荒带来更为惨烈的灾难。

当是时，远远地传来一个清脆悦耳的声音：“黄帝遗诏，太子黄帝速来接旨！”

群雄转头望去，只见一个着淡黄色豹斑长裳的绝色美人御风飞来，衣带飘飘，翩翩若仙。身后两个娇俏女童怀抱长剑，踏风相随。

赫然正是土族圣女武罗仙子。

众人呼吸一窒，被其美貌所慑，竟连气息也不顺畅起来，心想：都说武罗仙子与姑射仙子并称大荒两大仙子，果不其然。

有些心思促狭的，又想："传言十六年前，她景慕公孙婴侯，险些连圣女之位也不想要了，还与龙女大斗一场。今日来此，难道是旧情难断，为公孙婴侯求情来了吗？"

思忖间，土族众将士纷纷弯腰行礼，姬远玄从麒麟兽上一跃而下，凌空拜倒，朗声道："儿臣姬远玄接旨。"

姬少典驾崩半年有余，姬远玄三年丧期未满，不肯正式登基。长老会以内忧外患，急需君王以稳固人心、团结御敌为由，再三劝进，他才勉强接受"太子黄帝"之称。但土族神庙之中，当朝黄帝的牌位仍是姬少典。因此当下土族，算是有两位"黄帝"。

武罗仙子凝空立定，从袖中取出一轴黄卷，徐徐打开，柔声念道："皇天在上，厚土在下，土族黄帝诏曰：本族弃民公孙婴侯，潜居地丘，纵蛊逞凶，祸害无辜，其罪罄竹难书，人神共愤。后又妄解女娲之印，欲置大荒于水火之中，幸得神帝复以阴阳冥火壶封印此獠，镇伏混沌凶兽，又以息壤神土平补地丘，度此浩劫，诚天下苍生之幸！"

"神帝化羽，九州无主，妖孽尽出。假若寡人百年之后，皮母地丘重现大荒，后继之黄帝当竭尽所能，补地裂，平妖魔，不教中州生灵再遭涂炭。自古正邪不两立，法义不容情，若有趋附妖魔，助其为虐者，天诛地灭，杀无赦……"

她的声音如玉石激撞，清脆动听，这篇遗诏由她读来，格外婉转悦耳。

群雄闻听，无不悚然动容，才知道当年公孙婴侯与皮母地丘突然消失的秘密。姬少典生前必已预见今日情形，故而才预先设立此诏，以平众议。

想不到武罗仙子当年对公孙婴侯一往情深，十六年后，却偏偏由她亲口宣读此诏。真可谓世事无常，天意难料。

武罗仙子读完圣旨，将卷轴收起，递与姬远玄，又从袖中取出一个黄铜密匣，脸容淡定如秋水，瞧不出半点涟漪，柔声道："武罗奉长老会之命，特将'息壤神土'交呈陛下，封补地壑，镇伏妖魔。"

众人哄然，"息壤神土"又称"混沌天土"，比之"七彩土"更有神力。相传是盘古开天辟地时残留的神泥，遇风膨胀，大至无穷；一旦凝固之后，又坚逾玄铁，任何神兵也难劈开。

女娲补天之时，便曾借用息壤神土。后又觉得此土威力太大，稍有不慎，祸害无穷，于是仅留了三尺见方，分别存在九个黄铜密匣之内，藏于土族九座圣山之中。

数千年来，土族谨遵女娲之命，即便是被水族洪水围攻，也不敢擅用此土。想不到今日为了封补皮母地丘、镇伏混沌，竟不惜动用这大荒第一神土。

楚芙丽叶俏脸登时变得雪白，忍不住高声道："黄帝陛下，拓拔太子尚在皮母地丘之中，生死未卜；龙妃也仍陷于公孙婴侯之手，性命攸关。现在若以息壤神土封堵地窒，岂不是连他们也一起埋在地底了吗？"

各族群雄哄然附应，议论纷纷。

有的说混沌兽虽然凶狂，但合众人之力，也未必不能将之降伏，与其妄动神土，倒不如齐心协力，将凶兽拿住。

有的说拓拔野既已不在神壶之中，龙女又已不见踪影，多半早已双双脱险，当务之急，乃是以最小之代价封镇混沌兽，以免大荒再遭浩劫。

一时间声如鼎沸，争论不休。

应龙骑龙上前，金发飞舞，枯瘦的脸上木无表情，淡淡道："天地裂，凶魔出，能平混沌者，唯有此混沌天土。若再犹疑不决，错失良机，要想平定浩劫就要付出极其惨重的代价了，还望陛下速速定夺。"

姬远玄捧着那盒神土，脸色凝肃，沉吟不决。

当是时，下方轰隆巨震，山崩地裂，眼看着混沌兽一点点地往上冲挤，距离地面不过百丈之遥了，众人心中大凛，嘈声渐止，纷纷转头朝他看去。

「第十八章」

弹指红颜

狂风呼啸，地火喷舞，众人身在两百丈高空仍能感觉到那炽灼的炎浪。

姬远玄皱眉沉吟不答，目光闪动，环顾扫望着烈炎、祝融、陆吾等人，无声地征询他们的意见。

烈炎沉声道："大哥，不如由我与祝神上做先锋，先去下面探个究竟。如若三弟仍在地壑之中，我们自当全力救他出来。如果找不到他的踪迹，再以'息壤'封平这地壑便是……"

"轰！"话音未落，又是一声震耳欲聋的轰鸣，混沌兽的六条巨大触手破土飞扬，直冲蓝穹，挟带着凛冽狂风，擦着群雄下方不足四丈处怒卷而过。

气浪强猛至极，群雄气血翻腾，险些骑坐不稳，飞兽怒吼，惊呼声四起，纷纷朝上盘旋冲去。

"陛下，来不及啦。"武罗仙子翩然立定，美眸凝视，淡淡道，"当断不断，必受其乱。治天下者，不可因小失大，更不可因私废公。拓拔太子若知道眼下景况，也必定会恳请陛下做此抉择的。"

陆吾、祝融等人略一迟疑，纷纷附应道："仙子说得不错，眼下情形，已无其他选择了。公孙婴侯处心积虑，为的便是在各族英雄面前解印混沌，一逞凶威。若不趁着此时将其封镇，后果不堪设想。"

眼见混沌将出，各族领袖又无异议，群雄议论之声渐渐消止，齐毅等一干游侠面面相觑，虽心下不甘，却也无计可施。

唯有楚芙丽叶盈盈行礼，道："息壤神土一旦使出，再无转圜之机。事关拓拔太子与龙妃生死，还望黄帝陛下三思。"

姬远玄摇了摇头，叹道："楚国主，这里的每一个人都和你一样关切拓拔太子与龙妃的安危。倘若还有其他选择，寡人也绝不会这般踌躇了。三弟吉人天相，每每都能逢凶化吉，只盼他此次已逃脱险境。”

楚芙丽叶双靥飞红，还待说话，姬远玄却已转身环顾群雄，高举黄铜密匣，沉声道：“列位朋友，此土为女娲大神所传之圣物，今日姬远玄奉诏伏魔，神土出，天地合。但愿自今日起，大荒再无分裂之疆土，九州再无异变之人心！”

“神土出，天地合。大荒一，九州同！”土族众将士如潮呼应，群雄听得热血如沸，也不由得跟着呐喊起来。

楚芙丽叶秀眉轻蹙，晕红的俏脸登时又变得雪白，闭上眼，默默祈盼寒荒大神再度显灵，保佑拓拔野化险为夷。

拔祀汉、天箭等寒荒英豪也纷纷凝神祷告。

“嗷——呜！”皮母地丘下的混沌凶兽似是听见了众人呼喊，蓦地发出震耳欲聋的咆哮，触手纷飞，彤红闪亮的巨大身躯急速朝上拱挤，大地龟裂，崩舞四炸，地火汹涌喷薄。

姬远玄再不迟疑，喝道：“放箭！”

群雄哄然呐喊，万箭齐发，狂风暴雨似的密射攒集。

混沌兽咆哮如雷，数十只巨大的触手张舞横扫，狂风席卷，顿时将众箭震得冲天倒射，数百人避之不及，格挡不住，纷纷中箭倒冲翻飞，惨呼声不迭。

饶是如此，仍有近千支利箭穿透气浪，“嗖嗖”连声，钉入混沌兽的触手之中。

混沌兽吃痛狂吼，触手尽皆蜷屈，猛地缩入地缝之中。

姬远玄等的便是此刻，纵声喝道：“祈天，布阵，求风！”骑乘麒麟兽当先俯冲而下，左手扣握铜匣，右手均天剑破空冲起刺目的黄光。

土族将士山呼海啸，随之驾兽疾冲而下，瞬间布成祈天大阵，枪戈刀剑直指苍穹。

武罗仙子在阵心翩然飞舞，默念法诀，两个女童齐声呼斥，乾坤双剑破匣冲起，当空交缠飞绕，光芒大炽。

“轰！”万道剑光枪芒交会一处，晴空中顿时响起一声震耳霹雳，霞光飞舞，天色陡然暗淡。

几在同时，一个黄衣白发的苗条女子骑乘巨翼黑鸟冲天飞起，挥舞一把巨大的圆形铜扇，斥道：“东南西北，天下皆风！”正是与风伯并称“大荒两大风神”的风后。

铜扇扫处，霞云汹涌，狂风怒号，众人眼前一花，呼吸不得，衣裳、头发鼓舞乱飞，若非早有所备，紧紧伏身抓住兽骑，早已被刮得飞至九霄云外。

平原上长草起伏，沙飞石走，那熊熊奔窜的火海被狂风席卷，登时朝地缝下倒冲而去，遍野红光纵横闪耀，蔚为壮观。

姬远玄真气鼓舞，左手蓦地将黄铜密匣凌空抛向皮母地丘，大喝道：“女娲大神在天英灵，助我补地裂、伏凶魔！”右手均天剑轰然横扫，剑芒爆舞，登时将铜匣劈开……

“砰！”乌油油一蓬泥土纷扬抛撒，闪电似的冲入地缝之中，被那狂风一卷，陡然膨胀迸鼓，瞬息间便胀大了千万倍，将那巨大的地壑充盈得满满当当！

风后挥扇狂舞，“轰隆”连声，息壤高高隆起，形成一个巨大的黑色山丘，接着又急速塌落，朝着四周地缝急速蔓延。从空中俯瞰，犹如一个乌黑的章鱼瞬间张舞触手，向四方闪电般延伸……

壶身剧震，火焰狂舞，壶壁上的石块崩落如雨，重重地砸落在四人周围，被青冥紫火吞卷，“哧哧”连声，青烟四冒。

“砰！”那“鬼影珠”恰巧被一块巨石撞中，应声迸裂，幻景如水波般晃荡开来，姬远玄等人的身影模糊摇曳，再也看不见了。

拓拔野等人无不大凛，息壤既将地缝封堵，皮母地丘再不复存，他们也注定将被活埋在这地底深处！

且不说这阴阳冥火壶坚不可摧，即便出得了此壶，要想突破四周凝固的、比玄冰铁还要刚硬的息壤神土，也难如登天。

公孙婴侯又是惊怒又是绝望，哈哈狂笑道：“拓拔小子，你的这些结义兄弟、各族佳朋待你可真不薄呀！千里迢迢号称要来救你和你的新娘子，敢情是来举办你们的葬礼，妙极妙极！”

拓拔野眼见淳于昱阴谋挫败，混沌兽业已随同他们被镇伏地底，焦虑忧惧之心反倒消减了许多。生怕他狂怒之下伤及龙女，高声喝道：“公孙婴侯！现在我们四人都在一条船上，你若想活着去找那南蛮妖女报仇，就快快放了雨师姐姐，暂时抛下恩怨，齐心协力，离开这里……”

流沙仙子咯咯笑道：“拓拔小子，你就别指望啦。这狗贼唯我独尊，睚眦必报，眼里若是进了一粒沙，宁可挖出自己的眼珠，也要将沙子摘下。对你恨之入骨，又怎会甘心和你合作？”

公孙婴侯目光闪烁，嘴角勾起一丝森然的冷笑，蓦地松开手，将雨师妾朝他推了过去，喝道：“好，给你便给你！这等残花败柳，普天之下也只有你才稀罕！等到了外面，再与你算账不迟！”

拓拔野微微一怔，没料到他竟突然变得这般爽快。不及多想，一把抱住雨师妾的纤腰，掌心一吐，真气绵绵输入，登时将她周身经脉解开；右手抽出天元逆刃，顺势轻轻一划，将地火蚕丝尽数切断。

雨师妾“嘤咛”一声，还不等呼吸，腰上一紧，已被他紧紧地抱入怀里，抱得如此用力，连气也喘不过来了。

四目相对，肌肤相贴，雨师妾闻着他那熟悉而好闻的气息，好似做了一场大梦一般，心中悲喜恍惚，似有千言万语，却说不出话来。

拓拔野心潮激荡，哑声道：“好姐姐，是我对你不住。说过再不与你分开，却还是……还是让你受委屈啦……”

雨师妾用手捂住他的嘴，双颊如醉，温柔地凝视着他，摇了摇头，嫣然而笑，泪珠涟涟涌出。四周烈焰纷摇，也不知是火光映红了她的秀发，还是她的红发令周遭一切燃烧。

拓拔野热血如沸，泪水模糊了眼眶，再也按捺不住体内那汹汹如爆的“海誓山盟”，他蓦地低下头，封住了她那花瓣般颤动的双唇。

雨师妾身子一颤，如棉花般瘫软下去，任由他狂暴地撬开她的唇齿，贪婪而温柔地吮吸，那甜蜜而又痛楚的滋味如烈火似的卷过咽喉，烧入心底，带给她天旋地转的战栗。

多么想就这样被他深深地、深深地吸入到身体中去啊！从此合二为一，永不分离。

这一瞬间，在这炎火如炙的炼狱里，他们忘记了生死、忘记了身侧的大敌、忘记了所有的一切，除了那火热而真实的彼此。

流沙仙子笑吟吟地站在一旁，妙目中闪过一丝黯然的神色，忽然想起很久以前的那个黄昏，他所说的那句话。

“生与死的差距，就在于你和她的距离。”

直到今日，她才明白那种苍凉寂寞、遗然世外的苦痛。斯人已去，天下之大，再无一事一物值得留恋。而自己于这尘世，也不过是一个多余的影子罢了。

几丈开外，公孙婴侯苍白的俊脸更是阴沉如鬼魅，目光灼灼，嘴唇翕动，带着一丝森然的微笑，似乎也在沉吟着什么。过不片刻，目中精光大作，忽然大喝道："杀了他！"

雨师妾脑中嗡地一响，蓦地抽出一根青幽幽的碧玉发簪，朝拓拔野背上扎去！

流沙仙子失声道："小心！"银针怒舞，闪电似的朝她素手射去，却被公孙婴侯凌空一掌劈得四散冲飞。

拓拔野背心一凉，心中大凛，突然明白公孙婴侯为何会这般大方地将雨师妾送还自己了！这厮想必早已在她体内种下了驭心奇蛊，只等自己将她救出后，便驭蛊操纵，让她亲手杀死自己。

相隔咫寸，避无可避。若换了旁人，他早已旋动定海珠，反弹真气，将她瞬间震飞了；但在这种情形之下，无论如何自保，势必会将她心脉震得粉碎！

电光石火间闪过了万千个念头，却苦无两全之策。惊骇惶乱之意稍纵即逝，心想：罢了！被息壤埋困在这万丈地底，横竖都是一死。能与雨师姐姐同葬于此，也算上天待我不薄。更何况还是死在她的手中？

一念及此，心中登时变得安宁平静下来，嘴角微笑，暗想：好姐姐，这下谁也不能将你我分开啦。

簪尖即将刺入他后心的一刹那，雨师妾心中陡然一颤，神志清明，失声道："拓拔！"素手猛地一收，"哧"的一声，玉簪顿时刺入自己的脉门。

雨师妾手腕微微一痛，像被蜜蜂蜇了一口，殊无半点麻痒酥痹等中毒之感，她心中陡然大松，惊魂未定，却听拓拔野"啊"地失声叫道："雨师姐姐，你……你……"拓拔野又惊又骇地盯着她的脸，连话也说不出来了。

雨师妾芳心一沉，右手凝气为镜，斜斜照去。身子一晃，霎时间如被焦雷当头劈中，天旋地转，脑中嗡嗡乱响，呼吸、心跳齐齐顿止。

气镜中，她那艳红如火的秀发不知何时竟变得花白一片，原本光滑细腻的脸上皱纹遍布，眼角更是长出了细密的鱼尾纹，就连那修长光洁的脖子也多了几道显眼的横纹……刹那之间，竟像是突然老了数十岁一般！

"红颜弹指老！"流沙仙子心中大寒，几乎不敢相信自己的眼睛。普天之下，能让人瞬间衰老的剧毒，只有这种传说中仙界才有的异草。

当日她领着拓拔野在灵山之上与十巫斗法比试草药之时，十巫便曾故意要诈，以“刹那芳华”冒充这种奇草，妄图将他们吓退认输。原以为灵山上都找不着的药草，人间断不会有，岂料竟会被这厮淬炼为剧毒！

公孙婴侯哈哈狂笑道：“不错！红颜弹指老，白发瞬间生。雨师妹子，我原想成全你们，让这小子一夜之间与你白头到老，想不到你宁可自残，也不肯伤他分毫。嘿嘿，却不知对你这鸡皮鹤发的老妪，他会不会也这般情深义重呢？”

雨师妾听若罔闻，怔怔地凝望着气镜中的自己，白发如霜雪，凝脂滑玉般的皮肤急速松弛起皱，仍在不断地变老，脸色惨白，像是置身于梦魇中。

拓拔野惊怒交加，喝道：“公孙婴侯，拿出解药来！”飞身上冲，天元逆刃银光爆舞，连绵不绝地朝他猛攻而去。

他越是急怒，公孙婴侯越是快意，地火阳极刀纵横飞扫，将他的攻势一一化解开来，哈哈大笑道：“生老病死，连老天爷也没法子，我又哪儿来的解药？横竖都是一死，能这么寿终正寝，有什么不好？”

拓拔野一凛，记起巫姑、巫真那日所言：“傻小子，这‘弹指红颜老’乃是仙界奇毒，人间可没有解救之药。即便是在这灵山上，也找不出一味可以稍稍缓解的药草。倘若你选错了，姐姐想救你也救不了……”

连灵山十巫也束手无策，这“红颜弹指老”只怕果真无药可解了！难道自己只能眼睁睁地看着心爱之人瞬息苍老、气息奄奄吗？

女人最为在乎的，莫若于容貌与年龄，雨师妾亦不例外。想到她为了自己，受尽折磨屈辱，成了丑陋卑贱的婢奴，好不容易恢复美貌，却被这狗贼如此坑害，心中之悲怒苦楚已达顶点，杀机大作，喝道：“既然无药可解，就拿你的狗命来解吧！”

体内五行真气次第激增，汹汹激爆为白金真气，直冲入天元逆刃之中，刀芒轰然怒射，大开大合。此时恨怒已极，每一招一式都是金族至为刚烈凶猛的刀法，几近搏命，饶是公孙婴侯修为惊人，也被他逼得踉跄后退。

公孙婴侯纵声大笑，道：“泥神过江，自身难保，还敢说此大话。阁下体内的‘海誓山盟’蠢蠢欲动，这般动气，小心情欲攻心，对着一个老太婆和一个小妖精，没处宣泄哪。”

忽听流沙仙子一阵银铃似的笑声，道：“公孙婴侯！谁说‘红颜弹指老’无药可解了？解铃还须系铃人。多亏你娘那老虔婆神机妙算，早在二十年前便备好解药啦。”

说话间，银针激舞，“哧哧”连声，将雨师妾周身要穴尽数封住。右手食指在左腕上轻轻一划，凑到她的嘴边，鲜血登时涔涔滴入。

雨师妾无法动弹，只觉得喉中一阵清凉腥甜，周身皮肤灼胀之感登时大消。过不片刻，手背上的褐斑渐渐消除，原已开始松弛的肌肤又逐渐变得光滑紧绷起来，心中又惊又奇，想不到这妖女的鲜血竟有这等奇效！

拓拔野“啊”的一声，陡然醒悟，失声道：“是了，不老之药！”又是惊喜又是感激，高声道，“仙子大恩大德，拓拔野此生永志不忘！”

当年波母为了修炼不老药，以流沙仙子为药罐，害得她二十年来保持女童之身，再也不能长大。但她既是不老之身，体内的血液自然便有如不老神泉了。谁能想到天意冥冥，二十年的因果竟在此刻得以照应？

公孙婴侯惊怒少逝，哈哈大笑：“蚍蜉撼大树，可笑不自量！‘弹指红颜老’半个时辰之内便能叫人垂暮老死，有这青冥紫火催化，速度更增三倍……”

话音未落，“轰”的一声，壶顶寒气喷涌，火焰俱消，壶内重新飘起了白蒙蒙的大雪。

流沙仙子咯咯大笑道：“说晴就来雨，老天也不帮你！‘弹指红颜老’在炎火高温之下速度固然很快，但在这冰天雪地之中，速度又不知几何？”她右掌抵住雨师妾的后心，将真气绵绵传入。

她生性自私冷酷，杀人如麻，若换了平时、换了别人，绝对不会甘心舍己相救。偏偏对公孙母子恨之入骨，又对拓拔野有着莫名的情愫，加之此刻身陷地底，逃生无望，是以打定了主意，哪怕牺牲自己，也誓要帮助拓拔野挫败公孙婴侯，以解心头之恨。

雪花纷飞，飘落在雨师妾的脸上、身上，顿时凝结成淡青色的薄冰，白汽蒸腾。雨师妾脸上的皱纹一丝丝减少，就连那雪白的秀发也渐渐转为嫣红之色。

公孙婴侯扬眉冷笑道：“壶内水火相替，半个时辰为一周天。小贱人，我倒要看看你究竟有多少鲜血，能弹压到几时？”

地火阳极刀紫光大炽，气焰冲涌出十几丈长，接连七刀，雷霆似的怒劈在天元逆刃上。

“轰！”“轰！”

气浪叠爆，拓拔野喉中腥甜乱涌，双臂尽麻，急忙飞旋定海珠，借势翻身冲退，既而大喝一声，再度猱身扑上，狂风暴雨似的猛攻，不让他靠近二女分毫。

狂风卷着冰雪，不断扑面而来，寒意入骨。

流沙仙子的苹果脸蛋冻得通红，牙关咯咯轻撞，一边将鲜血连连不断地滴入雨师妾的口中，一边输送真气，将其体内的奇毒逼向各处大穴的银针。

在这骤冷骤热的温差跌宕之下，洛姬雅与拓拔野体内的情蛊又汹汹发作起来。但此刻关系到雨师妾的生死，不能再以饕餮离火鼎来提升壶内温度，唯有凝神聚念，一边各行其是，一边强行抵御体内的情欲，难受至极。

拓拔野体内真气原本便不如公孙婴侯，这般一心二用，更加不支，苦苦强撑了片刻，喉中、体内仿佛烈焰焚烧。心中大凛，目光再不敢扫向二女，生怕绮念横生，难以自制。

公孙婴侯越斗越勇，地火阳极刀如奔雷天火，狂飙怒卷，四周壶壁上岩石被气浪扫中，接连迸裂炸碎，露出青幽幽的铜壁来。

对于别人，水火共济、冷热交替，自是难受之极，但他原本就是水火同德之身，又在这神壶中封印了十六年，对此再也适应不过。

拓拔野连连后退，虽有定海珠借势随形，反弹真气，却也招架不住了，被他气刀光焰所迫，“嗞嗞”激响，头发、眉睫都似焦枯卷曲起来了，衣裳更是不断地着火。

他心中忽然一动，大骂自己糊涂，五行火克金，明知自己真气稍逊，这厮的“地火阳极刀”又是极尽狂猛的火属气刀，自己偏偏还以金属真气、金属神兵来抵御，那不是以卵击石又是什么？

他当下凝神聚意，真气从体内的“手太阴肺经”等金属经脉中汇流而出，直卷入“足少阴肾经”等水属经脉，再冲入右手的天元逆刃之中……

“叮！”金水相生，龙吟不绝，天元逆刃蓦地鼓舞起刺目的黑光，气焰大盛。拓拔野纵声长啸，真气如潮汐奔涌，长刀怒舞，寒光如爆，朝着公孙婴侯拦腰疾斩。

“轰！”地火阳极刀紫飚倒卷，撞个正着，两人呼吸一窒，双双翻身飞退。

“五行真气！”公孙婴侯又惊又怒，虽然早已听说这小子会“五行相化大法”，但心中始终不信，这一交手，才知传闻非假。普天之下，能在瞬息间将白金真气激化为玄水真气的，除了神农，就只有这小子了！

他天生水火同德之躯，百年罕遇，自恃极高，唯独对五德之身的神农心怀敬畏，本以为神农羽化之后，天下再无敌手，岂料竟又冒出一个五德之身的小子来！

妒恨交加，杀机更甚，哈哈狂笑道："好！好！我倒想看看究竟是你的五行真气了得呢，还是我的水火神英更加强猛！"

双臂一振，四周雪花乱舞，森寒白气如飓风似狂卷，绕着他的身体形成巨大的涡旋，"呼！"突然绕臂飞冲，如素龙怒吼，朝着拓拔野当胸冲来。

拓拔野早有所备，故意仿照他的口气，扬眉笑道："蚍蜉撼大树，可笑不自量！"蓦地急旋定海珠，周身陀螺似的盘旋飞转，"砰砰"连声，那凛冽的玄水气浪陡然撞在他的身上，气浪横飞。

拓拔野呼吸一窒，寒意彻骨，强忍剧痛，借势朝他螺旋电冲，将那阴寒无匹的玄水气劲瞬间导入"足少阴肾经"，汹汹奔涌，折转冲入"足少阳胆经"。

水木相生，周身碧光大炽，滚滚冲入左臂脉门。他大喝声中，左手抽出无锋断剑，翠光轰然激爆，一记"万木争春"，朝着公孙婴侯当胸刺去。

"轰！"风声激吼，周围的雪花、白雾宛如被漩涡卷入，气浪狂爆，公孙婴侯身形一晃，踉跄飞跌出十余丈，气血翻腾，骇怒交集。

流沙仙子和雨师妾在一旁瞧见，无不大喜，齐声欢呼。两人交手至今，这是拓拔野头一次占得上风。

公孙婴侯怒极狂笑："好一个借势随形，水木相生！拓拔小子，看来我太小瞧你啦！"他丹田内紫光鼓舞，周身蓦地冲起熊熊火焰，矮身急冲，地火阳极刀轰然狂扫。

拓拔野精神大振，已然找到克敌之道，笑道："是吗？我倒是太高看你啦。就这么点本事，竟然敢妄称'大荒十神'，也不怕天下英雄笑掉大牙吗？"

拓拔野当下急旋定海珠，再度螺旋冲起，一边挖苦相激，一边凝神聚气，按照"木生火、火生土、土生金、金生水"的顺序，将五行真气在体内经脉次第奔流相激，冲入右手天元逆刃，朝着他纵横怒斩。

公孙婴侯真气之猛，犹在双头老祖等人之上，比之祝融的紫火神兵、地火阳极刀亦不遑多让。加之水火双德，变幻多端，当世五族群雄之中，能胜过他的，的确寥寥无几。

若以真气强行硬拼，眼下的拓拔野自然远非公孙婴侯的对手，但他研习《五行谱》已四年有余，深谙五行生克之妙；又在与双头老祖、五行鬼王，乃至幽天鬼帝、烛龙等大荒绝顶高手的生死激战中，将五行绝学融会贯通，挥洒自如。

此刻仗着五德之身，又有定海神珠、断剑、天元逆刃等神兵法宝相助，借势随形，因势利导，时而以金水相生，形成汹汹狂猛的水属气兵，压制其地火气刀；时而又火土相生，克制对方的水属真气，辅以五族各种奇功心法，一时间倒也与公孙婴侯斗得难解难分。

倒是公孙婴侯久战不下，微微有些焦虑烦躁。见他五行激化，流畅自如，每每使出见所未见的奇招怪式，杀得自己措手不及，原先的狂妄嚣张渐渐被惊怒骇妒所替代，轻敌之心尽收，凶焰大敛。

他心中一动："这小子真气运行越速，'海誓山盟'发作得便越是猛烈。且由他嚣狂片刻，等他将这些怪招全使遍了，再发力收拾他也不迟。"当下一边凝神激斗，一边观察拓拔野的各种奇招妙法，暗暗记在心头。

当是时，雨师妾体内的"红颜弹指老"已被流沙仙子的鲜血暂时封镇，肌肤恢复了光滑紧绷，秀发也大半转为火红之色，唯有眼角的若干鱼尾纹仍未散去，脸容瞧来颇为憔悴，像是大病初愈一般。

从石棺冰雪上瞧见自己映照的容颜，雨师妾五味交织，感激、喜悦、苦楚、凄凉一齐在心头翻腾，微微一笑，低声道："洛仙子，多谢你啦。"

流沙仙子输了许多鲜血，脸色雪白，听她道谢，双颊微微一红，咯咯笑道："你不必谢我，要谢就谢公孙狗贼吧。若不是他非要置你于死地，我才懒得救你呢。"

她顿了顿，淡淡道："更何况这'红颜弹指老'剧毒无比，我的血液能封镇到几时，还难以预知呢。说不定你明日醒来，镜中人又变成了鹤发鸡皮的老妪，那时你别怪我医术不精就成啦。"

雨师妾微笑摇头，凝视着半空中腾挪激斗的拓拔野，心下凄楚，暗想："被埋困在这万丈地底，朝不保夕，还妄谈什么明日？只要死在他怀里之时，还能是不令他生厌的容貌，我就知足啦。"

流沙仙子转头望去，见拓拔野手持金、木两大神兵，绕着公孙婴侯上下飞冲，犹如穿花蝴蝶、飞天蝙蝠，极尽灵巧曼妙，任地火阳极刀如何狂猛霸道，也难伤及分毫，偶一反击，更是威力毕现，她忍不住大声喝彩。

公孙婴侯对她最为仇恨，闻声大怒，忖道："先杀了这小贱人，再来慢慢收拾拓拔小贼。"

他当下凌空一掌，将拓拔野生生逼退，翻身朝着流沙仙子电冲而下，喝道：

“小妖精，还我兄弟命来！”地火阳极刀轰然鼓舞，炎风如爆。

流沙仙子适才为了压制雨师妾体内奇毒，真元大耗，气血两亏，此时眼见火浪当头卷来，呼吸窒堵，踉跄跌坐，竟连翻身飞退的气力也没有了。

拓拔野大凛，不及多想，蓦地旋身飞冲，天元逆刃银光怒卷，斜地里猛撞在那地火阳极刀上。

轰隆剧震，两人身形一晃，地火阳极刀向左倾摇，狂飙似的擦着流沙仙子身侧冲过，重重地撞击在壶壁上，迸石裂舞。

拓拔野急冲而下，天元逆刃余势未衰，银光如电，冲撞在八角高台的乾卦图案上，“砰”的一声闷响，那雕刻着乾卦图案的巨石陡然朝下陷落，冲起一道刺目的白光。

白光滚滚，狂风怒舞，众人眼前一花，下意识地转头望去，只见那道白光投映在北面壶壁上，青幽幽的铜壁隐隐浮凸起数百个扭曲奇怪的太古篆字。

四人心中大震，公孙婴侯更是惊骇无比，他被关在壶中十六年，为了逃出此地，也不知想了多少办法，查遍了每一寸壶壁，却直至今日，才知道这神壶竟然还有如此玄机！

四人面面相觑，心中齐齐闪过一个念头：“既然这神壶暗藏机关，或许便有离开这里的出口！”心中怦怦狂跳，狂喜、惊异、担心、侥幸……充盈胸中，不约而同地罢手止斗，仰头凝神查看。

拓拔野虽然遍阅《大荒经》《五行谱》等书，但却从未见过这种扭曲如蛇的太古篆文，就连天元逆刃、十二时盘上的文字也与此大不相同。横看竖看，始终不知究底。

其他三人更是瞧得云里雾中，有若天书。

雨师妾脸上红晕泛起，蹙眉道：“这些文字想必就是女娲大神亲手刻写的蛇族文字。只是三千年前，蛇族便已被土、火两族所灭，就算现在出得了神壶，又上哪里找认识蛇族文字的人呢？”

流沙仙子心下大为失望，哼了一声，冷笑道：“若能出得了神壶，还需要找什么人吗？女娲故弄玄虚，害我们空欢喜一场。”

公孙婴侯抬起头呆呆地看着，脸色铁青，想到好不容易涌起的一丝希望就此破灭，注定要永生困陷在这幽暗地底，心中越来越悲郁狂躁，怒火蓦地在头顶爆炸开来，纵声大吼，地火阳极刀纵横乱舞，发狂似的劈斫着那北面铜壁，火花四溅。

唯有拓拔野兀自苦苦沉吟，心道：“女娲大神如此布置，必有其深意。《五行谱》中提到，八卦是伏羲大神所创，暗合阴阳五行，涵盖了宇宙万物的至理。她为何将这高台设置成八卦形状，安放在神壶底部？”

低头凝视着那八卦台，缓缓绕行，心想：“适才我一刀劈中那‘乾卦’，机关启动，倘若我再劈中‘坤卦’，又会如何？”

当下凝神聚气，挥刀凌空劈向那“坤卦”图案，“轰”的一声震响，气浪迸飞，高台纹丝不动。

公孙婴侯听见响声，像是突然惊醒了一般，转过身来，苍白的俊脸狰狞扭曲，双目恨火欲喷，狞笑道：“没有牺牲，焉得神助？老子杀了你，来祭祀女娲神明！”双臂气光怒舞，交缠飞绕，突然迸炸为滚滚玄龙气浪，朝着拓拔野当头猛轰。

二女惊呼声中，拓拔野飞身冲起，堪堪避过，天元逆刃银光横扫，接连反击。

“轰！”“轰！”刀芒闪处，两股气浪正好怒撞在“兑卦”图案上，接连两声爆响，“兑卦”巨石陡然下沉，又冲起一道刺目的白光！

「第十九章」

乾坤挪移

“轰！”兑卦图案的巨石陡然陷落，白光笔直地冲映在西北面的壶壁上，又浮凸起数百个蛇形太古篆文。

四人大震，既惊且喜。八卦巨石已动其二，说明这神壶中果然有秘密机关，绝非偶然。只要能找出其中的玄密关联，或许便能离开此地了！

拓拔野心想：“方才那‘乾卦’误打误撞，只击了一下便已陷落，这‘兑卦’为何却要接连击上两次？难道以此类推，第三个机关便要击上三下吗？罢了，横竖这八卦台只剩下六块巨石未曾试过，碰碰运气便是。”

当下凝神聚气，天元逆刃弧光怒卷，在那“巽卦”图案的巨石上接连猛击了三下，气浪鼓舞，雪花迸飞，巨石依旧岿然不动。

于是又从南向西，再由北而东，依次向“坎卦”“艮卦”……直至最后一块“离卦”巨石，各劈了三刀，震得他虎口酥麻，却始终没半点异动。

公孙婴侯在一旁瞧得不耐，喝道：“闪开，让我来！”毕集全力，地火阳极刀光焰怒爆，朝离卦石接连轰然电斩。

“砰！”第三刀方一劈下，紫光怒射，离卦石陡然下沉，西面铜壁上登时又浮现出数百行篆文！

雪末纷扬，众人失声齐呼，无不大喜。

公孙婴侯目光闪动，扬眉大笑道：“我知道啦！我知道啦！须得从南向东，逆向递增！”气刀轰扫，又接连四下猛击在震卦石上。岂料这次火光四舞，巨石竟又一动不动。

他心中一沉，满脸喜色登时僵凝。他大喝着再向其他卦石劈去，无一动弹。

众人复转失望，怔怔地凝望着八卦台，苦苦沉吟。

流沙仙子低声喃喃道："中间阴阳两仪，是为太极。四周天地定位，山泽通气，雷风相薄，水火不相射，是为八卦。他曾说伏羲的太极八卦图包含了阴阳相化、五行生克的宇宙至理，与那龙马所驮的河图丝丝扣合。但河图所列乃是一至十的排列阵图，与这八卦究竟又有什么关联？"

拓拔野心中一动，想起《五行谱》中所画的那神秘河图来。但那阵图之中，一、六居下，二、七居上，三、八居左，四、九居右，五、十居中。与这伏羲八卦交相比对，却又似乎没有任何关联。

心想：伏羲既是从河图中悟出八卦，二者必有相通之处。倘若将这数字列阵依照八卦稍作变化呢？适才'乾卦石'第一个被击陷，又只击了一次，这正南乾位便放置以'一'；'兑卦石'第二个被击陷，又击了两次，这东南兑位便放置以'二'……"

拓拔野心中怦怦大跳，隐隐之中似乎想到了什么，但一时又难以捋清。又想："伏羲以九为尊，八卦却只有八个卦位，那么'九'又该放置何处呢？"凝视着八卦台，陡然一震，太极！"九"既为至尊，自然应当放在中央太极之位了！

灵光霍闪，突然闪过一个奇异的念头：太极是阴阳交泰、宇宙终极之意，那么是否意味着，隔着太极相对的两个卦位，所相加之和应当等于'九'呢？

当下指尖真气激舞，依照这规则，将八卦所对应的数字在雪地上一一列明。

正南乾位是"一"，正北的坤位自当是"八"；东南兑位是"二"，西北的"艮位"自然便是"七"；正东离位是"三"，则正西坎位必为"六"；剩下的震、巽两位自然便是"四"与"五"了。

如此一来，纵横斜交，八个数字两两相加所得之和果然都是"九"，浑然天成，毫无瑕疵！

拓拔野又惊又喜，像是突然窥见了一个难以想象的奇妙世界。这八卦台的机关玄秘霎时间了然于胸。

但心中一沉，转念又想：奇怪，方才我明明也砍了离卦石三刀，怎的没半点反应？何以被公孙婴侯击了三下，卦石却立时下沉了呢？倘若只是真气悬殊的缘故，先前他胡乱劈斫之时，分明也曾击中过'乾卦''兑卦'两石，为何也殊无变化？难道……难道竟是因为我和他的真气属性不尽相同吗？

一念及此，犹如醍醐灌顶，拓拔野"啊"的一声大叫，又是惊喜又是激动，一把抱住雨师妾，哈哈大笑道："好姐姐，我们可以出去啦！"

残阳如血，彩霞满天。

壮丽广袤的真陵之野已变成了百里焦土，四处断石横亘，尸横遍野，满目疮痍。狂风刮来，火焰明灭跳跃，空中尽是淡淡的腥臭焦灼之气。

一群群兀鹫、尸鸟当空盘旋，纷纷俯冲而下，拍翅扑打，争相撕扯啄食着人兽尸体，尖叫欢鸣声，此起彼伏。

此时各族群雄都已经陆续退散了，蹄声寥落，旌旗远去，只有寒荒国的八百兽骑依旧整整齐齐地沿河而立，悄无声息，像是凝固了一般。

楚芙丽叶秀发飘飞，衣裙翻舞，痴痴地凝视着前方那微微隆起的乌黑土丘，淡蓝色的美目莹光闪烁，面无表情。

众人神色黯然，都是说不出地难过。

拓拔野不单解救了寒荒近千女童，更助八族平定叛乱，避免刀兵之祸，早已是他们心目中的好朋友与大恩人。眼看着他被埋困于万丈地底，却偏偏无计可施，心底之悲痛愧疚，无以言表。

天箭默默地抽出弯刀，在手指上划出一道鲜血，滴落在箭尖上，转身弯弓如满月，"嗖！"箭如流星，直没苍穹，那点红光在夕晖中闪过一抹妖艳的亮色。

拔祀汉等人纷纷划破指尖，滴血于箭镞，而后弯弓搭箭，朝天怒射。

破风激响，群鸟惊飞，漫天箭矢划过无数道弧线，"嗖嗖"连声，远远地钉射在大地上，宛如一片芦苇。

天箭取下腰间的琥珀野牛角，仰头呜呜吹响。一时间，群角呼应，苍凉悲壮，这是寒荒八族传统中为找不到尸身的勇士所进行的"箭葬"。

楚芙丽叶睫毛微微一颤，泪水从眼中倏然滑落。想要忍住哽咽，肩头却反而剧烈地颤抖起来，她仰起头，夕光耀眼，灿烂得就像他的笑容。霎时间，喉咙像被什么噎住了，心底如割的剧痛让她无法呼吸。

"走吧。"她转身骑上寒虎兽，不敢再回头去看，泪水却依旧接连不断地流了下来。长鞭挥扬，虎兽悲嘶，飞也似的朝着天际残阳奔驰而去。

众人纷纷翻身跃上兽背，策鞭疾奔，尾随其后。

到了极远处，拔祀汉转过头来，只见最后一抹夕晖镀照在那连绵迤逦的黑丘上，闪耀着淡淡的金光，就像一条沉睡的苍龙，他眼眶一热，转过身，继续策兽狂奔，在心中默默地道："拓拔兄弟，但愿你吉人天相，他日还能相见。保重！"

但他却没有瞧见，就在他转回身的刹那，黑丘南侧的真陵河中气泡喷涌，波涛起伏，"哗"地冒出一个湿漉漉的人头来。

那女子满头黑发盘结，在耳边梳成数十根细辫，象牙色的俏脸水珠流淌，柳眉斜挑，月牙眼闪亮亮地凝视着远去的众人，又瞟了眼左腕上那橙黄温润的玉环，丰润的樱唇漾开一丝喜悦而又得意的微笑，重新慢悠悠地潜回河中。

"轰！"拓拔野二话不说，断剑青芒飞舞，接连在震卦石上劈斫了四记，巨石陡然下陷，碧光冲天，映射在西南铜壁上，顿时又浮现出数百古篆蛇文。

雨师妾、流沙仙子妙目一亮，又惊又喜，双双失声道："五行真气！"蓦地明白这八卦台的机关玄秘了！

"不错！"拓拔野此刻心情大佳，容光焕发，笑道，"八卦各有五行属性，这八个卦石必须以相对应的五行真气，再按照特定的次序，才能一一打开！"

流沙仙子拍手笑道："是了！乾、兑属金，次序又分别排在第一、第二，所以被你的天元逆刃与白金真气所撞击，就相继打开了；离属火，排第三，故而你用天元逆刃无法震开，被公孙狗贼的地火刀撞了三下，便即沉落；而震属木，排第四，只有用木属神兵和木族真气才能打开……"

公孙婴侯恍然大悟，这神壶八卦台的第一重机关唯有以金属真气才能启动，而要将八重机关尽数打开，更要以五行真气交替而为。难怪他被封镇在这神壶内整整十六年，竟始终不曾察觉端倪。

然而莫说是他，放眼天下，除了已故的神农和眼前这小子，又有谁具备五德之身，深谙五行之妙？自己今日若非与他同困此处，只怕穷尽一生，也再不能离开了！

想到这里，心中惊喜、骇怒、妒恨、羞愤……翻江倒海似的交参汹涌着，脸色从惨白转为酱红，又从酱紫转为铁青。

他心胸狭隘、自负嚣狂，绝对不能容忍有谁能胜己一筹，当初便是因为嫉恨神农，才不惜解印混沌神兽，引得神帝龙颜震怒。现下要他承认这黄毛小子资质远胜于己，还顺带救了自己一命，实是无法忍受的奇耻大辱。

眼见着二女为他欢呼雀跃，眼中满是景慕的神色，他心中更是怒火熊熊，杀机越来越盛，右手紧握成拳，青筋直暴。

拓拔野心中喜悦，竟丝毫没有察觉，笑道："仙子说得不错，巽属木，排在第五，自然就该以无锋剑连击五下了！"

说着挥剑凌空疾刺，光浪叠爆，"嘭"的一声，那巽卦石果然沉落，碧光怒射。

拓拔野足不点地，回旋抄掠，接连变幻体内五行真气，又分别以玄水真气、黄土真气将坎卦石、艮卦石、坤卦石一一击得朝下沉去。

"轰隆"连声，八道彩光纵横交错，投映在壶壁上，古篆文水波似的晃荡着，氤氲着连成一片，数不尽的雪花在霓光气柱里飘舞跌宕，四人的脸容也变得光怪陆离。

拓拔野屏息凝神，心中怦怦大跳，静候了片刻，再不见任何响动，大为失望。

公孙婴侯却转怒为喜，哈哈狂笑道："拓拔小贼，你啰里八唆了一通，自以为参透玄机，就出来这么一圈的古字吗？倘若真有机关能离开此地，公孙某人还能被困上十六年吗？嘿嘿，上苍兜了这么一大圈，原来不过是为了拿你们这三个贱人给老子陪葬！"

话音未落，他左臂黑光滚滚冲爆，右臂地火阳极刀轰然怒斩，水火神英同时出鞘，朝着拓拔野三人雷霆横扫！

拓拔野一凛，抱起二女冲天飞起，"轰""轰"连声，玄水气刀和地火光刀正好撞中八卦台当中的太极图案，气浪横飞。

几在同时，太极图案轰然剧震，急速飞转，阴极、阳极分别冲起一黑一红两道刺目光芒！

狂风怒舞，霓光耀目，整个神壶仿佛都被那飞旋的太极图案所带动，急速地旋转起来，形成一个强猛无匹的巨大漩涡。

众人呼吸一窒，身不由己地冲入其中，盘旋绕舞。被那气旋压迫，头发乱飞，衣裳鼓舞，就连肌肤都像波浪似的起伏，胸肺似被千钧所压，憋闷欲爆。

拓拔野大凛，紧紧地抓住二女的手，急旋丹田中的定海神珠，随势借形，但体内好不容易压制蛰伏的情蛊又汹汹蠢动起来，欲火如焚。左手所紧握的流沙仙子的柔荑亦滚烫如火，簌簌颤抖，显然也在苦苦克制"海誓山盟"。

"轰！"一道炽烈的气刀擦着他的左侧怒扫而过，肌肤灼痛，衣裳登时着火，赫然正是公孙婴侯的地火阳极刀。

拓拔野又惊又怒，想不到这当口他还不忘突袭暗算，喝道：“你疯了吗……”被狂风迎面鼓舞，舌头、口腔酥麻如痹，剩下的话顿时说不出来。

公孙婴侯哈哈狂笑，在气旋中跌宕飞绕，地火阳极刀与玄水气刀接连不断地朝他猛攻而来，擦着三人周围纵横冲过，激撞在飞旋的壶壁上，轰爆连声，霓浪炸射。

拓拔野两手分别紧握二女，无法抵挡反攻，唯有借助定海神珠，凝神计算四周各种气浪交冲的落差，因势利导，惊险万状地飘飞闪避。

忽听雨师妾失声痛吟，拓拔野目光扫处，心中陡然一沉。霓光之中，雨师妾的红发又渐渐转为银白之色，眼角、嘴角的细纹更是清晰可见……必是这狂猛的气旋加速了她体内“弹指红颜老”的发作！

拓拔野正自惊忧悲怒，又听“轰”的一声巨响，那壶底的太极图案突然飞旋冲起，如盘龙柱般直贯壶顶，将石棺砸得粉碎。

霓光乱舞，涡旋狂转，众人烦闷欲呕，连气也喘不过来了，仿佛随时都将被碾压为粉末，恐惧、迷惘、骇异、悲凉……全都涌上心头。

狂乱中，只听见公孙婴侯哈哈狂笑，那道滚滚飞旋的玄光气刀从拓拔野左侧轰然卷过，怒撞在斜下方的坎卦石上，接着只听一声震耳欲聋的轰鸣，气浪狂涌，众人身下一沉，像是突然被吸入了无底深渊之中！

拓拔野心中大凛，下意识地紧紧抓住雨师妾的手腕，左手却微微一松，流沙仙子“啊”的一声，滑落冲出。

还不等他伸手再抓，耳中如金钟交鸣，眼前一黑，气血乱涌，什么也听不见，看不着了……

迷迷糊糊中又不知过了多久，突然觉得一阵彻骨的寒意，恍惚中，似乎有一个滑腻冰凉的手指轻轻地划过他的脸颊，拓拔野激灵地打了一个冷战，心中一凛，叫道：“雨师姐姐！”蓦地睁开眼睛，坐起身来。

只听一个清甜娇媚的声音咯咯笑道：“乖！哪里来的聪明弟弟，竟一下就猜到姐姐是雨师氏呢？”

转头看去，只见雨师妾笑如春花地坐在身后，红发如火，容貌娇艳如初，双眸闪闪发亮，看起来还平添了几分俏皮娇憨之态，像是年轻了好几岁一般。

拓拔野又惊又喜，一把将她抱住，笑道：“好姐姐，你的脸！你的脸又变得这么好看啦！”

雨师妾“啊”的一声，羞得双靥绯红，蓦地挣脱起身，“呸”了一声，嗔道：“讨厌！还以为你只是嘴甜讨巧，原来却是个油嘴滑舌的无赖。早知如此，就让你继续昏迷好啦。”但嘴角却忍不住露出一丝微笑。

拓拔野微微一怔，隐隐觉得似有不妥，但此时喜悦不胜，也不及多想。环首四顾，只见四周冰柱雪墙，银装素裹，竟是在一个冰雪雕砌的房屋之中。

身下是一个别致的冰床，铺了厚厚的兽毛皮毡。墙角摆了两个淡青的冰炉，碧烟袅袅，芳香袭人。就连烛台、灯罩也都是坚冰所制，玲珑剔透。

从狭窄的窗口朝外眺望，蓝天如洗，阳光灿烂，浩渺的汪洋上漂浮着龟裂的浮冰，偶有雪白的北极鸥划过天际，发出清脆的叫声。景致如画，颇为秀丽纯净。

拓拔野大奇，愕然道：“这是在哪里？北海吗？我们怎会到了此处？”

雨师妾笑道：“你这人当真有趣，我还想问你为何到了此处呢。至于我嘛，我在这儿已经住了十年啦。当初为何要到这里，你得问我师尊去。”

拓拔野大凛，听她口气，竟像是不认识自己一般！难道她……她竟当真不是雨师妾？心中狂跳，狐疑忐忑，喉咙像被什么扼住了，哑声道：“敢问姑娘是谁？姑娘的师尊又是谁？”

见他面色突变，语气也陡然变得严肃起来，雨师妾睁大眼睛，似是颇为诧异，忽然咯咯娇笑起来，双颊晕红，柔声道：“乖弟弟，你不是叫我雨师姐姐吗？怎的还明知故问？”

他凝神扫探，她五官容貌浑然无异，只是眉心中多了一点紫红，神情多了几分俏皮、少了几分妖媚，瞧起来更为年轻单纯。拓拔野心中微微一松，暗想：难道是那乾坤冥火壶以及流沙仙子不老之血的神力，使她变成这般了吗？就连记忆也一并失去了？

再仔细扫看，发觉她的身材较之原先稍矮，也更为苗条瘦削，远没有从前那么玲珑浮凸，妖娆惹火，倒更像是当日在昆仑南渊不死树下，所见着的螭羽仙子……

他心中大震，蓦地闪过一个不可思议的念头：难道那乾坤冥火壶也具备和不死神树一样的神力，因与自己所携带的十二时盘、天元逆刃发生契合感应，导致时空逆转，将自己瞬间溯回了某年某月，见到了另一个“雨师妾”吗？

一念及此，拓拔野冷汗涔涔，遍体侵寒，摸了摸怀中的乾坤袋，所幸天元逆刃等法宝均在其中，并未遗失。

正想说话，“雨师妾”柔声道：“你饿了吗？姐姐去去就来。”说罢黑袍鼓舞，翩然朝门外走去，在阳光的透射下，婀娜多姿的身材若隐若现。到了门口，她又回眸低声道：“乖乖地在这儿等着，千万别让旁人瞧见啦。”嫣然一笑，闪身出门而去。

拓拔野惊疑不定，倘若她当真不是眼泪袋子，那么雨师妾此刻又在何处呢？是否也正在另一个时空心焦如焚地寻找着自己？

想到这些，他心中如刀割般地绞痛，恨不能立时回到那炼狱般的神壶之中。哪怕和她一起受尽苦痛，死在彼处，也远胜于自己孤零零一个人苟活于此！

正自心乱如麻，不知所以，忽然听见门外传来细微的脚步声，拓拔野一凛，飘然掠至门沿，屏息凝神。

“吱呀”一声，有人推门而进，冷香扑鼻，与方才“雨师妾”的甜香体味截然不同，拓拔野想也不想，立时右手疾点，真气鼓舞，将其周身经脉尽数封住，一把拽进屋来。

那人秀目圆睁，冷冷地盯着他，尖瘦的瓜子脸满是娇嗔薄怒，竟是个极为清丽的少女。黑衣长袍由真丝所制，修长的脖颈上挂着一个小巧的黑玉葫芦，更衬得肌肤莹光胜雪。

拓拔野心下一宽，只觉触手柔软，这才忽地醒悟自己的右手赫然搂在了她胸腋之间，脸上一烫，急忙撤手，歉然道：“得罪了。”

当下将她扶直坐在冰床上，解开哑穴，微微一笑，低声道：“在下无意冒犯姑娘，只是有一些疑惑希望姑娘解答。一旦明白来龙去脉，我立即离开此地，绝不伤姑娘一根毛发。”

那黑衣少女冷冷地凝视着他，也不回答，神容竟比满屋的冰雪还要冷漠。

拓拔野的笑容温暖亲切，言辞诚挚，天生有让人信任倚赖的魔力，对于女子尤其如此。唯独这少女竟像是绝缘一般，冷冰冰的，殊无反应。

他微感尴尬，咳嗽一声，道：“请问姑娘，这里究竟是北海何处？”等了半晌，见她不回答，只好又苦笑道，“那么，姑娘知道我为何会在这里吗？”

黑衣少女依旧不说话，冷冷地盯着他，雪白的脸颊突然泛起奇异的嫣红，过了片刻，转头低声道：“你解开我的经脉，闭上眼睛，我便告诉你。”声音一如她的脸容，冰冷清脆，像是寒冰风铃一般，极是悦耳。

拓拔野略一迟疑，将她经脉解开，闭上眼，微笑道："这样可以了吗……"话音未落，香风扑面，嘴唇突然被两瓣温软湿润之物封住。

拓拔野猝不及防，下意识地伸手欲推，却触着两团柔软丰满之物，急忙又松开手，只听到她急促的低吟喘息，脖子一紧，已被滑腻柔软的手臂八爪鱼似的紧紧缠绕，一时间，软玉温香贴满怀，丁香暗度，这冰冷雪屋登时满是旖旎春光。

拓拔野又是惊讶，又是狼狈，万万没想到这冷如冰雪的少女竟突然判若两人，变得如此热情逾火！

当下不敢再有丝毫犹豫，护体真气陡然鼓舞，将她震得微微一晃，趁势滑身抽离，退出几步开外，沉声道："姑娘，在下无意冒犯，得罪了。"

黑衣少女娇靥酡红，呼吸急促，胸脯急剧起伏，黑玉葫芦在莹白的乳沟中摇曳，更添媚惑。双眼水汪汪地凝视着他，犹如春水流动，似悲似喜，似羞似怒。怔怔地木立了片刻，不知想到了什么，眼圈突然一红，两行晶莹的泪水夺眶而出。

拓拔野最见不得女人流泪，心中大软，苦笑道："姑娘，你……你若不愿解答我的疑惑，直说便是。又何必……"

"这里是北极天柜山。"话音未落，她忽然插口截断，擦去泪水，又恢复了先前那冰冷高傲的神态，冷冷地凝视着他，说道，"七天前，我们在天柜山的海渊洞发现了你，就将你带回来了。"

"北极天柜山？"拓拔野心中大凛，天柜山在北海极北，是水族的三大圣山之一。山上的"极圣宫"是历代水族圣女静修苦行之地。

山高万仞，方圆数十里，终年冰雪覆盖，周围是浩渺无边的北冰洋。南侧山脚的海平线下，有一个深不可测的幽黑深洞，涡流滚滚吸入其中，传说海水从这里注入地底，是名"海渊洞"。

想不到自己竟会从大荒东南万丈地底，折转万里，到了这天下至寒之地！这七日之间，究竟发生了什么事？自己为何会出现在那海渊洞中？

适才自己所见到的"雨师妾"究竟是不是她本人？如果不是，此刻她又在哪里？是否和流沙仙子、公孙婴侯同在这天柜山上呢？

疑窦丛丛，他正想追问个究竟，却听冰门响动，"雨师妾"端着一盘花果、肉食进来了，她"啊"的一声，笑道："琳姐姐，你也来啦。我正想告诉你，他醒了呢。”

黑衣少女脸上微微一红，“哼”了一声，转身欲走，“雨师妾”又道：“对啦，我刚才在祈天殿里瞧见师尊了，她正和强良师伯讨论明日祭祀之事呢，还说要找你好好谈谈……”

黑衣少女身子一颤，顿住脚步，脸上霎时间变得惨白如雪。

“强良师伯？”拓拔野心头大凛，沉声道，“你们的师尊是九凤仙子吗？”

“雨师妾”咯咯笑道：“乖弟弟真聪明！”将那盘花果端到他面前，笑道，“昏睡七天，肚子饿了吗？姐姐奖励你好吃的。”不容分说，将一颗饱满酸甜的紫玉冰葡萄塞入他的口中。

拓拔野心中悲喜交集，一时间竟连口中是什么滋味也感觉不到了。

强良、九凤号称“北极双尊”，是水族称得上“小神位”的两名绝顶高手，常年在北极修炼，九凤更是受命镇守天柜山，协助圣女管教“极圣宫”中三十六名后备圣女。

自从昆仑蟠桃会后，乌丝兰玛率领二十一城反抗烛龙，便被水族削去了圣女之位，改由九凤仙子暂接圣女之职，日后再从三十六名女弟子中择优接任。

这少女既是九凤仙子的弟子，自然便不可能是雨师妾了。如此说来，自己也并未穿越时空，仍在当世大荒之中。只是想不到昏迷醒来后，居然便遇见和龙女如此相像之人。

黑衣少女忽然转身，凝视着拓拔野，冷冷道：“你想要去看看我们发现你的‘海渊洞’吗？”

拓拔野正想去彼处查找雨师妾等人的下落，见她主动提出，大喜点头。“极圣宫”戒备森严，自己虽然不怵水妖，但若打草惊蛇，暴露了行踪，大大不利于寻找龙女。有她们相助，自当容易得多了。

“雨师妾”却似吃了一惊，脱口道：“不成！明日便是祭祀大典，宫里宫外到处都是巡查的圣使，师尊原本就不让琳姐姐踏出宫门一步，要是再让她发现我们藏了一个男人，那可就糟糕啦。”

黑衣少女冷冷道：“你既然这么害怕，当日又为何冒险将他藏入宫中？想要吃鱼，却又怕惹一身腥，天下哪有这般便宜之事？”

“雨师妾”被她说得又羞又恼，满脸飞红，顿足嗔道：“水龙琳！你再胡说八道，瞧我不和师尊说去！”

黑衣少女微微一笑，闪过一丝恨怒而又悲凉的古怪神色，淡淡道：“好啊，等师尊来了，瞧见你在闺房里私藏了一个俊秀小子，猜猜她会怎么说？原来她最宠幸的乖弟子雨师薇，也是个春心萌动、私坏族规的小……”

“雨师妾”大急，一把捂住她的嘴，瞟了拓拔野一眼，耳根尽红，恨恨道：“好啦，怕了你了。若是出宫之时被人瞧见，你可别赖上我。”

拓拔野微微一笑，心想：原来你的名字叫雨师薇。这可真巧了。此时再看，才发觉这少女与雨师妾果然还有许多差别，虽然容貌相近，但一个俏皮可爱、一个风情妖娆，气质相去甚远。

“这才是我的乖妹妹。”黑衣少女水龙琳嫣然一笑，犹如冰雪初霁，从脖子上摘下那黑玉葫芦，递与雨师薇，说道，“你将我们都装进这‘源坎壶’里，就算是圣女亲临，也察觉不到啦。”

雨师薇无奈，只好依照她所言，默念法诀，黑玉葫芦光芒闪耀，陡然冲起飞旋，越变越大。葫芦嘴黑气滚滚，蓦地产生一股强大的吸力，将拓拔野、水龙琳二人凌空拔起，朝里吸入。

拓拔野呼吸一窒，眼前黑光闪耀，已飘然落到了葫芦内。小不盈寸的玉葫芦，其中竟别有天地，仿佛一个巨大的石洞，容纳百人仍绰绰有余。

异香缭绕，心旷神怡。水龙琳淡淡道：“‘源坎壶’是水族上古神器，隔绝阴阳，无坚不摧，我们藏在这里，再也安全不过。”

拓拔野念力探扫，四下打量了片刻，果然瞧不见葫芦外的半点影像，只能隐隐约约听见些许声响，他微微一笑，转头正想说话，猛吃一惊，失声道：“水姑娘，你这是做什么？”

但见她赤条条雪白一身地站在满地的衣裳里，在四周乌玉莹光的映照下，肤如凝脂，玲珑有致，美得让人窒息。

她抬起头，俏脸酡红，妙目泪光莹莹，凝视着他，低声道：“公子，七天之前，我在‘海渊洞’外祈天祷告，恳求上苍救我。结果不过片刻，便在‘海渊洞’里发现了你。若是常人，沉于深海之中，早已死透啦。而你呼吸悠长，心脉缓慢，真气如渊海不可测。我虽不知道你是谁，但我相信，你一定是上苍派来救我的……”

她说到最后一句，泪珠夺眶，声音变得哽咽起来，徐徐地躺在地上，颤声道："公子，只有你才能救我。如若你……你不取走我的处子之身，明日此时，我便注定万劫不复啦。"

拓拔野惊愕迷惘，云里雾中，转身不敢看她，沉声道："姑娘，究竟怎么回事，可否慢慢讲来？我相信除了这个法子之外，定然还有其他方法。"

水龙琳摇了摇头，浑身颤抖，满脸玉箸纵横，凄然道："没有啦。如若还有其他的法子，我还会这般轻贱自己吗？如果不是大仇未报，不能轻生，我……我早已跳入冰洋之中，了此残生了……"

话音未落，"嘭"的一声，葫芦剧震，似是撞到了什么。两人身子摇晃，心下大凛，莫不是雨师薇遇见了什么意外？

拓拔野朝她比了个手势，示意她不要动弹，自己飘然飞起，冲到葫芦嘴边。

狂风气旋轰然扑面，刮得他双眼酸疼，连眼都睁不开了，只听见一个颇为熟悉的声音温柔而又亲切地说道："汁姐姐，一切都已经准备好啦，只能明日吉时一到，你我便可登坛祈天作法，祭祀神兽了。"

拓拔野凝神望去，只见冰雪似的大殿之中，肃然围立了数百名水族将士，正前方的高台前罗列了三十几个黑衣少女，想必就是"极圣宫"的圣卫与众后备圣女。

而在那高台之上，翩然站着一个穿着黑紫丝长袍的高挑女子。十指修长纤巧，指甲黑色。赤足如雪，脚指甲也尽为黑色。腰上系了一条长长的丝带，拖曳在地。虽然着装素雅，但华贵之气却扑面而来。

转过身，黑发高髻，碧眼如秋水，顾盼神飞，浅紫色的嘴唇牵着一丝淡定从容的微笑，不是乌丝兰玛又是谁？

拓拔野大凛，蟠桃会后，乌丝兰玛与烛龙反目，乃是当下水族最为仇视的叛徒，又怎会如此从容地出现在这天柜山的"极圣宫"中？这些圣卫、后圣女又何以依旧对她如此毕恭毕敬，奉为座上宾？

这水族圣女眼下虽已经成了己方盟友，但隐隐之中，拓拔野总觉得她心机深远，别有图谋，此刻在此撞见，那浓雾般的忐忑不安不由得更加强烈起来。

凝神扫看，高台上还坐了三个人。

左首一人虎头人身，手脚如蹄，双臂上缠绕着两条赤链蛇，咻咻吐信。碧绿色的三角眼凶光闪耀，虎嘴笑嘻嘻地咧着，嘴里还有一条赤链蛇在盘蜷曲缩，瞧来恶心至极。赫然正是昆仑山上有过一面之缘的强良。

右首那女子丹凤眼斜斜高挑，神情冷若冰霜。头上戴着九头凤冠，紫黑色的长袍上绣着九只凤凰，相比就是烛龙亲封的当今水族圣女九凤仙子了。

正中那女子头发雪白，秀丽绝伦，周身肌肤白得几近透明，在阳光下瞧来颇为诡异、颇为眼熟，却想不起在哪里见过。

这女子似乎便是乌丝兰玛所称的“姐姐”了，微微一笑，神色傲慢，淡淡道：“很好。鲲鱼封印一旦解开，烛龙老贼就算有不死神蟒之身，也无从抵挡了……”

“鲲鱼封印！”拓拔野心下一沉，突然明白她们所说的明日祭祀是什么了！敢情她们竟是想要通过祭祀，解开与混沌兽齐名的太古凶兽的封印，来对付烛龙的不死神蟒！

他又惊又怒，正想跃出葫芦力陈利害，那白发女子又一扬秀眉，森然道：“乌丝兰玛妹子，还有一样东西，不知你准备好了没有？”

乌丝兰玛嫣然一笑，柔声道：“姐姐放心，只要鲲鱼封印一旦解开，你们母子自然便能团圆。普天之下，最大的痛苦莫过于骨肉分离。唯其如此，我们才要不惜一切代价，打败烛老妖，还天下太平，让所有百姓永不再受骨肉分离之痛……”

白发女子脸上泛起红晕，悲喜交集，微微一笑，柔声道：“什么天下百姓，关我何事？我只要能找回儿子，再杀了烛龙妖，为我大哥汁光纪报仇，此生便再无怨憾啦。”

波母！拓拔野心中大震，倒吸了一口凉气，才知道这女子原来竟是黑帝的妹妹、公孙婴侯的母亲——汁玄青！